SINO-WISDOM
信睿企管·传播经营智慧

水藏玺 吴平新·著

年度经营计划制订与管理

（第4版）

The Annual Business Plan Formulation and Management

中国经济出版社
CHINA ECONOMIC PUBLISHING HOUSE
·北京·

图书在版编目（CIP）数据

年度经营计划制订与管理：第4版／水藏玺，吴平新著．--北京：中国经济出版社，2020.7

ISBN 978-7-5136-6210-9

Ⅰ．①年… Ⅱ．①水… ②吴… Ⅲ．①企业管理-年度计划 Ⅳ．①F272.15

中国版本图书馆CIP数据核字（2020）第108852号

责任编辑　王　帅
责任校对　李若雯
责任印制　巢新强

出版发行　中国经济出版社
印 刷 者　北京力信诚印刷有限公司
经 销 者　各地新华书店
开　　本　787mm×1092mm　1/16
印　　张　22.25
字　　数　330千字
版　　次　2020年8月第1版
印　　次　2020年8月第1次
定　　价　98.00元
广告经营许可证　京西工商广字第8179号

中国经济出版社 **网址** www.economyph.com **社址** 北京市东城区安定门外大街58号 **邮编** 100011

本版图书如存在印装质量问题，请与本社销售中心联系调换（联系电话：010-57512564）

谨以此书献给持续提升经营业绩的企业家们，
伟大“中国梦”的实现需要大家共同努力。

这是一本 >> 再版4次、畅销5年的实务图书，是作者为企业制订年度经营计划项目近150个，举办年度经营计划课程112期，为至少500家企业授课的实战经验总结和分享。

内 含 两 大 提 升 资 源

配套资源

内置年度经营环境分析、竞争态势及竞争策略分析、确定年度经营策略及目标、年度业务计划与经营预算、年度经营计划实施平台、年度经营计划实施六部分内容，包含30种经典实战及其解读、案例、配套表单。

案例资源

内置涉及高科技制造业、机械制造业及软件行业的三家企业年度经营计划的完整案例，包含149个可编辑的图表。

扫码获取本书30种经典实战
三个完整案例149个可编辑图表

第4版前言

自《年度经营计划管理实务》（2015年）、《年度经营计划制订与管理（第2版）》（2016年）、《年度经营计划制订与管理（第3版）》（2018年）由中国经济出版社正式出版以来，我先后与超过15000位读者朋友就企业年度经营计划制订具体方法以及年度经营计划实施过程中面临的各种问题进行过细致的交流和切磋。在此过程中，我发现国内企业对年度经营计划的制订和管理尚存在一些认识上的不足，也存在对具体方法应用不规范的问题；同时，随着认识的深化和实践的深入，读者对该套体系的细化与实操性提出了更高的要求。主要表现在以下四个方面。

第一，大家不能动态地看待企业年度经营计划。很多企业在制订年度经营计划时，往往是在一个静态的状态下进行的。殊不知，无论是外部宏观经营环境还是内部微观经营环境，抑或是竞争环境，都时时刻刻在发生改变，因此，很多企业总抱怨年度经营计划跟不上变化，不知道如何根据变化而动态调整年度经营计划。

第二，根据信睿SMART－EOS企业经营系统理论，我们发现，影响企业经营业绩的要素有很多，这些经营要素对经营业绩的影响阶段不同，有些可能处于“第一曲线”增长前期，有些可能已经处于“第一曲线”增长极限点，也有些可能已经进入“第一曲线”下降阶段，总之，如果企业在制订年度经营计划时忽略了对每项经营要素的细致分析，就很有可能导致年度经营策略不能落地，对应目标不能实现，因此，企业需要按照“第二曲线”原理不断创新，让影响当期经营业绩的关键经营要素始终处于增长状态。

第三，在前三版中，我们一再强调“年度经营计划就是在企业发展战略指引下，通过对企业经营环境、竞争态势及策略的研究和取舍，确定特定经营年度策略及目标，并通过科学地规划和实施业务计划、年度经营预算及年度经营计划实施平台，促使企业经营目标顺利实现的全过程”。很多读者来信、来电期望对年度经营计划如何承接企业发展战略、年度经营计划实施过程管理的具体方法进行更加细致的说明。

第四，各版图书将年度经营计划的制订与管理分为六个步骤，分别为年度经营环境分析、年度竞争策略规划、确定年度经营策略及目标、年度业务计划与经营预算、年度经营计划实施平台构建和年度经营计划实施管理。其中，在年度竞争策略规划中，很多读者提出有时候很难确定企业竞争对手，因此竞争策略也就难以确定。另外，企业内部产业选择不同，组织模式也是千差万别，如何确保不同类型企业都能按照以上六个步骤进行年度经营计划制订与管理？在年度经营计划实施过程中，如何进行准确、及时决策？经营决策体系如何建设？经营报表体系如何规划？经营会议体系如何规划？经营过程评价体系如何规划？很多读者也期望能够更加细化。

正是基于以上读者的反馈，本书在第3版的基础上新增了创新“第二曲线”、行业标杆确定及标杆学习计划规划、经营会议体系规划等内容，同时，为了让读者朋友更加全面了解不同类型企业年度经营计划制订全过程，在第八章又增加了三个完整的案例，分别是集团企业年度经营计划、连锁企业年度经营计划、销售型企业年度经营计划。

本书再版一方面要感谢广大读者的关心，另一方面还要感谢长期以来和我们保持稳健合作关系的广大客户，更要感谢信睿咨询全体顾问长期以来的持续实践和总结。经营环境在变化，企业经营手段和方法也在持续更新，只有系统掌握相关工具和方法，并加以运用和创新，才能助力中国企业从优秀到卓越。

最后，还要感谢中国经济出版社经管分社李煜萍社长，她对本书再版提供了非常中肯的建议。还有我的编辑王帅、李若雯女士，她们为本书的顺利出版付出了很多心血，一并谢过。

当然，限于个人能力、学识与资历，书中难免存在不足之处，恳请广大企业家、同行、读者朋友不吝批评与指正，我愿与大家共同成长，谢谢！

大家如有任何疑惑或不同的观点，可以直接与我联系，期待着与大家交流，电话：13713696644，电子邮箱：sacaxa@163.com，微信：shuicangxi。

水藏玺

2020年4月15日

第3版前言 <<<

《年度经营计划管理实务》（中国经济出版社2015年版）、《年度经营计划制订与管理》（中国经济出版社2016年版）相继出版后，在我国企业界掀起了一轮规范年度经营计划制订与管理的热潮。从读者朋友在京东、亚马逊、当当网上的评论，我接到的来电、收到的邮件以及手机短信、微信留言，还有我在过去十多年与不少于1200家企业沟通的结果可以看出，随着中国企业整体管理水平的持续提升以及内外部经营压力逐步增强，越来越多的企业开始重视年度经营计划管理。

过去三十多年，中国企业对经营的理解大致可以分为三个阶段：

早期，企业对经营的认知仅限于赚钱，为了实现盈利最大化，企业传统的做法就是开源与节流。为了开源，企业通过打广告、搞促销、开发新产品、开拓新市场、进入新业务领域、增加投资等手段来增加销售；为了节流，企业又通过强制供应商降低原料价格、压缩产品研发投入、降低运营费用预算、控制人工成本、削减广告投入等手段减少支出。可以这么说，早期，很多中国企业的成功也正是源于对开源与节流的深刻领悟。但是受经济增长趋缓、国家对环保的要求越来越高、行业竞争不断加剧、原材料价格持续走高、用工成本逐年上升、产品迭代周期越来越短等大环境的影响，很多企业面临收入无法持续增加但支出又在持续上涨的局面，这样一来，企业经营进入一种恶性循环，之前通过开源与节流赚取利润的经营理念遇到了前所未有的挑战。

在这种大背景下，第二代企业经营理念应运而生，即在开源与节流的同时增加“效率”这一变量。大家试想一下，假设两家公司同样实现1亿元的收入，A企业投入了9000万元，而B企业投入了8500万元，很明显B企业的效率要比A企业高；同理，A企业实现1亿元的收入花了12个月的时间，而B企业实现同样的收入只花了10个月的时间，则B企业的效率要比A企业高；另外，假设A企业实现1亿元收入的背后是总资产周转率为2次，这就意味着A企业投入的总资产为5000万元，而B企业实现1亿元收入的背后是总资产周转率为4次，这就意味着B企业仅需投入2500万元的总资产就可以了，很明显，B企业的效率也远高于A企业。由此可见，只要在经营的过程中加入“效率”这个变量，企业的经营就变得非常有意思，同样的收入，谁的投入少谁的效率就高，谁用的时间短谁的效率就高，谁的资产周转快谁的效率就高……总而言之，企业必须通过持续提升运营效率让自己赚到更多的钱，这就是本书中所说的第二代企业经营理念。

有人说过，现在的企业只有两种，即上市企业、非上市企业，而非上市企业又分为两种，一是通过自己的努力实现上市，二是把自己的经营做好，未来被上市企业兼并或收购。还有人说过，过去的企业是靠卖产品或卖服务赚钱，而未来的企业是靠卖公司赚钱。不管是哪种企业，我们认为都需要思考如何提升自身的市盈率，让自己变得更加值钱。另外，不论是以上哪种观点，都给企业经营带来了新的挑战，这就是本书提到的第三代经营理念，企业除了关心赚钱之外，还需要关注另一个更重要的变量，即市盈率。同样的利润，不同的市盈率，企业的市值就会差别很大。对于市盈率这个变量，所有上市企业都不陌生，因为这个指标将会直接影响企业市值及股价，而对于非上市企业来说，这个指标同样非常重要，它直接决定非上市企业的估值。

正是源于以上我们对企业经营的深刻理解和认知，我们认为企业年度经营计划制订与管理也需要做出相应的调整及优化。

另外，很多读者朋友认为，第1版、第2版中在不同的章节分散地介绍企业年度经营计划制订的案例，很难让读者对年度经营计划的全貌有一个系统的认知，因此，本书再版时在第八章特别增加了两家企业年度经营计划的完整案例，希望对广大读者有所帮助。

本书的再版一方面要感谢广大读者朋友的关心甚至批评，你们提出的诸多意见和建议是我再版此书的原动力，科技在进步，时代在发展，中国企业经营理念也在与时俱进，我非常乐意与读者朋友相互学习，共同推动中国企业持续提升经营业绩，共同推动伟大“中国梦”早日实现。

另一方面还要感谢与我们长期保持良好合作的广大客户。在与客户就企业年度经营计划制订与管理进行探讨的过程中，我们对企业经营的理解越来越深刻。

还要感谢信睿咨询的全体顾问，大家在具体项目实践过程中对本书第1版、第2版中提到的方法论进行持续优化和提升，使我们倡导的年度经营计划制订与管理方法论为越来越多的中国企业所接受，并协助中国企业持续提升经营业绩。

最后感谢本书的责任编辑李煜萍女士，从2006年出版的《激励创造双赢：员工满意度管理8讲》算起，我们之间的合作已有12年之久，在与她一次次的思想碰撞中我对读者需求的把握越来越精准。

当然，限于个人能力与学识，书中难免存在不足之处，恳请广大企业家、同行、读者朋友不吝批评与指正，谢谢。

水藏玺

2018年7月5日

再版前言 <<<

2015 年下半年，我们密集地举办了 40 余场“年度经营计划制订与管理”实战训练营，先后有超过 1500 名企业家和企业高管参加。根据课程安排，每场实战训练营要求每家企业安排 6 名高管参加，分别是总经理、财务总监、营销总监、生产总监、研发总监、人力资源总监，同一家企业的参训人员组成一个小组并全程根据自己企业的实际状况实战训练。同时，为了让参训者切身感受“年度经营计划制订与管理”的全过程，在两天的实战过程中我们又安排了 18 场实战，包括企业年度经营计划管理现状自检、企业年度宏观经营环境分析、竞争环境分析、利益相关者分析、内部经营状况分析、管理成熟度评估、员工满意度评估、客户满意度评估、行业竞争态势及竞争策略规划、年度战略地图输入识别、战略地图绘制、年度 BSC、业务计划编制、年度经营预算编制、业务流程再造识别、组织体系优化、核心岗位员工素质提升规划、年度员工激励体系建设等。

在如此频繁的实战训练过程中，我们发现中国企业的年度经营计划管理普遍存在两大问题：

其一，企业不知道怎样才能制订一份正确的年度经营计划。中国企业在制订年度经营计划时普遍存在凭感觉、拍脑袋、靠领导主观决策等现象，既不对经营环境及竞争态势进行全面细致的分析，也不对经营目标的合理性及目标达成策略进行系统论证，通常由公司最高层拍板，再由下面员工盲目执行。这种做法最大的风险是，一旦决策错误，企业很可能会走弯路、走错路，甚至万劫不复。也就是说，这种做法很难保证企业年度经营计划的正确性。

其二，企业不清楚如何才能保证年度经营计划得到有效执行。每到年底，几乎每家企业都在做年度经营计划，有些企业为了保证年度经营计划有效执行甚至还会与部门负责人签订年度目标责任书，召开员工誓师大会，让每位员工都清楚企业年度的经营目标及策略。但在实际执行过程中，企业往往缺乏系统的评估、跟踪及纠偏机制，导致年度经营计划很难得到有效执行。

那么如何才能解决以上两个问题呢？既要制订一份正确的年度经营计划，同时又要保证既定年度经营计划不折不扣地得到执行，这就需要企业建立一套完善的年度经营计划管理体系，这也正是本书再版的核心目的之一。

本书第1版《年度经营计划管理实务》自2015年10月由中国经济出版社正式出版以来，我收到不下800位读者的来信、来电，大家共同关心的话题不外乎以上两个核心问题。我在结合参训学员反馈、来信与来电读者诉求以及实际辅导和参与企业经营的心得体会的基础上，对本书进行重新思考和更新，以期能够更加切合中国企业及读者实际，为企业提升经营管理能力、建立完善的年度经营管理体系尽绵薄之力。

本书再版过程中得到了深圳CPIO协会、金溢科技、恒之源、庆美珠宝、金凯德集团、3ZU足装秀、万润科技、云南招标、高斯贝尔、伊斯佳集团、全宝科技、郑州三容商会、深培创论坛以及南粤商学丛书专家委员会各位专家的大力支持；中国经济出版社的编辑李煜萍女士也提供了非常专业和中肯的建议；另外，信睿咨询的全体顾问也贡献了大量的素材和实战经验。在此深表谢意。

限于个人资历及学识，书中观点难免存在不妥之处，恳请广大企业家、同行、读者朋友不吝批评与指正。我相信，只要我们能够建立完善的年度经营计划管理体系，中国企业经营能力一定会有质的飞跃！

水藏玺

2016年7月5日

初版前言

有位企业家朋友曾经讲过这样一句话："人的一生就是做梦、逐梦和圆梦的过程。"经营企业又何尝不是这样？正是梦想激励了创业的企业家们，而他们追逐梦想的精神又成就了一批又一批伟大的企业。我们认为，企业的梦想是需要通过战略规划来明确和诠释的，而逐梦和圆梦的过程则需要年度经营计划去支撑。

对中国企业而言，"年度经营计划"并不是一个新名词，因为几乎每家企业都会在年末或年初制订年度经营计划。然而效果如何呢？企业在编制年度经营计划时有没有建立完善的流程？对年度外部经营环境、内部经营与管理状况以及竞争对手是否进行了全面而细致的分析？年度经营目标确定是否合理，依据是否充分？年度经营目标有没有进行科学的分解？业务计划有没有进行系统规划？有没有按照年度业务计划配置资源？有没有进行全面合理的经营预算？工作计划有没有得到落实？经营过程中有没有进行定期检讨、衡量与评价？当发现现实与预期之间存在差异时，企业又采取了哪些纠偏措施？企业在经营过程中相关风险应该如何预防？有没有建立相关的预警机制？……对这些问题，估计每家企业的回答都会不同。

我们不禁要问，是什么原因造成这样的结果呢？根据多年的企业年度经营计划辅导经验，我们认为，造成中国企业年度经营计划沦为"鸡肋"的原因有很多，本书总结为以下六个方面：年度经营计划严重滞后；年度经营计划没有量化；计划跟不上变化；过程无跟踪，结果无评价；务虚大于务实；年度经营计划与战略脱节。

因此，系统掌握企业年度经营计划编制、实施、跟踪与评价等环节的方法就显得非常重要。本书期望为读者朋友解开企业年度经营计划管理之谜。

大家都知道，按照中国企业的惯例，大企业制订年度经营计划可能要持续三个月、五个月，小企业则很可能只需要三五天，甚至由老板拍脑袋决定。由于企业的情况各异，花多长时间制订年度经营计划并无一定之规，但是否按照科学的流程去制订年度经营计划却十分关键。正所谓，方法正确事半功倍，方法欠妥事倍功半。

本书从几个典型的企业年度经营计划编制、执行的场景入手，期望通过对这些场景的剖析，帮助读者朋友找到年度经营计划管理失败的原因，同时，结合我十多年企业经营计划辅导实践，建立了年度经营计划管理的S2P模型，从企业年度经营环境分析、年度竞争态势及竞争策略分析、确定年度经营目标、编制年度业务计划与经营预算、年度经营计划实施平台构建、年度经营计划实施衡量与评价等六个核心步骤系统阐述企业年度经营计划编制以及实施的全过程，帮助企业以最佳方式实现年度经营目标，进而推动中长期战略目标的顺利达成。

当然，限于本人学识与资历，书中有些观点难免有失偏颇，恳请广大读者朋友不吝批评指正。

水藏玺

2015年7月5日

目 录 <<<

第一章 拨云见日：正确认识年度经营计划

第二章 识得庐山真面目：认清年度经营环境

第七章 论功过，明奖罚：年度经营计划实施管理

第八章 他山之石，可以攻玉：年度经营计划经典案例分享

第一章

拨云见日：正确认识年度经营计划

传统观念认为，企业经营的本质是为了赚钱。是的，管理学告诉我们，企业就是以盈利为目的的组织，但这是过去对企业经营的理解和认知。时至今日，赚钱已经不是企业经营的唯一目的，除了赚钱，让企业更加值钱是现代企业更加重要的经营目的。因此，企业在制订年度经营计划时就不能仅仅局限于对开源、节流的规划，还需要规划如何让企业更加值钱的关键策略与方法。

另外，几乎每家企业都在做年度经营计划，但如何才能制订一份正确的年度经营计划，同时确保年度经营计划有效执行？这是让很多企业头痛的问题。

只有准确认识年度经营计划的内涵、客观理解企业经营的本质、全面掌握年度经营计划制订与管理的方法论、系统了解年度经营计划制订与管理的全过程，才能确保企业年度经营计划落地实施。

The Annual Business Plan Formulation and Management | 第一节

乌云蔽日：中国企业年度经营计划管理现状

中国企业在进行年度经营计划管理的过程中普遍存在两个问题：其一，不知道怎样才能制订一份正确的年度经营计划；其二，不知道如何才能让年度经营计划落地，并不折不扣地加以执行。我想，这也是很多企业家朋友共同关心的话题，下面我们从中国企业年度经营计划执行现状入手，一起来分析企业在年度经营计划制订与管理过程中究竟存在哪些问题。

一、中国企业年度经营计划管理现状分析

根据中国企业年度经营计划管理现状，从两个维度分析目前企业普遍存在的问题，即年度经营计划正确与否、年度经营计划执行与否。企业年度经营计划执行现状如图 1－1 所示。

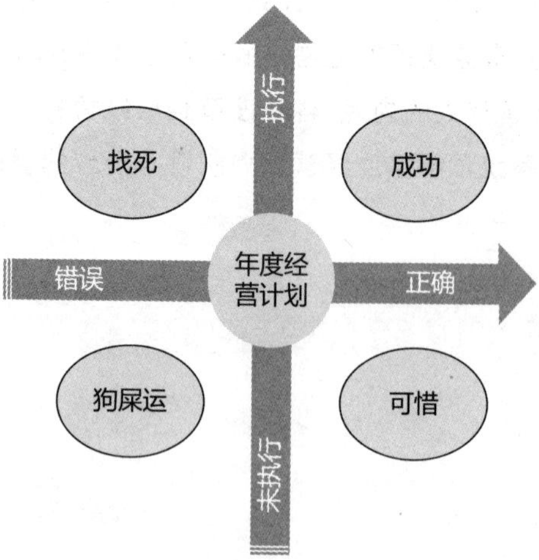

图 1－1　企业年度经营计划执行现状

根据图 1－1，我们把企业年度经营计划的实施效果分为四类。

第一类，错误的年度经营计划未被执行，我们把这种情况称为“狗屎运”。

第二类，错误的年度经营计划得到有效执行，我们把这种情况称为“找死”。

第三类，正确的年度经营计划未被执行，我们把这种情况称为“可惜”。

第四类，正确的年度经营计划得到有效执行，我们把这种情况称为“成功”。

由此可见，企业要想成功只有一条路可以走，那就是首先要制订一份正确的年度经营计划，然后确保其得到有效执行。

【案例 1－1】企业年度经营计划管理现状自测 Q[18]

企业年度经营计划管理现状自测见表 1－1。

表 1－1　企业年度经营计划管理现状自测表

序号	问题	答案（可多选）
Q1	贵公司有年度经营计划吗?	□有　□无
Q2	贵公司年度经营计划实施效果如何?	□很好　□一般　□非常糟糕
Q3	贵公司哪些人会参与编制年度经营计划?	□高层　□高层＋中层　□高层＋中层＋基层
Q4	贵公司年度经营计划制订是什么时候开始的?	□上年 10 月　□上年 12 月 □当年 1 月　□当年 2 月
Q5	贵公司年度经营计划制订是什么时候结束的?	□上年 10 月　□上年 12 月 □当年 1 月　□当年 2 月 □当年 2 月之后
Q6	贵公司是如何对外部经营环境进行分析的?	□凭感觉　□高层　□专门机构进行分析
Q7	贵公司是如何对内部经营现状进行分析的?	□财务决算　□业务总结　□年度述职　□KPI 分析
Q8	贵公司是如何对管理现状进行评估的?	□客户满意度　□管理成熟度 □员工满意度　□关键岗位适岗度
Q9	贵公司对竞争对手是如何分析的?	□不知道谁是竞争对手　□KSF □波特五力　□未做系统分析
Q10	贵公司年度经营目标确定的依据是什么?	□老板指令　□高层对市场的判断 □环境＋现状
Q11	贵公司年度经营目标确定是否合理?	□很合理，每年都达成 □基本合理，每年基本达成 □不合理，每年都达不成
Q12	贵公司年度经营目标是如何分解的?	□自上而下　□自下而上 □上下博弈结果
Q13	依据年度经营目标，贵公司业务计划有哪些?	□营销　□研发　□供应链　□财务　□HR
Q14	贵公司是如何按照业务计划配置资源的?	□资源投入预算　□一事一议　□无资源配置规划
Q15	贵公司年度经营预算是如何做的?	□经营预算缺失　□财务主导　□业务主导
Q16	贵公司年度经营计划实施平台包括哪些内容?	□组织　□流程　□培训　□激励

续表

序号	问题	答案（可多选）
Q17	贵公司有哪些年度目标纠偏机制？	□目标一旦确定，必须全力以赴 □N/（12－N） □N/（4－N） □N/（2－N）
Q18	贵公司在年度经营过程中是如何防范风险的？	□经营委员会 □经营检讨会 □老板

注：①根据表中的 18 个标准问题，企业可以对年度经营计划管理现状进行自测和评价。②自测题为不定项选择题，可以单选，也可以多选。

二、年度经营计划管理常见的问题

在近十五年的管理咨询经历中，笔者亲历过不少于 400 家企业的年度经营计划制订与实施辅导工作，根据辅导情况，我们把企业年度经营计划管理中常见的问题归结如下。

1. 轻分析、重规划

很多企业在制订年度经营计划时，一般不重视或者极少关注对企业外部、内部经营环境及竞争对手、竞争态势的分析，而是花费大量人力、物力、时间进行目标博弈与分解，基于目标进行计划制订、责任部门（责任人）落实，这是中国企业年度经营计划管理中普遍存在的一种现象。

造成这种现象的原因有二：其一，很多企业认为经营环境分析是决策层的事情，况且自己对行业发展态势、宏观经济走向、技术发展趋势、竞争对手动态、内部管理状况等情况都非常了解，不需要花费时间和精力再去研究这些问题；其二，很多企业认为年度经营计划不同于战略规划，战略规划重在分析和选择，而年度经营计划重在执行。

其实，以上两种现象都存在片面性和对年度经营计划认识不准确的问题，大家知道，企业经营环境无时无刻不在发生巨变，如何才能做到在巨变的经营环境下稳健经营，这要求企业必须随时随地掌握环境变化情况并适时做出决策与调整。例如，国家货币政策，上半年可能采取紧缩政策，而下半年则调整为宽松一些，这对企业的融资与销售政策将产生巨大的影响；又如，随着国家“蓝天保卫战”的持续推动，大批高耗能、重污染的企业原来的供应链体系将根据需要重新构建；等等。

2. 重高层、轻中层、弱基层

企业的年度经营目标是从哪里来的？在我们身边的很多企业基本上都是由公司老板或者高层确定的，这是一种常见的模式，也是导致很多企业年度经营计划很难落地的一个重要原因。大家试想一下，缺乏核心员工甚至是全体员工的参与的年度经营计划，是很难让全体员工达成共识并严格按照既定的计划去执行。因为员工都是成年人，企业最好的办法就是不仅让所有员工都清楚经营策略及目标是什么，同时还要其明白为什么，只有这样才能消除员工的疑虑，减少年度经营计划执行过程中因不理解而产生的内耗与低效。

那么究竟该如何做呢？根据我们的经验，企业年度经营计划制订既是一个自上而下的过程，同时又是一个自下而上的过程。

可能很多企业都会有这样的烦恼：在确定年度经营计划的时候，首先公司高层会抛出一个理想的目标，然后由各个业务和职能部门讨论，讨论到后来往往就会发现，几乎每个部门都会觉得目标太高、很难实现。最终公司为了激励员工，只能对既定的目标一降再降。那么有没有更好的办法解决这一问题呢？唯一的办法就是通过自下而上认清公司经营环境，再通过高层集中确定公司目标，然后通过自上而下对目标进行层层分解，最后自下而上对目标达成的策略和行动计划进行规划和论证，如此往复才能制订出合理的经营计划。

3. 年度经营计划严重滞后

“凡事预则立，不预则废。”这是每位企业家都明白的道理，但实际情况是，虽然大家都懂得这个道理，不过还是有很多企业的年度经营计划迟迟拿不出或定不了稿，导致年度经营计划严重滞后。

根据我们的经验分析，年度经营计划规划滞后的原因有很多种：

（1）公司内部没有完善的年度经营计划管理流程，经常会因为公司高层太忙导致年度经营计划工作一拖再拖。

（2）缺乏年度经营计划管理的人才和能力，临时指派某个管理部门或岗位来负责编制年度经营计划，难以按时完成这项关键而又艰巨的任务。

（3）上一年度经营相关报表数据未能及时统计出来，而只有承上才能启下，所以下一年度经营计划也就有了拖延的理由。

（4）利益分配没有到位，上一年度的奖惩承诺没有及时兑现，各利益相关者缺乏激励，消极应对甚至拒绝谋划下一年度经营目标。

（5）企业年度经营目标是自上而下由上级管理单位下达的，上不动下也动不了，企业编制年度经营计划完全是被动的。

…………

以上种种都是我们看到的中国企业年度经营计划滞后的原因，但我们认为根本的原因在于企业对年度经营计划的认知不够，以及高层对经营计划的重视不足，当然，还有可能是企业缺乏完善的年度经营计划管理流程。

年度经营计划通常是需要在年底之前就确定的，但国内很多企业通常会在春节前最终确定，甚至可能会拖到三四月份甚至年中才能确定。滞后时间越久，年度经营计划对企业的实际经营指导作用就会越小，从而违背了企业制订年度经营计划的初衷。

4. 年度经营计划没有量化

这是典型的中国式“模糊”管理，大家习惯于“也许、大概、差不多，然而、未必、不见得……”的管理风格，在日常工作中强调“你好、我好、大家好”，殊不知，对于企业经营而言，无法量化就不能进行有效管理，不能量化的企业年度经营计划，只能沦为废纸一堆。

关于年度经营计划量化的问题，我们的经验是，一定要消除经营计划中那些模棱两可、似是而非的地方，确保每个环节、每项策略、每个目标都能做到可量化。

5. 计划跟不上变化

这是很多中国企业年度经营计划管理普遍存在的问题，在企业的经营过程中，经常会面临国家政策、宏观经济、新技术、新工艺、新材料、市场和客户等的变化，这些变化有的对企业经营影响很大，甚至会影响到企业的生死存亡，更有甚者会影响到整个行业。如房地产行业的限购限贷政策、精装修房比例政策、外国政府提出对中国商品加征关税、电子商务的异军突起带来消费者消费习惯的改变、人民币汇率的波动对出口的影响、原材料价格波动对企业盈利能力的影响、竞争对手价格战对企业销售政策的影响，等等。

企业年度经营计划在“计划跟不上变化”上容易犯两个方面的错误：

（1）计划不准确。企业在编制年度经营计划时没有做好充分的信息收集和市场调研，对宏观经济环境变化不敏感、对政府政策的预判不准确、对技术发展的方向没有前瞻性、对市场竞争对手的竞争策略认识不到位、对客户需求的变化不能及时掌控……当出现这些经营环境方面的重大变化时，企业原来制订的年度经营计划就很难有效落地，经营目标也几乎不可能达成。

（2）未能及时调整和应对。企业的经营环境发生变化是正常的，任何人都不可能从一开始就对所有的事情做到百分之百的准确预测，然而，当变化因素影响到经营目标的达成时，企业如果不及时调整经营计划，并采取应对措施，经营计划就会越来越偏离经营目标。

6. 过程无跟踪，结果无评价

没有评价就难分好坏，任何事情都需要对其进行衡量与评估。如果企业连员工做得好不好、部门目标有没有达成、公司年度经营策略有没有落地、年度经营预算有没有控制等问题都不能进行及时、客观的评价，最终很有可能导致部门和员工根据自己的理解去做，而计划形同虚设。

毛主席曾经说过："没有调查就没有发言权。"企业如果没有对经营过程进行调查和评价，同样也没有发言权。

很多企业认为对年度经营计划实施效果进行评价会导致"部门墙"加厚和员工之间的协同性降低。其实这是一种片面的理解和狭隘的认知。对于企业年度经营计划而言，如果缺失了每月、每季、每半年的检讨和评价，很有可能会让大家都觉得无所谓，做好做坏一个样、做与不做一个样、少做与多做一个样，最终不了了之。因此，企业在实施年度经营计划的过程中一定要重视和加强对年度经营计划实施结果的评价，同时要根据评价结果将业务单元、部门、员工分为三六九等，并与其绩效、年终奖金、年度职位调整、年度调薪等员工的切身利益挂钩。只有这样，才能够让绩效好的员工得到充分的正激励，并让绩效不好的员工受到相应的负激励，在企业内部树立多劳多得、绩优者多得、贡献大者多得的分配理念。

7. 年度经营计划与发展战略脱节

很多人会认为战略是回答企业未来 3 年、5 年甚至更长时间的问题，而年度经营计划只是解决眼前的问题，因此，企业的战略意图不能清晰地体现在每年的年度经营计划中，企业也无法通过年度经营计划逐步地实现战略目标。这种观点的问题在于放着年度经营计划这样现成的手段不用，而去满世界寻找战略实施落地的方法，无异于骑驴找马。

The Annual Business Plan Formulation and Management 第二节

与时俱进：第三代企业经营理念与企业经营系统

一、企业与企业经营

企业经营何为？毋庸置疑，是为了赚钱，因为企业就是以赚钱为目的的组织。那么除了赚钱，企业还有其他的追求吗？企业是如何实现赚钱的？在我们看来，过去单纯地认为企业经营就是为了赚钱的经营理念需要与时俱进。

国内著名管理学者陈春花教授①认为，构成经营的基本元素为顾客价值、有竞争力的合理成本、有效的规模以及深具人性关怀的盈利。其中：顾客价值是企业存在的前提，如何理解顾客价值就决定了企业的战略方向以及所采取的经营策略；有效的规模并不代表着企业的规模越大越好，要尽量避免被“规模可以带来领导者地位和市场权力”“规模自然会带来更高的回报”“规模经济起作用”等规模魅力所误导，防止陷入大企业病、规模不经济的经营怪圈；有竞争力的合理成本并不代表廉价劳动力，而是产品与服务持续符合客户期望的前提下，杜绝一切浪费以及简化、简化、再简化的管理体系；而深具人性关怀的盈利是指企业必须从利润、顾客、成长、人员、管理、公民身份等维度充分体现自身的核心价值理念。

按照陈春花的观点，缺乏对顾客价值洞察的企业，即便短时期获得了足够丰厚的利润，也很难保证走得长、走得远；同理，缺乏高成长性的企业也一定不是一家好企业；另外，不把员工当作资本来经营，而只是简单地、机械地把员工当成机器设备来使用的企业也一定不是好企业。于是，我们发现，这种对现代企业经营的理解已经完全颠覆了原来那种狭隘的认识。

① 陈春花．经营的本质[M]．北京：机械工业出版社，2013：3－48.

二、第三代企业经营理念

正如本书前言中提到的，我们把中国企业对经营的理解大致可以分为三个阶段，从关注投入与产出获得盈利，到增加效率变量，再到关注市盈率，每增加一个考量因素，企业经营理念就前进了一大步。

1. 赚钱＝收入－支出

这是对企业经营最朴素的认知，很多人认为企业唯一目的就是为了赚钱，赚钱的多少取决于收入减去支出的差额，也就是我们通常所说的开源与节流。

正是基于这种认知，我们认为企业实现赚钱的途径有以下五种。

（1）收入增加，支出不变。

（2）收入增加，支出减少。

（3）收入大幅增加，支出小幅增加。

（4）收入不变，支出减少。

（5）收入小幅减少，支出大幅减少。

在这种经营理念的指引下，为了追求收入增长，企业不惜一切代价去打广告、搞促销、开发新产品、开拓新市场、进入新业务领域、增加新投资……同时，为了减少支出，企业又想办法强制供应商降低原料成本、节省广告费用、压缩研发投入、降低费用预算、控制人工成本、减少投资支出……总而言之，在传统的企业经营理念中，企业想要赚钱，除了开源与节流，别无他法。但现实的情况是，受经济增长趋缓、国家对环保的要求越来越高、企业间竞争不断加剧、原材料价格持续走高、人工成本逐年上升、产品迭代周期越来越短等大环境的影响，企业收入无法增加，但同时支出还在持续上涨，企业经营进入一种恶性循环。

根据第一代企业经营理念，企业经营的关键策略包括：销售增加（含新产品销售增加、老产品销售增加、新市场销售增加、老市场销售增加、投资收益增加、营业外收入增加等）、成本控制（材料成本控制、研发成本控制、管理费用控制、销售费用控制、财务费用控制等）。

2. 赚钱＝（收入－支出）×效率

这是一个全新的经营理念，企业除了关心收入与支出外，还需要关注效率，即同样的支出看谁的收入更大，或者同样的收入看谁的支出更小、同样的收入看谁周转更快、同样的收入看谁花的时间更短。

假设两家公司同样实现1亿元的收入，A企业投入了9000万元，而B企业投入了8500万元，很明显B企业的效率要比A企业高；假设A企业花了9000万元获得了1亿元的收入，而B企业花了9000万元获得了1.2亿元的收入，显然B企业的效率也要比A企业高；假设A企业实现1亿元的收入花了12个月的时间，而B企业实现同样的收入只花了10个月的时间，则B企业的效率要比A企业高；假设A企业实现1亿元收入的背后是总资产周转率为2次，这就意味着A企业的总资产投入为5000万元，而B企业实现1亿元收入的背后是总资产周转率为4次，这就意味着B企业仅需投入2500万元的总资产就可以了，很明显，B企业的效率也远高于A企业。

以上数据的背后，都是一个关键因素在起作用，那就是效率。很显然，B企业的效率要比A企业高，因此，B企业的经营质量比A企业好。

黄明瑞辞任大润发主席时曾发文说：赢了所有对手，却输给了时代。也许很多接受传统经营理念洗礼的人接受不了互联网公司的冷酷无情，但我们不得不承认，这个时代变了。我们无法说是外行领导内行，我们是内行，可是我们败了，这就是事实，当时代抛弃我们的时候，连声再见都不会说。因为现代企业经营理念已经完全超越了传统开源与节流的经营思路。

在这种企业经营理念的指引下，企业经营策略就会调整为缩短订单交付周期、提高订单准时交付率、提升服务质量、缩短客户投诉处理周期、提高总资产周转率、提高流动资金周转率、提升人均产值、提升人均利润等方面。

3. 值钱=（收入-支出）×效率×市盈率

有人说过，现在的企业只有两种，即上市企业、非上市企业，而非上市企业又分为两种，一种是通过自己的努力未来实现上市，另一种是把自己的经营做好、未来被上市企业兼并或收购。不管是哪种企业，我们认为都需要思考如何提升自身的市盈率，让自己变得更加值钱。还有人说过，过去的企业是靠卖产品或卖服务赚钱，而未来的企业是靠卖公司赚钱。不管是哪种观点，都给企业经营带来了新的挑战，这就是本书提到的第三代经营理念，企业除了关心赚钱外，还需要关注另一个更重要的变量，即市盈率。同样的利润，不同的市盈率，企业的市值就会差别很大。

在这种经营理念的指引下，企业经营策略的关注点又需要增加缩短投资回报周期、提升净资产收益率、构建完善的企业治理体系、优化企业金融体系、创新企业商业模式、健全企业风控体系等环节。

三、信睿SMART-EOS企业经营系统

我们发现，时至今日，很多企业在制订年度经营计划时还是延续传统开源、节

流的经营理念，很少考量在提升企业运营效率、提升企业市盈率等方面下功夫、做文章。我想这背后除了经营理念落伍之外，还有一个非常关键的原因，那就是很多企业还不清楚一个完整的企业经营系统是如何构建起来的、具体包含哪些因素、在不同的企业发展阶段企业经营系统又有何差异等。

根据我们十多年的经验总结，信睿 SMART－EOS 企业经营系统①把企业经营系统的核心构成分为五大系统，即企业市值系统、企业梦想系统、企业流程系统、企业人资系统、企业信息系统（见图 1－2）。

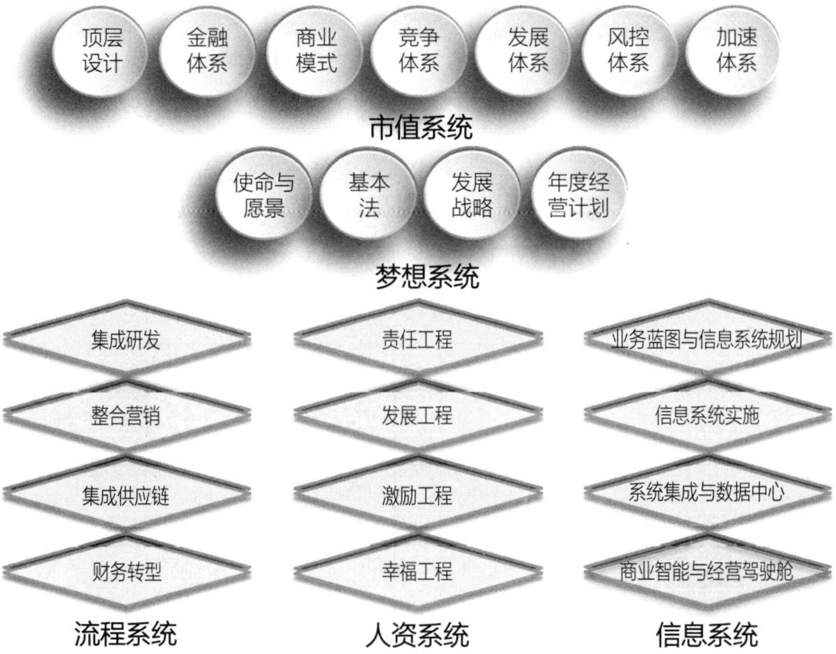

图 1－2　信睿 SMART－EOS 企业经营系统

1. 企业市值系统

企业是以盈利为目的的组织，这是过去我们对企业经营的认知，现如今，我们做企业不仅仅要赚钱，还需要将企业变得更加值钱。那么企业从哪些方面构建经营系统才能让自身越来越值钱呢？这就是信睿 SMART－EOS 企业经营系统中市值系统需要回答的问题，我们把企业市值系统的核心内容归结为七个方面（见表 1－2）。

---

① SMART－EOS 企业经营系统由深圳信睿咨询提出。

表1－2　企业市值系统的核心内容

企业市值系统	核心内容
顶层设计	公司业务规划、公司性质规划、运作模式规划、股权结构规划、公司章程、治理结构、议事规则
金融体系	资本来源、证券金融体系、银行金融体系、公司债券体系
商业模式	商业模式画布、商业模式创新
竞争体系	竞争态势分析、竞争模式选择
发展体系	发展路径、产业选择、价值链延伸、价值环重构
风控体系	运营风险、廉洁风险、授权风险、财务风险、金融风险、新技术风险、人力资源风险、政策风险、法律风险、自然灾害等
加速体系	增长模型、增长速度

2. 企业梦想系统

一家企业想要走得稳、走得远，必须先要解决如何将企业的梦想与员工的梦想尽可能保持一致的问题，让每位员工想企业所想、急企业所急，这就是我们通常讲的统一“三观”（世界观、人生观、价值观）。

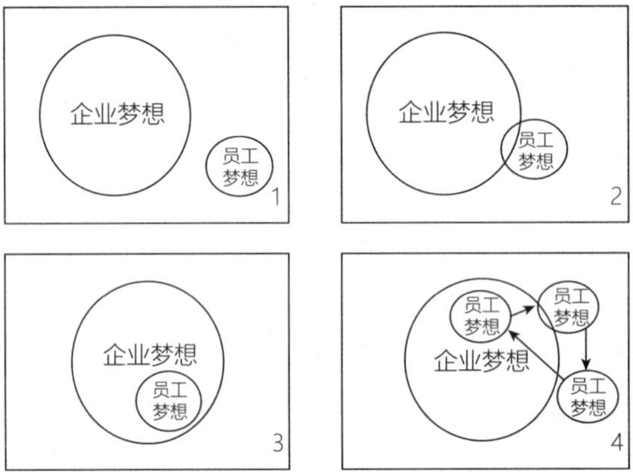

图1－3　企业梦想与员工梦想之间的关系

在企业内部，员工的梦想与企业梦想之间的关系大致可以分为四种情况（见图1－3）。

第一种情况是员工的梦想与企业的梦想毫无交集，这种情况是典型的“同床异梦”。虽然员工在企业上班，领着企业发的工资，耗着企业的资源，穿着企业的工服，戴着企业的工牌，但员工个人所想的与企业想要的格格不入，这种情况对企业而言是最可悲的。

第二种情况是员工的梦想与企业的梦想有一定的交集度，这种交集度可能只有

10%、20%或者50%，也可能有90%，不同交集度的背后是企业梦想与员工梦想存在一定的趋同性，当然也存在一定的差异，一般情况下，企业大多数员工都属于此种情况，关键就在于如何扩大那些交集度只有10%或者20%的员工的交集度，使其达到60%、70%甚至80%以上。

第三种情况是员工的梦想与企业的梦想完全一致，员工认为自己人生目标的实现完全依附于企业梦想的实现，这种员工在企业虽然只有少数，但往往在企业经营过程中起着举足轻重的作用。

第四种情况是员工的梦想与企业的梦想有时一致，有时有一定的交集，有时完全没有交集，始终处于游离状态。如员工认为对自己有利时会靠近企业的梦想，一旦发现对自身不利，员工又马上与企业撇清关系，根据我们的研究，企业内部这种员工的比例往往还不低，这些员工对企业的危害度也是最大的，企业需要擦亮眼睛，慎之又慎。

除第三种情况外，我们认为其他三种情况都是存在问题的，想要经营好企业，首先就是要解决员工梦想与企业梦想如何保持高度一致的问题。

那么如何才能做到呢？我们认为企业必须要解决好“两个认同”的问题，即让员工认同企业的价值理念、让员工认同企业的发展目标，而且“两个认同”必须同时具备才能真正做到统一梦想。试想一下，如果员工只是简单地认同企业的价值理念，而不认同企业的发展目标，这种员工很有可能只会盲从。而如果员工只认同企业的发展目标，而不认同企业的价值理念，我们认为这种认同一定是短暂的，而且是相对的，对低目标可能认同，但对有挑战性的目标可能就不认同了。

根据信睿 SMART - EOS 企业经营系统，企业梦想系统所包含的主要内容如表1-3所示。

表1-3　企业梦想系统的主要内容

企业梦想系统	主要内容
使命与愿景	企业使命、发展愿景
基本法	核心价值观、发展战略及经营计划理念、市场营销与客户服务理念、产品研发理念、集成供应链管理理念、财务管理理念、人力资本管理理念、价值创造与利益分配理念、组织与流程管理理念、创新与变革理念
发展战略	战略目标、业务战略（含产业战略、产品战略、客户战略、市场战略）、职能战略（市场营销职能战略、产品研发职能战略、供应链职能战略、财务投资职能战略、人力资源职能战略）、核心能力规划

续表

企业梦想系统	主要内容
年度经营计划	年度经营环境分析（外部经营环境、内部经营环境）、年度竞争态势分析、年度竞争策略规划、年度职能战略规划、年度战略地图绘制、年度 BSC 及目标分解、年度业务计划、年度经营预算、年度经营计划实施平台、年度经营计划实施评价与衡量

3. **企业流程系统**

先有战略，后有流程，最后是组织。企业战略系统明确后，就需要建立完善的流程系统去保证战略及年度经营计划的落地与实施，我们将企业的流程系统分为四大部分，分别为整合营销、集成研发、集成供应链、财务转型，具体内容及需要重点解决的问题如表 1 －4 所示。

表 1 －4　企业流程系统的主要内容

企业流程系统	主要内容
整合营销	品牌定位、品牌宣传、媒介管理、市场研究、市场推广、市场物料、市场秩序、促销、渠道政策、产品定价、渠道与客户开发、销售订单开发、销售合同评审、订单交付管理、货款管理、客户服务、客户关系管理、客户档案管理、满意度管理、客诉受理
集成研发	产品市场研究、市场需求管理、客户定位、产品线规划、产品定义、立项管理、产品开发、开发验证、上市管理、产品迭代与升级、产品生命周期管理、研发项目管理
集成供应链	供应商开发与评估、合格供应商管理、物料需求计划、生产计划、物料采购、作业计划、制程管理、仓储与物流、品质管控、设备管理、工艺工程、精益生产、安全管理、环境保护
财务转型	经营预算制定与实施、资金管理、资产管理、融资管理、投资管理、会计核算、成本控制、费用管理、财务分析、税务管理

4. **企业人资系统**

企业的任何经营策略及运营流程都需要人去执行，在执行的过程中如果责任不清楚、责权利不对等、员工能力不足或者意愿不强、士气低落、组织氛围不正等都会造成经营策略不能落地，流程无法执行，最终导致企业经营目标无法实现。为了解决这些问题，信睿 SMART－EOS 企业经营系统提出了企业人资系统构成的四大工程，即责任工程、发展工程、激励工程和幸福工程（见表 1 －5）。

表 1－5　企业人资系统的主要内容

企业人资系统	主要内容
责任工程	组织管理原则、公司一级结构、部门二级结构、部门使命与三级职能、定岗定编、岗位说明书、工作标准、职权与分权
发展工程	岗位任职资格、职位横向与纵向发展路径、职业生涯规划、员工培训教育、优才计划、人才梯队规划与建设
激励工程	物质激励、精神激励、短期激励、中期激励、长期激励、工资激励、福利激励、奖金激励
幸福工程	组织氛围、企业文化、员工士气、员工满意度、员工敬业度

5. 企业信息系统

为了有效固化企业流程，同时保证经营过程及经营结果可视化，避免出现“信息孤岛”“企业失忆”等问题，企业有必要建立健全信息系统。在企业经营过程中，我们会面对大量新产生和发生变化的数据，同时，根据企业经营需要还可能需要对原有的数据采集方式进行调整和优化，因此，深入分析和规划信息系统以实现上述目的是非常有必要的。

企业信息系统规划与实施前，企业需要思考和回答如下问题：为了保证经营过程可控是否有必要实施信息系统？现有系统是否可以支持新的流程运作？需要进行哪些方面的调整？是否需要开发新的功能模块或信息系统？如何根据不同流程之间的接口实现相关信息系统的数据兼容？需要投入多少人力、物力和财力？是否值得投入？如何才能保证通过信息系统直观监控经营过程以及量化评价经营结果？通过对上述问题的回答，我们可以轻而易举地识别出企业信息系统需求，为建立健全企业经营系统提供支持和帮助。

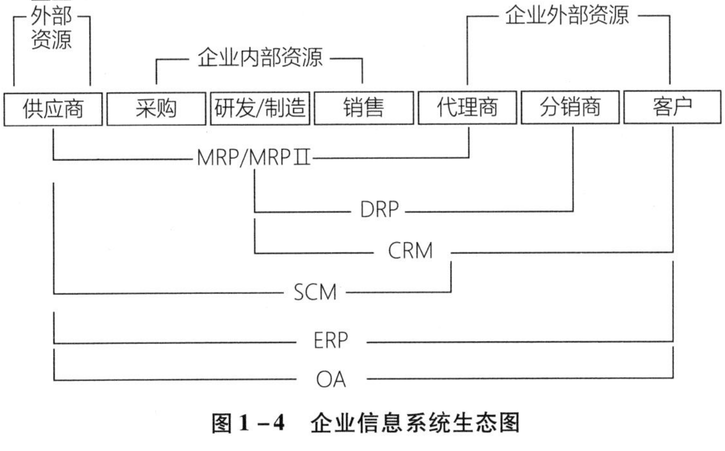

图 1－4　企业信息系统生态图

通过图1-4我们可以一目了然地看到企业信息化建设的基本过程，可以说ERP是企业信息化建设的最高境界，而从MRP（material requirement planning，物料需求计划）开始，再到MRPⅡ（manufacture resource planning，制造资源计划）、DRP（distribution resource planning，分销资源计划）、CRM（customer relationship management，客户关系管理）、SCM（supply chain management，供应链管理），最后才是ERP（enterprise resource planning）。当然，企业除了上述业务系统之外，还必须搭建一套数据集成、分析、展示系统，目前大多数企业都是以OA为基础进行数据集成及展示的。

同时，为了发挥信息系统的价值，企业还需要进行系统集成，并在此基础上建立数据中心，完善企业商业智能及经营驾驶舱。企业信息系统的主要内容如表1-6所示。

表1-6　企业信息系统的主要内容

企业信息系统	主要内容
业务蓝图与信息系统规划	业务蓝图绘制、基于业务蓝图进行信息系统需求识别、信息系统规划
信息系统实施	信息系统选型与论证、信息系统实施规划、信息系统开发、信息系统实施与上线、信息系统优化与升级
系统集成与数据中心	信息系统集成需求识别、信息系统集成与数据呈现、数据中心规划与构建
商业智能与经营驾驶舱	关键经营数据识别、商业智能规划、经营驾驶舱规划与维护、经营驾驶舱数据运用

根据前面对信睿SMART-EOS企业经营系统的介绍，我们可以看到，企业想要做好经营，必须从市值系统、梦想系统、流程系统、人资系统、信息系统多个维度入手，当然，阻碍企业经营的问题也会藏匿在以上要素当中。企业在制订年度经营计划时，必须按照经营系统需求对影响企业经营的核心要素以及存在的问题进行分析，并将其作为年度经营策略加以执行。

四、企业经营系统建设与发展阶段

企业经营系统建设是一项长期持续的工程，企业只要开展经营活动，就必须思考如何结合自身的业务特性及经营需求构建并不断优化经营系统。

当然，在企业经营系统建设方面，我们也不能忽略企业生命周期及发展阶段，处于不同生命周期阶段的企业面临的危机不同，经营系统核心构成要素也不同。

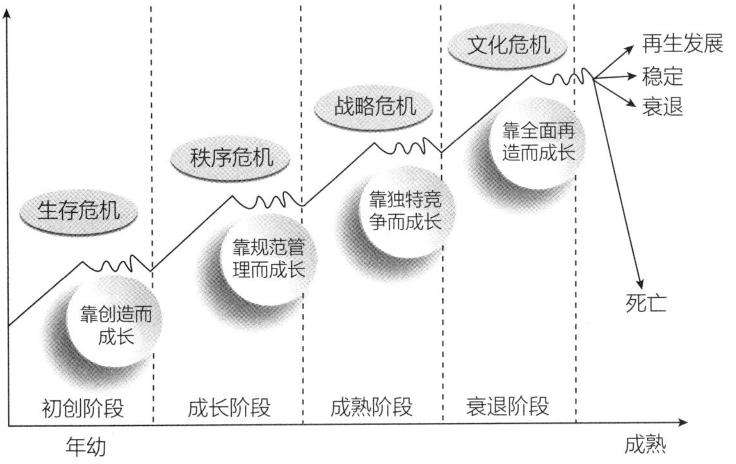

图1－5　企业生命周期理论

如图1－5所示，企业在不同的发展阶段，就像一个人处于不同的年龄段一样，其历史使命和经营重点不同，同时企业不同发展阶段所面临的问题以及解决这些问题的最佳路径和方法也有差异。例如，同样是员工激励的问题，企业在初创阶段只需要做好薪酬福利体系设计，多关心员工的生活就可以了。但到了成长阶段这些措施就不够了，除了薪酬福利体系之外，还需要解决奖金体系。如果企业再往前发展到了成熟阶段，除了前述内容，还需要解决核心员工期权、期股、股权等长期激励的问题。

人的一生必须经历求学、成家、生子、立业等一系列人生阶段，孔子说，"吾十有五而志于学，三十而立，四十而不惑，五十而知天命，六十而耳顺，七十而随心所欲，不逾矩"，不同的人生阶段对人生的感悟是不同的，当然企业也不例外，从小到大，必须经历初创、成长、成熟和衰退等不同发展阶段，不同发展阶段企业的经营重点不同，管理的侧重点也存在非常大的差异。

初创阶段的企业最需要解决的是生存问题，这时候企业往往是依靠某种市场机遇，抑或某种特殊的商业模式获得成长与发展，就如马云所讲，"初创企业的核心就两点：生存和赚钱"。这时候的企业一般规模都比较小，业务模式也相对简单，需要解决的问题也相对单一，企业对管理体系的依赖并不强，我们把这个阶段的企业经营系统定义为初始化级。

进入快速成长期，企业规模会不断壮大，业务也会慢慢变得越来越复杂，内部组织分工就会越来越细，专业化分工需要更专业化的人才。这一发展阶段的企业如果还延续初创期粗放式的管理模式，很有可能会遭遇灭顶之灾，提前进入衰退期甚至夭折，因此，建立健全企业内部的管理秩序（如业务蓝图、流程体系、组织职位体系、利益分配体系、员工激励、人才培养、梯队建设、目标绩效体系等）就成为这一发展阶段企业管理工作的核心，我们把这个阶段的企业经营系统定义为规范化级。

进入成熟期，企业资产达到一定规模后保持相对稳定，业务模式趋于成熟，竞争格局趋于稳定，同时，经过多年的快速发展，企业也积累了比较丰富的管理经验，此时独特的企业文化便会初露端倪。但此时的企业往往又会表现出组织臃肿、运营效率低下、盈利能力下降、员工士气低落、创业激情丧失、持续发展乏力、战略导向模糊、组织变革困难重重、内部利益关系盘根错节等一系列问题。所有这些现象都预示着企业将面临极大的挑战和考验，此时，企业需要扁平化、分权化和系统化、柔性化的管理，为了充分调动员工工作的积极性，持续提升企业经营业绩，企业需要对现有的经营系统进行优化。

随着企业步入衰退期，发展战略、市场营销、新产品研发、供应链运营、财务管理、成本控制、人力资源等方面都可能出现问题，这就迫使企业对管理的各方面进行全面审视。值得注意的是，这时候最值得检讨的是发展战略和商业模式，企业需要对宏观环境、行业竞争及发展态势、自身经营状况、资源配置状况进行客观审视，重新确定企业的发展愿景、定位以及总体发展战略、业务战略和职能战略，也是这一阶段企业经营系统建设的重点。

可见，企业经营系统的建立，与企业所处的发展阶段及战略诉求密切相关，而离开发展阶段及战略诉求去构建经营系统，很可能会事倍功半。不同生命周期阶段企业经营系统建设的重点如表 1－7 所示。

表 1－7　不同生命周期阶段企业经营系统建设的重点

发展阶段	企业经营系统级别	经营系统建设的重点				
		市值系统	梦想系统	流程系统	人资系统	信息系统
初创阶段	初始化级	顶层设计、金融思维、商业模式	使命、愿景、年度经营计划	业务选择与定义、计划体系、项目管理体系	组织定义、薪酬福利体系、核心团队建设	业务蓝图
成长阶段	规范化级	顶层设计、金融体系、商业模式、竞争体系、发展体系、加速体系、风控体系	使命、愿景、价值理念、发展战略、年度经营计划	价值链选择、业务蓝图规划、业务流程、管理流程	组织体系、激励体系、任职资格、人才培养、企业大学	业务蓝图、IT规划、信息化导入

续表

发展阶段	企业经营系统级别	经营系统建设的重点				
		市值系统	梦想系统	流程系统	人资系统	信息系统
成熟阶段	优化级	顶层设计、金融体系、商业模式、竞争体系、发展体系、风控体系、加速体系	战略升级、年度经营计划、基本法、文化建设	价值链重组、业务蓝图优化、流程体系优化	组织体系、集团管控、关键岗位、核心员工中、长期激励	信息化升级、信息系统集成、商业智能
衰退阶段	再造级	顶层设计、金融体系、商业模式、竞争体系、发展体系、风控体系、加速体系	战略转型、企业文化再造、基本法重塑、年度经营计划	价值链再造、业务蓝图再造、业务流程再造	人力资本再造、组织再造	业务蓝图再造、信息化再造

明白了企业经营系统、生命周期及不同生命周期企业经营系统构建的重点之后，企业在制订年度经营计划时还需要结合战略需求来系统规划当年经营重点及策略，并通过过程衡量与评价保证年度经营目标顺利达成。

五、创新“第二曲线”

前文提到，企业在制订年度经营计划时既要考虑与企业发展阶段相结合，同时也不能脱离企业经营系统，通过图1－5我们知道，企业发展阶段不同，企业经营系统建设的关键要素不同。另外，按照生命周期理论，企业在不同发展阶段都会面临不同经营危机，由此导致出现死亡、衰退、稳定、再生发展等不同命运，如何确保企业在不同发展阶段顺利度过危机，持续再生发展，而且无限延长生命周期，这就要求年度经营计划不能静态地去做。

伦敦商学院创始人、组织行为大师查尔斯·汉迪在《第二曲线：跨越“S型曲线”的第二次增长》一书中给我们提供了一个全新的思路。查尔斯·汉迪认为，一切事物的发展都离不开“S”形曲线。打个形象的比喻：就像打油井，找到一口油井，但你随时需要寻找下一口油井，否则，等这口油井中石油开采完毕时就是企业死亡之时。

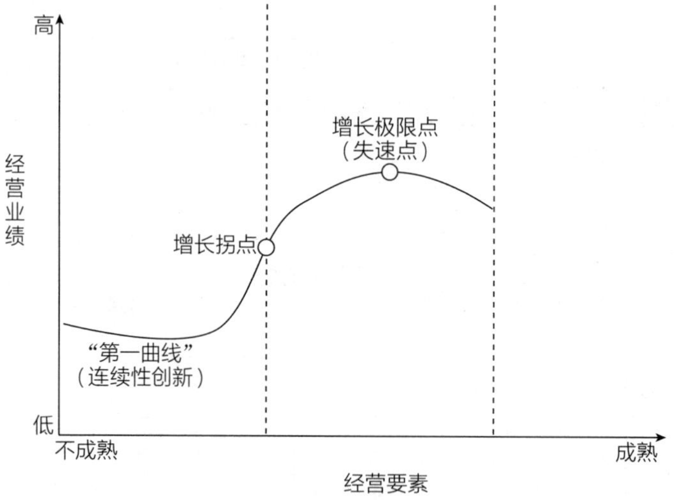

图1-6　第一曲线

同理，如图1-6所示，企业内部的任何一个经营系统要素都会经历一个“S”形曲线，我们可以看到，每条“S”形曲线前期都是高投入、低产出的，随着经营要素成熟度逐步提升，就会出现业绩快速增长期，而且在增长前期，曲线斜率比较大，但在增长中后期，曲线斜率就会变小，相应地，业绩增长速度就会放缓，这里有个关键节点叫作增长拐点。经过增长拐点之后，又会面临下一个关键节点，即增长极限点（又称失速点），从增长极限点开始经营要素对企业经营业绩的贡献度将一路下滑。

例如，一套员工激励体系，当体系刚刚实施时并不会对员工产生本质上的激励作用，经过一两个激励周期之后，激励效果会凸显出来，但如果这套激励体系不能做到及时迭代和更新，其对员工的激励效果又会逐步衰减。因此，企业需要持续优化激励体系以确保对员工的激励性。

又如，企业通过创新推出了一套全新的市场推广机制，该机制在实施初期并不见得有多大的效果，随着持续推广，效果就会越来越好，但如果企业长期使用这套机制，其效果也会逐渐下降。

因此，在制订年度经营计划时，企业需要结合生命周期阶段对当期经营系统关键要素进行系统分析，对于处于增长拐点，特别是增长极限点的经营要素进行甄别。

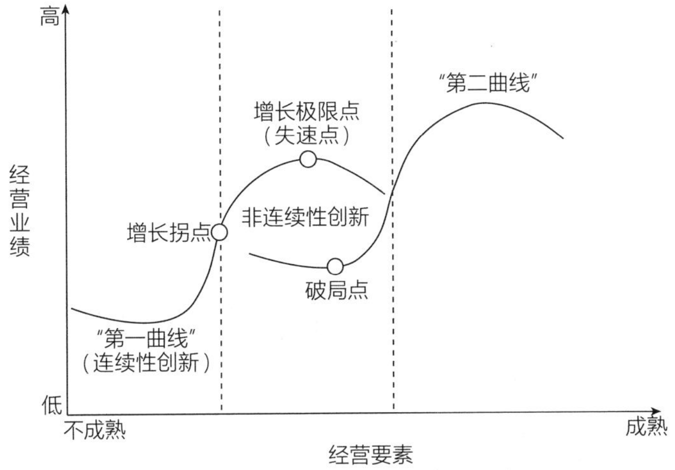

图 1－7　“第二曲线”

为了预防不同经营要素对企业经营业绩放缓的影响，查尔斯·汉迪提出了“第二曲线”理论，在查尔斯·汉迪看来，当企业某一经营要素出现业绩增长拐点的时候，就必须思考通过创新发现“第二曲线”来弥补“第一曲线”即将面临的增长放缓，甚至业绩下降（见图 1－7）。

基于“第二曲线”原理，我想读者朋友们就更容易理解表 1－7 提出的不同生命周期阶段企业经营系统建设重点及企业经营系统升级理论了。“第二曲线”要求企业在制订年度经营计划时不能静态地去看待每个经营要素，而是要对每个经营要素进行系统分析，通过不断创新“第二曲线”，让企业经营业绩倍速增长（见图 1－8）。

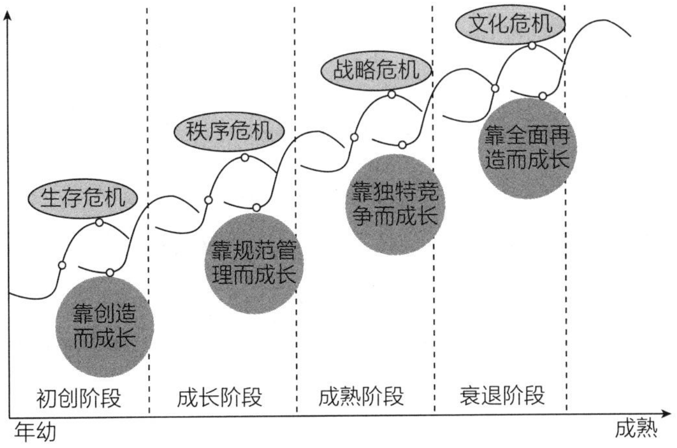

图 1－8　基于“第二曲线”的企业生命周期理论

The Annual Business Plan Formulation and Management | 第三节

山重水复：把一年拆分成15个月来经营

通过前面的分析可以看到，很多中国企业在年度经营计划制订与管理的过程中总是存在这样那样的问题，那么正确的年度经营计划管理理念是什么呢？我们归结为以下六个方面。

1. **把一年拆分成15个月来经营**

根据我们的经验，我们认为年度经营计划一定要提前做，而且要提前到上年度10月就开始做，这就是本书提出的“把一年拆分成15个月来经营”，即企业理想的做法是在前一年的10月开始启动年度经营计划的制订，12月底之前完成全部的规划、宣贯工作，再用一个完整的财务年度去实施年度经营计划。这样一来，上年度10月、11月、12月以及实施年度经营计划的12个月就共同构成了所谓的“把一年拆分成15个月来经营”。

2. **既自下而上，又自上而下**

年度经营计划从制订到实施管理的过程中一定要经历“分—总—分—总—分—总—分”环节，即：

分：企业在进行年度经营环境分析、年度竞争态势分析及年度竞争策略、职能战略规划的时候，一定要由不同层面、不同部门的员工共同参与。

总：当经营环境及竞争态势分析到位之后，企业需要进行年度战略地图输入识别，这就需要由公司经营委员会集中起来确定。

分：公司战略地图确定后，在进行确定公司年度经营目标前，必须由各项年度经营策略的实施部门对各项目标进行预测。

总：公司经营委员会汇总各项经营策略及对应目标预测情况，最终确定公司年度经营目标。

分：各部门根据确定的经营目标，分头规划部门职责范围内的业务计划及经营预算。

总：公司经营委员会、预算委员会分别组织对各部门提出的业务计划、经营预算评审，最终形成公司年度业务计划履历表、年度经营预算汇总表。

分：公司经营委员会对年度业务计划履历表、年度经营预算汇总表审批通过后，各个责任部门负责计划落实及预算控制。

由此可见，企业年度经营计划的制订与实施管理绝对不能单靠公司领导的行政指令，而必须经过“分—总—分—总—分—总—分”这样既自下而上又自上而下的循环往复。

3. 没有量化就无法管理

对经营策略量化是确保策略落地的前提，如果不能量化，就意味着每个部门、每个人会根据自己的理解去执行，从而造成经营策略实施效果参差不齐、无法评价。

4. 没有评价就难分好坏

前面我们提到企业年度经营计划管理过程中存在的其中一个问题就是过程无跟踪、结果无评价。试想一下，缺乏过程跟踪和结果评价，员工还能不折不扣地将年度经营策略规划的每项事情执行到位吗？我想这是很难实现的。因此，年度经营计划执行过程中，企业必须建立完善的跟踪及评价体系，并通过过程跟踪及时发现问题并加以修正，通过结果评价让优秀的员工得到充分的正激励，同时让业绩差的员工得到充分的负激励。

5. 年度经营计划要动态管理

这是很多企业年度经营计划管理过程中遇到的通病。很多企业会认为年度经营计划一旦确定就必须全力以赴，这种观念和勇气是值得肯定的，但前提是你首先得确保年度经营计划始终是正确的。明明是一项错误的年度经营策略，你还全力以赴，那不就是做得越多错得越多，做得越快错得越快吗！

因此，我们认为企业年度经营计划一定要建立动态管理机制，大家熟知的 N/（2－N）、N/（4－N）、N/（12－N）都是年度经营计划动态管理的有效机制，关键是企业要根据业务特征及实际经营管理能力建立适合自己的动态管理机制。

6. 经营计划是一项系统工程

这里所说的系统是指年度经营计划是一项涉及全年、全员、全公司、全流程、全业务领域的工作，任何人、任何部门、任何流程、任何业务单元在任何时候出现异常都会影响企业年度经营计划实施效果。因此，我们通常讲年度经营计划不仅仅是一把手工程，而更应该是全年工程、全员工程、全公司工程、全流程工程、全业务领域工程。

The Annual Business Plan Formulation and Management 第四节

抽丝剥茧：什么是年度经营计划

根据前面的分析，我认为虽然现在中国企业年度经营计划执行效果不好的原因有很多，但总结起来不外乎两个层面的问题：一是认识层面的问题，大家对年度经营计划的认知不全面或对其重要性的认识还不够；二是技术层面的问题，如未掌握制订年度经营计划的流程、不清楚年度经营环境分析的工具和方法、不了解年度经营目标确定的方法、没有建立完善的年度经营计划实施平台、没有将年度经营计划与日常工作结合起来、缺乏对年度经营计划实施效果的衡量和评估等。

因此，我认为有必要对什么是年度经营计划加以说明。在日常工作中，很多管理者经常会与以下这些关键词打交道：竞争对手分析、竞争态势分析、年度述职、SWOT分析、员工满意度、客户满意度、管理成熟度、关键员工适岗率、财务预算、财务决算、经营预算、年度销售计划、年度研发计划、年度供应链计划、年度人力资源规划、月度工作计划、周工作计划、日工作计划……那么这些关键词与年度经营计划之间到底是什么关系？

根据我们的理解，年度经营计划就是在企业发展战略指引下，通过对企业经营环境、竞争态势及策略的研究和取舍，确定特定经营年度策略及目标，并通过科学地规划和实施业务计划、年度经营预算及年度经营计划实施平台，促使企业经营目标顺利实现的全过程。

从上述对年度经营计划的界定可以看出：

（1）年度经营计划是基于企业发展战略的。

（2）年度经营计划不能脱离经营环境和企业实际，企业在确定年度经营计划之前必须对经营环境及竞争态势进行细致的研究与取舍。

（3）企业必须结合发展阶段构建适合当阶段的企业经营系统，并将经营系统建设需求纳入年度经营计划。

（4）年度经营目标是在确定了公司年度经营策略的基础上形成的，而非由老板或者公司高层拍脑袋确定的。

（5）年度经营目标确定后，企业还需要围绕每项目标的达成制订具体的业务计划，并在此基础上形成业务计划履历表。

（6）年度经营结果不能等到一年结束后才知道，而是在年度经营工作未开展之前就必须有明确的经营预算，并通过全年对经营预算的控制和管理，最终达到企业年度经营预期目标。

（7）年度经营计划能否落实其关键在于企业是否构建了完善的年度经营计划实施平台，本书中我们提到的年度经营计划实施平台共包含流程、组织、成长、激励四部分内容。

（8）年度经营计划不是独立的一项工作，也不是一项阶段性的工作，年度经营计划是贯穿企业整个经营年度的，企业做年度经营计划管理的目的是确保年度经营目标的顺利达成。

有了以上对年度经营计划的全面了解，我们便会发现企业管理者和员工每天做的事情其实都是围绕年度经营计划展开的。

The Annual Business Plan Formulation and Management **第五节**

柳暗花明：年度经营计划制订与管理六步法

根据多年实践，我们认为企业年度经营计划必须来自企业发展战略，这就是本书提出的S2P（strategy to plan of annual business）模型。

如图1－6所示，我们将年度经营计划的制订与管理分为六个步骤：年度经营环境分析、年度竞争策略规划、确定年度经营策略及目标、年度业务计划与经营预算、年度经营计划实施平台构建和年度经营计划实施管理。

其中：年度经营环境分析和年度竞争策略规划作为企业制订年度经营计划的输入，也是确定年度经营目标的依据；确定年度经营策略及目标、年度业务计划与经

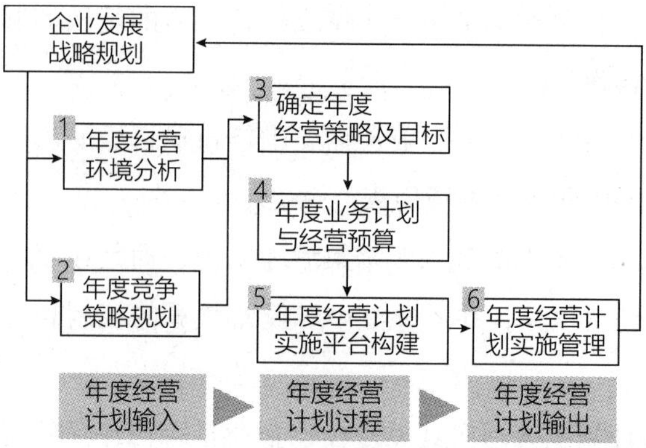

图1-9　年度经营计划制订与管理六步法

营预算和年度经营计划实施平台构建属于年度经营计划的过程，是保证企业年度经营计划正确性的关键；而年度经营计划实施管理是衡量年度经营策略是否落地、年度经营目标是否按照年初预期达成的重要保障，是确保年度经营计划是否有效执行的关键。

为了更加清晰地对年度经营计划制订与管理的全过程加以说明，我们把图1-9细化为图1-10，图1-10对我们提出的年度经营计划制订与管理六步法进行了细化说明，同时增加了时间维度，在我们的方法论中，我们认为企业的年度经营计划制订应该是从上年度10月就开始了，企业要在12月底之前完成所有的规划工作，然后再用一年的时间进行年度经营计划实施管理。

一、年度经营环境分析

任何企业的发展战略都不是一成不变的，企业在制订年度经营计划时，进行系统、全面的内外部环境分析，对战略规划的路径和实现方式进行调整和修正，都是非常必要的。因此，企业在编制年度经营计划时，必须从企业发展战略回顾及年度经营环境分析入手。

其中：企业发展战略回顾包括使命与愿景回顾、战略目标回顾与修正、业务战略回顾与优化、职能战略回顾与优化、核心竞争能力建设回顾、战略目标达成状况分析等；年度经营环境分析包括外部宏观环境分析、行业竞争环境分析、外部利益相关者分析、企业内部经营环境分析（包括内部财务状况分析、内部管理现状分析、内部利益相关者分析）等。

也许很多人会问：企业在做战略规划时已经对经营环境进行过系统分析，为什

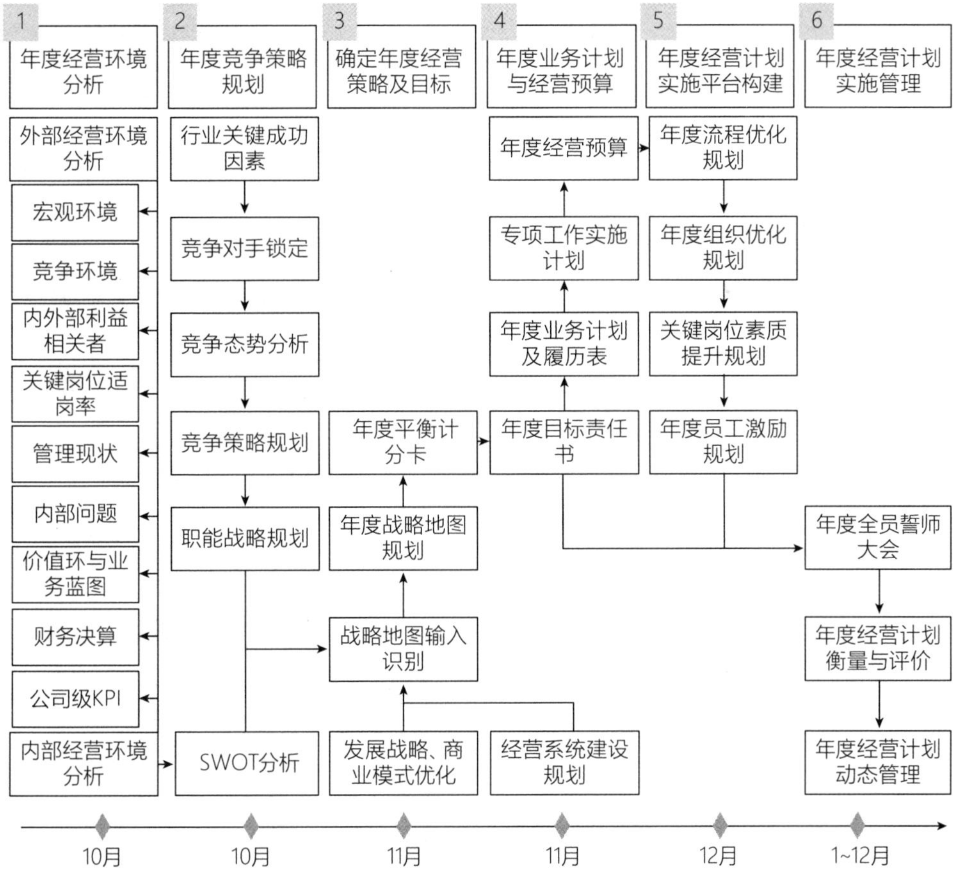

图 1－10　年度经营计划制订与管理六步法（细化）

么在做年度经营计划时还需要对经营环境进行分析呢？

大家都知道，同以往时代相比，当今“互联网＋”时代的一个更为突出的特征是：唯一不变的就是变化。成功的企业总是能够有效地适应变化，并能够不断地对其战略、商业模式、流程、组织、产品、文化加以优化，从而在残酷的竞争中取得成功。

有人把现在的商业环境归结为 3C［customer（顾客），如何满足持续调整的顾客核心需求；competition（竞争），企业如何应对激烈的竞争，并在竞争中取得胜利；change（变化），如何响应快速变化，如客户需求的变化、竞争环境的变化、新技术的变化等］。可见，企业现在面临的经营环境无时无刻不在发生着巨变，如国家货币政策调整、新技术与新材料更迭、进出口形势变化、客户需求变化、新竞争对手加入、新产品迭代等，都会影响企业决策和年度经营策略调整。因此，企业在制订年度经营计划时，既要对发展战略进行回顾，同时又要根据当期经营环境对经

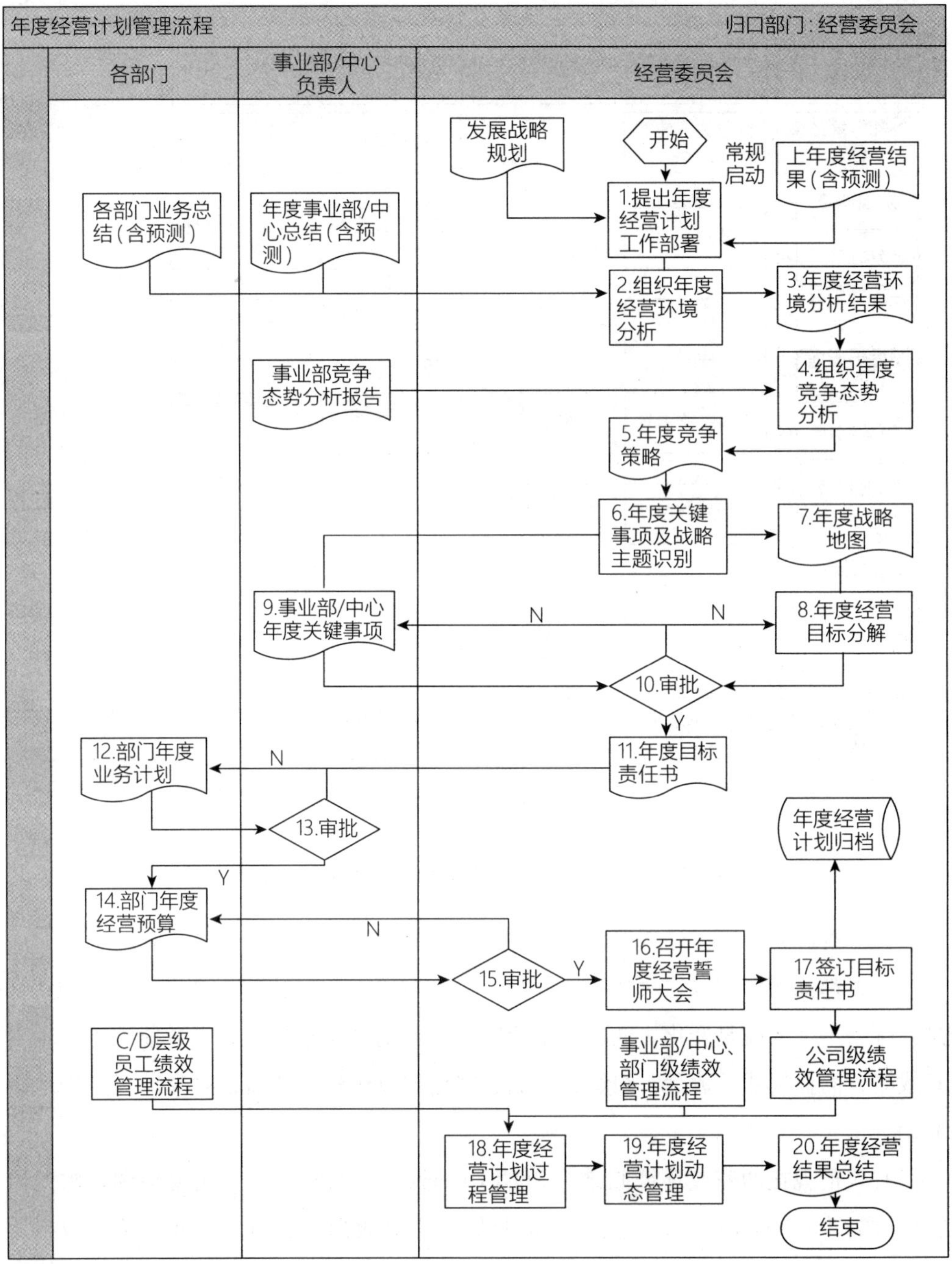

图 1-11　年度经营计划管理流程

营目标进行适度调整。

企业年度经营计划管理流程与年度经营环境分析内容及常用工具见图 1-11、表 1-8。

表 1－8　企业年度经营环境分析内容及常用工具

分析维度	分析内容	常用工具
外部经营环境分析	外部宏观环境分析：政治环境、经济环境、社会文化环境、技术环境	PEST 分析模型
	外部竞争环境分析：行业集中度、品牌集中度、行业竞争五力	行业集中度模型、品牌集中度模型、波特五力模型
	外部利益相关者分析：外部利益相关者识别、外部利益相关者利益满足状况	利益相关者分析矩阵
内部经营环境分析	价值链与业务蓝图分析	价值链模型、价值环模型、业务蓝图
	公司级 KPI	平衡计分卡
	财务状况分析	杜邦财务模型
	经营“三度”分析：管理成熟度、员工满意度、客户满意度	管理成熟度模型、员工满意度模型、客户满意度模型
	内部问题：系统紊乱问题、功能障碍问题、营养不良问题、成长的烦恼	内部问题分析矩阵
	关键岗位适岗率分析：管理职位族、技术职位族、营销职位族任职资格认证	任职资格模型
	内部利益相关者分析：内部利益相关者识别、内部利益相关者利益满足状况	利益相关者分析矩阵

二、年度竞争策略及职能战略规划

任何一家企业都不可能脱离竞争而独立存在，况且现在企业之间的竞争犹如战场上两军对垒，愈演愈烈，特别是近几年随着以 BAT（BAT 为百度、阿里巴巴、腾讯的简称）为代表的互联网巨头大举进入传统产业，以及实体经济的持续低迷，这种竞争态势将变得更加复杂和激烈。

因此，把握行业竞争环境、选择合适的竞争策略是企业能否在年度竞争中获得胜利的关键。企业在制订年度经营计划时必须通过竞争对手锁定、年度竞争态势分析明确自己的市场地位和竞争优势，以便采取更加有效的市场竞争策略从而赢得竞争。

年度竞争态势分析及竞争策略选择主要工作包括：行业关键成功因素识别、竞争对手锁定、行业竞争态势分析（分为你强我强、你强我弱、你弱我强、你弱我弱四种）、竞争策略确定（包括领先策略、跟随策略、维持策略）、年度竞争策略实施计划。

年度职能战略规划是指为了保证竞争策略落地，各个职能部门需要规划和实施的内容，年度职能战略规划包括市场营销、产品研发、集成供应链、财务投资及人力资源。

需要特别说明的是，对于一些初创型的企业或者选择在细分领域发展的企业，有时候确定竞争对手还是比较困难的，这时候最佳的解决办法就是企业可以进行学习标杆选定，并确定标杆学习计划，具体工作包括：行业关键成功因素识别、学习标杆锁定、差距分析、确定学习计划。

三、确定年度经营策略及目标

通过前面一系列的分析和规划，企业对年度经营环境、年度战略发展需求、行业竞争态势、内部经营环境都有了清晰的认知，同时，通过竞争策略的规划，对如何进行年度经营也已有了比较清晰的定位。

为了保证年度经营计划的准确性，企业在正式确定年度经营策略之前还需要完成三项工作：发展战略澄清与梳理、商业模式优化、基于发展战略的企业经营系统建设需求识别。对以上内容有了清晰的认知后，接下来的工作便是根据前面的分析结果和相关策略确定年度经营目标。

年度经营目标的确定主要包括年度战略地图输入识别、绘制战略地图、编制平衡计分卡并进行目标分解、目标责任书编制、规划年度经营报表体系及经营驾驶舱等。

四、编制年度业务计划及经营预算

年度经营目标确定后，企业就可以组织各业务单元、各职能部门确定年度业务计划，编制经营预算。此项工作对于企业而言至关重要，因为这个环节是真正将经营目标落地实施的关键。其中，年度业务计划包括年度营销计划、年度新产品研发计划、供应链运营计划、财务投资计划、人力资源规划、战略性业务推进计划等；各部门完成业务计划之后，为了保证业务计划相互有效衔接，企业还需要编制业务计划履历表，把全部业务计划项目按月、按周进行分解；另外，年度经营预算不同于传统意义上的财务预算，它包括年度战略投入预算、年度资源投入预算、年度成本预算、年度收入预算、年度损益预算等。

五、年度经营计划实施平台建设

为了更好地落实年度经营计划中的各项举措，企业在实施年度经营计划之前还需要思考并做好年度经营计划实施平台建设工作，主要包括以下几方面。

（1）基于年度经营计划的流程平台建设。流程是承接目标实现的第一道屏障，因为企业每年的经营目标和侧重点会有所不同，同样，经营目标实现的路径也会存在巨大的差异，所以，企业必须围绕年度战略地图识别并系统优化影响当年经营目标实现的关键流程，这是非常重要的。另外，随着企业信息化管理水平的逐步提升，信息化已经成为大多数企业进行流程固化（或称“流程自动化”）、提升组织运营效率的首选，因此，企业流程建设规划清楚之后，必须同步规划信息化蓝图，识别和导入必需的信息化系统。

（2）基于年度经营计划的组织体系建设。战略、流程和组织被誉为企业运营的“三驾马车”，其中，组织承接目标的分解，同时也推动目标实现以及流程落地，年度经营计划和流程确定后，必须对组织体系进行适时调整和优化。基于年度经营计划的组织体系建设包括集团管控模式优化、公司组织模式选择和优化、公司一级结构调整、各部门二级结构调整和优化、部门使命与职能优化、公司授权体系优化、定岗定编定员优化等。

（3）基于年度经营计划的员工成长与发展体系建设。不可否认，不同员工对公司年度经营目标实现的贡献不同。年度经营目标一旦确定后，企业必须对实现当年目标的关键岗位与核心员工加以识别，并根据识别结果对这些关键岗位和核心员工的能力素质进行盘点，以便发现存在的问题和素质短板，针对这些素质短板，企业还必须建立完善的培养和发展体系，帮助员工成长的同时确保企业年度经营策略落地执行。

（4）基于年度经营计划的员工激励体系建设。很多企业制订年度经营计划时往往会忽略员工激励的问题，而恰恰就是这个问题会直接影响经营计划的实施效果，因为企业在确定年度经营计划时，必须要回答这样一个现实的问题：企业目标的实现与员工的个人利益有什么关系？道理很简单，年度经营目标是企业所有人的事情，企业将目标分解到每个部门、每位员工只是万里长征的第一步，企业目标实现还需要全体员工的倾情参与和全力付出。根据我们多年的咨询经验，缺乏对员工激励体系的系统规划，单靠企业经营目标牵引或者强权政治传递压力，对调动员工的积极性的作用都是非常有限的。基于年度经营计划的员工激励体系建设包括薪酬体系、福利体系、奖金体系、绩效管理体系、中长期激励体系等核心工作。

六、年度经营计划实施管理

在年度经营计划的实施过程中，企业还需要建立必要的经营决策机构和机制，并通过绩效管理、定期目标检讨、经营驾驶舱等多种手段对各项经营目标的达成状况进行跟踪和评价，及时发现问题，保证目标的顺利实现。

年度经营计划实施衡量与评价系统主要包括组织召开年度经营誓师大会、年度目标责任书签订、年度全员誓师、健全年度经营决策组织、优化经营报表体系、建立和完善经营决策会议体系、订立目标绩效管理与绩效合同、完善年度经营风险识别及预防机制、定期组织年度经营计划实施检讨与评价、年度经营计划动态管理等。

第二章

识得庐山真面目：

认清年度经营环境

任何一家企业都不可能脱离外部宏观政治环境、经济环境、社会环境、技术环境以及竞争环境等而独立存在，也不能对企业内部管理现状、财务状况、关键岗位员工适岗率等因素的实际状况置之不理，虽然每家企业在制订发展战略时都会对经营环境进行全面细致的分析，但经营环境随时都在发生巨变。因此，正确评价企业自身所处的内外部经营环境，及时发现企业面临的机会与威胁，客观认知自身的优点与不足，对于企业制订年度经营计划至关重要。

企业年度经营环境的分析是通过外部经营环境（含外部宏观环境分析、行业竞争环境分析、外部利益相关者分析）分析发现企业经营机会与威胁，通过内部经营环境（内部价值环与业务蓝图现状分析、公司级 KPI 检讨、年度财务决算与财务状况评价、经营“三度”测量、管理现状评价、关键职位族员工适岗率评估、内部利益相关者分析）分析发现企业内部的优势与劣势，并在此基础上利用 SWOT 分析，确定年度经营策略。

The Annual Business Plan Formulation and Management | 第一节

企业望远镜：客观分析年度外部经营环境

年度外部经营环境分析是通过收集和分析特定经营年度企业外部政治、法律、政府政策、经济、社会、文化、人口、环境、技术和竞争、客户需求、行业发展态势、行业价值链、外部利益相关者等方面的信息，确定企业面临的机会和威胁。

企业在进行年度外部经营环境分析时常用的工具有：PEST分析、行业五力分析、行业集中度分析、行业生命周期、外部利益相关者分析等。

年度外部经营环境分析犹如一架望远镜，可以帮助企业看清外部的各种影响因素，客观评价年度经营可能会遇到的机会和威胁（见图2-1）。

根据我们以往的操作经验，企业利用望远镜进行外部经营环境分析时，需要把握好以下三个视角：宏观环境视角、行业竞争环境视角和外部利益相关者视角。

图2-1　企业望远镜

一、宏观环境分析

在茫茫大海中航行的一叶小舟，随时都可能会遭遇狂风暴雨和巨浪的侵袭，如何才能保证小舟不沉没，唯一的办法就是要及时掌握海上的气候状况，并做出合适的航线规划和必要的应急措施。经营企业也是一样的，企业要想在激烈的市场环境中持续获得成功，也需要全面了解宏观经营环境，并及时做出正确决策。

不可否认，在“互联网＋”时代，企业面临的外部经营环境比过去任何一个时代都复杂和难以预测。“太阳底下无新事”、客户忠诚度急剧下降、竞争对手层出不穷、产品同质化越来越严重……这些都是“互联网＋”时代企业面临的现实困惑，企业要想在这种环境中立于不败之地，唯一的办法就是利用互联网的思维和商业规则调整和优化自己的经营思路及策略。

1. “互联网＋”时代，机遇与挑战并存

（1）万物互联的时代已经来临。有人曾说过，不管你愿意还是不愿意，你都始终无法摆脱互联网对你的影响；同理，对于传统企业而言，不管你是否愿意转型，也同样离不开互联网的冲击。因为，万物互联的时代已经来临，谁也别想逃脱。

未来的社会必然是互联网的社会，同时，互联网经济一定会回归实体，而实体经济也必然会走向“互联网”。应该看到，中国的产业和企业正进入一个大整合、大跨界、大创新、大发展的新时代，虚拟和实体界限不再那么清晰，行业之间的差距也不再那么显著。至于这种整合能走到哪里、能吸引何种企业参加，其实是个未知数。但是出现怎样的重组与渗透我们都不必吃惊，一切以市场为准绳，一切以竞争力的提高为标准。大家熟悉的小米就是一个典型的例子，小米究竟是一家实体企业，还是互联网企业，界限已经越来越模糊，但这并不影响小米的快速崛起。

马云曾经说过：“电商行业互联网环境下的电商本质，早已不是以前很多人理解的‘虚拟经济’，实际上电商已经成为实实在在的实体经济，是互联网信息技术和传统实体经济结合的一种新经济模式，这种模式能够有效整合当下资源，降低企业发展成本，提高社会整体效率。”

马云的这句话系统地阐述了电商的发展未来，互联网经济不可能脱离实体经济独立存在，实体经济依靠互联网拓展市场、提高经营能力也将成为必然。

（2）贸易战将成为新常态。2018 年初，美国针对中国、加拿大、欧盟有关货物加征关税以及这些国家采取的报复性关税政策对全球贸易都产生了巨大影响。这对很多外向型企业或者原材料依赖进口的企业而言影响巨大。可以预测的是，未来贸易摩擦将会成为常态，企业在进行外部经营环境分析的时候就必须对这一常态引起足够的重视。

（3）“一带一路”带来新的发展机遇。自国家提出建设“新丝绸之路经济带”和“21 世纪海上丝绸之路”的战略构想，强调相关各国要打造互利共赢的利益共同体和共同发展繁荣的命运共同体以来，围绕“一带一路”的话题成为近几年中国企业规划“走出去”战略的新起点，“一带一路”涵盖近44亿人口（占世界人口的63%）、21万亿美元经济规模（占世界29%），沿线26个国家和地区，相信随着亚投行的正式运行，对于中国企业产能转移、技术转移、市场转移、资金转移、人才引进都会带来巨大的发展机遇。

特别是2018年6月9日在中国青岛召开的上合组织峰会，习近平主席在重要讲话中系统阐述了要倡导和践行发展观、安全观、合作观、文明观、全球治理观五大观念，并确立构建人类命运共同体的共同理念，这为中国企业“走出去”带来诸多机遇。

（4）人民币加入SDR提高中国经济国际化水平。2015年11月底，国际货币基金组织（IMF）决定将人民币纳入特别提款权（SDR）的货币篮子，成为继美元、欧元、日元及英镑之后被纳入SDR货币篮子的第五种货币。人民币加入SDR，最直接的影响是增强了世界各国对人民币的信心。对于中国企业而言，一方面企业汇兑的风险将会减少，不需要再为汇率波动烦恼，这对企业开展跨境投资、交易、收购、兼并以及购买资源、劳务、技术等活动都比较有利；另一方面对中国企业开展贸易活动提供更多的便利，特别是在服务贸易领域，过去支付律师费、劳务费、咨询费都用美元，但人民币使用增多将提高便利程度。

（5）中国A股加入MSCI加快中国股市国际化接轨速度。2018年6月，中国A股正式纳入MSCI，接近230只中国A股首次在指数提供商MSCI的新兴市场基准市场上市，投资者预计此举将吸引数百亿美元流入中国内地市场。据凤凰网预测，中国A股加入MSCI至少会带来三重利好：其一，最直接的影响是会有稳定的国际资金流入；其二，投资者结构将得到明显优化；其三，有助于形成以价值为导向的投资理念。总之，不管怎样，对中国企业经营都会带来巨大影响。

（6）环境压力迫使企业必须关注环保。近年来，“雾霾”这个词几乎成了老百姓茶余饭后必谈的话题，随着中国乃至世界经济的快速发展，由此造成的空气污染、土壤污染、淡水资源污染、海洋过度开发、森林面积减少、生物多样性降低、亚马逊雨林消失、荒漠化加剧、北极冰川快速融化等现象越来越严重，中国企业过去靠粗放、不关注环境保护的经营模式受到了极大的挑战。围绕环境保护，企业在确定发展战略和年度经营计划的时候，必须将此作为一个重要的考量因素。

国家在“十三五”规划（2016—2020年）中明确指出，要加大环境综合治理力度，创新环境治理理念和方式，实行最严格的环境保护制度，强化排污者主体责任，形成政府、企业、公众共治的环境治理体系，实现环境质量总体改善。深入实施污染防治行动计划，大力推进污染物达标排放和总量减排，严密防控环境风险，加强环境基础设施建设，改革环境治理基础制度。

2018 年 6 月，生态环境部召开 2018—2019 年打赢蓝天保卫战重点区域强化督查启动视频会，会议指出要全面落实全国生态环境保护大会各项部署和要求，紧紧围绕打好打胜污染防治攻坚战，尤其是打赢蓝天保卫战，全面启动重点区域强化督查工作，不断满足人民日益增长的优美生态环境需要，为决胜全面建成小康社会提供坚实的生态环境保障。

可见，国家蓝天保卫战、绿水青山工程的持续推进，对那些高能耗、高污染的企业一定会带来巨大的威胁。

（7）西部大开发、中部崛起带来产业转移。近年来，东南沿海的企业普遍发现，普通员工的招聘越来越难，很多员工辞职后纷纷回乡就业或者创业，从 20 世纪 80 年代的“孔雀东南飞”到现在回乡就业，这与多年来国家西部大开发及中部崛起的发展策略是密切相关的。随着国家政策的倾斜和沿海企业经营成本的持续升高，很多沿海企业选择从东部向中部、西部转移，与此同时，也带动了产业工人向内地转移，这对沿海企业而言有可能是一个威胁，但对内地企业而言反而是一个很好的发展机会。

（8）产业结构调整与产业升级成为必然。自国务院 2011 年提出《工业转型升级规划（2011—2015 年）》，特别是 2015 年李克强总理提出“中国制造 2025”以来，几乎每个地方政府、每家企业都在思考产业结构调整和产业升级的问题，如何顺应潮流，淘汰低端、低附加值、高污染的产业，推动中国制造迈向中高端，坚持创新驱动、智能转型、强化基础、绿色发展、人才为本，加快从制造大国转向制造强国。这既是国家层面的大事，也是中国企业必须提升自身竞争力，做强做大的绝佳发展机遇。

正是在国家工业转型升级规划的指引下，集成电路、第五代移动通信、飞机发动机、机器人、新材料、新能源汽车、智慧工厂、互联网等企业都获得了千载难逢的发展机遇。

（9）大众创业、万众创新推动创新革命。在 2014 年 9 月夏季达沃斯论坛上，李克强总理提出，要在 960 万平方公里土地上掀起“大众创业”“草根创业”的新浪潮，形成“万众创新”“人人创新”的新态势。2015 年李克强总理又在《政府工作报告》中提出“大众创业，万众创新”。《政府工作报告》中如此表述，“推动大众创业、万众创新”，“既可以扩大就业、增加居民收入，又有利于促进社会纵向流动和公平正义”。在论及创业创新文化时，强调“让人们在创造财富的过程中，更好地实现精神追求和自身价值”。2016年3月5日，李克强总理在《政府工作报告》指出，创新是引领发展的第一动力，必须摆在国家发展全局的核心位置，深入实施创新驱动发展战略；持续推动大众创业、万众创新；促进大数据、云计算、物联网广泛应用。

大众创业、万众创新既是一项国家战略，从国家的层面会创造和提供一系列机遇和政策，同时对企业而言，也是推动公司内部创业、创新的机遇。企业要学会利用社会创新成果提升自身竞争能力。

前面我们从影响企业经营决策的一些宏观环境层面进行了简单的分析，企业在制订年度经营计划时还要根据所处地域、行业、企业规模、发展阶段等因素进行更加详细的分析。

2. 如何进行年度宏观环境分析

企业在制订年度经营计划时该如何进行宏观环境分析呢？宏观环境分析是通过对企业所处的外部环境进行分析和评价，明确企业在外部环境中所处的地位，识别竞争机会与威胁。

通常而言，宏观环境分析包括以下内容。

（1）政治及法律因素。政治及法律因素是企业在制订战略时考虑的主要因素，在制订年度经营计划时，这也是必须要考虑的关键因素。政治及法律因素是指对企业经营活动具有现存的和潜在的作用与影响的政治力量，同时也包括对企业经营活动加以限制和要求的法律和法规等。具体来说，政治法律因素包括国家和企业所在地区的政局稳定状况、执政党所要推行的基本政策以及这些政策的连续性和稳定性。这些基本政策包括产业政策、税收政策、政府补贴政策、就业政策、劳动法律法规、公司法规等。

（2）经济因素。经济因素关心的是企业所处地域和行业的整体经济环境和发展趋势。因为消费模式是受不同市场影响的，企业必须考虑到所在行业的市场发展趋势；同时，企业还必须关注所处地区及目标市场的经济增长、可支配收入水平、人们的消费倾向、利率、资源价格、国际经济走势等。

（3）社会及文化因素。社会及文化因素包括社会文化、社会习俗、社会道德观念、社会公众的价值观念、员工的工作态度等。变化中的社会因素影响社会对企业产品或劳务的需要，也能改变企业的战略选择与年度经营决策。

社会文化是人们的价值观、思想、态度、社会行为等的综合体。文化因素强烈地影响着人们的购买决策和企业的经营行为。不同的国家有着不同的主导文化传统，也有着不同的亚文化群、社会习俗和道德观念，从而会影响人们的消费方式和购买偏好，进而影响企业的经营方式。同样，这些价值观念同人们的工作态度一起对企业的工作安排、生产组织、管理行为、规章制度以及价值分配等产生很大的影响。因此，企业必须了解社会行业准则、社会习俗、社会道德观念等文化因素的变化对企业的影响。

正如美国著名的管理学家德鲁克所说："今天，真正占主导地位的资源以及绝对具有决定意义的生产要素，既不是资本，也不是土地和劳动，而是文化。"先进的文化造就发达的经济，落后的文化只能伴随着贫困的经济。

（4）技术因素。技术因素不仅包括那些引起时代革命性变化的发明，而且还包括与企业生产有关的新技术、新工艺、新材料的出现和发展趋势以及应用前景。

企业在进行年度宏观经营环境分析时通常会用到 PEST 模型（见图 2－2），PEST 可以帮助企业从 political（政治）、economic（经济）、social（社会）、technological（技术）等影响年度经营的四大类核心因素入手，识别企业年度经营的机会与威胁。

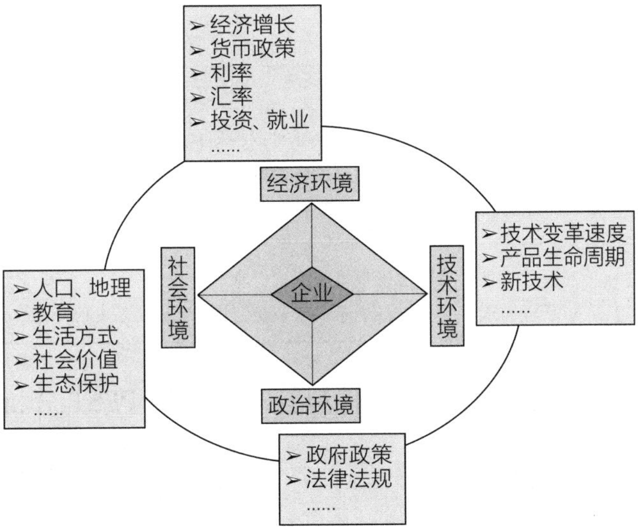

图 2－2　PEST 模型

PEST 分析的核心操作流程如下：

（1）列出宏观环境变化分析过程中确定的关键子因素。

（2）根据各个子因素对企业年度经营的具体影响来分配权重，赋予各个子因素以权重，将各项子因素权重求和得出宏观环境权重。

（3）按照各个关键因素对经营影响程度进行评分，评分分为四个等级，分别对应四个分值，其中重要威胁（1分）、次要威胁（2分）、次要机会（3分）、重要机会（4分）。

（4）用每个关键子因素的权重乘以它的评分，得出每个子因素的加权分数。

（5）将所有子因素的加权分数相加，得到企业年度所处宏观环境的总加权分数。

PEST分析模型如表2-1所示。

表2-1 PEST分析模型

宏观环境因素	宏观环境因素权重	子因素	子因素权重	子因素评分	最终得分
政治法律环境					
宏观经济环境					
社会文化环境					
技术环境					
合计	100%		100%		
备注：	（1）宏观环境子因素及其权重每家企业可以根据自身的实际情况进行研讨确定。 （2）宏观环境子因素评分由企业采用分组的方式先由各小组分别评分，最终加权平均，评分从低到高分别代表：1分（重要威胁）；2分（次要威胁）；3分（次要机会）；4分（重要机会）。 （3）不同行业、不同公司宏观环境子因素会存在差异。 （4）宏观环境因素权重根据各个子因素权重进行合计				

【案例2-1】 浙江智达汽车零部件科技有限公司PEST分析

浙江智达汽车零部件科技有限公司是一家专门从事汽车零部件（汽车膨胀阀、汽车贮液器、汽车控制器、滚针轴承、离合器等）开发、生产与销售的企业，公司成立于2000年，经过18年的发展，智达科技已经与采埃孚、法雷奥、电装、佛吉亚、松下汽车系统、罗伯特·博世、西门子、麦格纳国际、博格华纳、三叶电机等世界著名汽车零部件企业建立了良好的合作关系，该企业为了进一步拓展业务，在公司内部成立两大产品事业部，分别为轴承事业部（负责滚针轴承业务）和汽车零部件事业部（负责汽车膨胀阀、汽车贮液器、汽车控制器、离合器等业务）。智达科技轴承事业部2018年PEST分析见表2-2。

表2-2　智达科技轴承事业部2018年PEST分析

宏观环境因素	权重/%	子因素	子因素权重/%	子因素评分/分	最终得分/分
政治法律环境	10	国家对电动新能源汽车的扶持	5	2	0.1
		钢铁产能过剩去库存	5	3	0.15
宏观经济环境	40	人民币贬值，有利于出口销售	15	4	0.6
		全球新兴市场呈现竞争力加强的趋势	5	2	0.1
		全球化运营的客户采购本土化	15	3	0.45
		全球汽车销量的微增长	5	3	0.15
社会文化环境	25	人工成本持续上升	15	2	0.3
		国家对环境要求的提高	5	2	0.1
		80后、90后价值观的转变，劳动力呈现回流现象	5	2	0.1
技术环境	25	生产制造向高效率、低成本、高质量发展	5	2	0.1
		机电技术更趋向于一体化发展	10	3	0.3
		汽油汽车有些部位用铜套代替滚针轴承	10	1	0.1
合计	100		100		2.55

由表2-2可以看出，对于智达科技轴承事业部而言，2018年会面临三大机会：①人民币贬值，有利于出口销售；②全球化运营的客户采购本土化；③机电技术更趋向于一体化发展。同时，也面临两大威胁：①汽油汽车有些部位用铜套代替滚针轴承；②人工成本持续上升。

表2-3　智达科技汽车零部件事业部2018年PEST分析

宏观环境因素	权重/%	子因素	子因素权重/%	子因素评分/分	最终得分/分
政治法律环境	5	国家出台一系列政策，如《关于汽车工业结构调整意见的通知》《汽车产业调整和振兴规划》《节能与新能源汽车产业发展规划》等，有效地推动了汽车工业及零部件行业的健康发展	5	3	0.15
宏观经济环境	25	人民币贬值，有利于出口	15	3	0.45
		汽车市场需求微增长	10	3	0.3
社会文化环境	15	90后员工的稳定性差	10	2	0.2
		各地工资收入差距不断缩小，劳动力呈现回流现象，招工困难	5	2	0.1

续表

宏观环境因素	权重/%	子因素	子因素权重/%	子因素评分/分	最终得分/分
技术环境	55%	汽车行业技术要求越来越高	10	2	0.2
		汽车制造行业客户偏向于做整体采购	5	3	0.15
		产品升级换代快	10	2	0.2
		专利技术壁垒大，开发难度加大	15	1	0.15
		主机客户越来越趋向选择新技术、低成本的产品	15	2	0.3
合计	100		100		2.2

由表2－3可以看出，智达科技汽车零部件事业部2018年将面临三大机会：①人民币贬值，有利于出口；②汽车市场需求微增长；③汽车制造行业客户偏向于做整体采购。同时，也面临四大威胁：①主机客户越来越趋向选择新技术、低成本的产品；②专利技术壁垒大，开发难度加大；③汽车行业技术要求越来越高；④产品升级换代快。

另外，综合表2－2、表2－3可以发现，智达科技轴承事业部的外部宏观经营环境（2.55分）比汽车零部件事业部（2.2分）要好一些。

二、行业竞争环境分析

行业竞争环境是企业生存与发展的外部环境，对企业的发展至关重要。竞争环境的变化不断产生新的威胁，也不断产生新的机会。对任何一家企业来说，如何检测竞争环境的变化状况、规避威胁、抓住机会就成为企业在制订年度经营计划时需要慎重考虑的问题。关于这一点，在现实企业经营过程中，很多企业都没有引起足够的重视。既不对行业竞争环境的变化建立信息收集与分析机制，也不对经营环境的改变及时采取应对措施，最终犹如温水煮青蛙，等其反应过来的时候往往为时已晚。

企业进行行业竞争环境分析不仅仅只限于现有竞争者，迈克尔·波特的五力模型告诉我们，除了现有竞争者之外，企业还需要关注供应商讨价还价的能力、买方讨价还价的能力、潜在的行业新进入者、替代品的竞争。

1. 与狼共舞，危与机相伴

（1）行业发展越来越规范，行业集中度越来越高。2018年是中国改革开放40周年，中国经济经过40年快速发展和行业内部的大浪淘沙，每个行业的集中度在逐渐提升，原来行业中鱼龙混杂、群龙无首的局面得到了极大的改观，行业寡头效应逐渐显现，行业中几家最大的企业所占市场份额（产值、产量、销售额、销售量、职工人数、资产总额等）的总和越来越大，在这种情况下，很多有社会责任感的大企业就会站出来维护行业秩序，确定行业规则，保证行业发展越来越规范。

（2）消费者越来越理性，从物有所值到物超所值。自电商兴起以来，可供消费者选择的同类产品和服务越来越多，消费者变得越来越理性，减少冲动消费、信息不对称消费。原来消费者追求性价比，也就是我们通常所说的物有所值，但自互联网产品逐渐推广“免费模式”以来，消费者已经不满足于物有所值，而是更加关注物超所值，而且最好“免费”。这样一来，就会造成行业竞争加剧，企业要想在这种背景下获得成长，就必须对消费者需求和痛点进行深入研究，进而设计和优化自己的产品，提升自己的服务质量。

（3）“互联网 +”时代消费者对品牌的忠诚度在下降。也许男同胞们都有陪爱人逛街的经历，大家可以想想，我们在逛街的时候从一家店逛到另一家店需要多长时间？10 分钟、半小时，也许会更长，但现在的“剁手族”们在网上购物，从 A 店到 B 店，中间可能只需要几秒钟的时间。另外，在线下购物时大家还会关注是哪个品牌、哪家店铺，但在网上购物时对这些因素的考虑可能就淡化很多了，关注的可能会是价格、送货及时性、消费体验等，也就是说，在“互联网 +”时代，消费者对品牌的忠诚度在急剧下降，这就要求企业在制订年度经营计划时充分考虑如何改变自己的运营模式，避免竞争对手趁火打劫。

（4）从单一企业到产业链，再到生态体系。随着企业经营微利时代的到来和竞争格局的加剧，越来越多的企业开始关注并重视产业链整合，因为对于很多企业而言，单靠个体单打独斗已很难获得突破。难怪有人提出，现代企业的竞争不再是企业个体之间的竞争，而是产业链与产业链之间的竞争。

面对激烈的竞争，企业之间，特别是产业链上下游之间，究竟是竞争还是合作？这已经成为摆在很多企业面前很现实的问题了。企业如果采取竞争，势必会导致产业链上下游企业之间的不断博弈和敌对；如果选择合作，则有可能变得更加强大，具有极强的竞争力，从而给整个产业链的各个环节都带来丰厚的利润和回报。

最近几年，构建企业生态体系成了企业经营的主流，例如：小米围绕“MIUI 移动互联网 + 智能硬件 + 电商平台”构建的生态圈；万达的消费生态圈；海尔的全球开放创新生态系统；美的的智能家居生态圈；万科的“八爪鱼”生态系统（万科家、万科云、万科驿、万科派、万科塾、万科广场、万科里、万科悦）；平安以“用户全生命周期需求”为核心，围绕住、行、玩、财、医、食构建的平安生态圈；

恒大集团集地产、有机农业、文体、食品、金融为一体的健康生态系统；阿里巴巴集B2B、B2C、C2C、网络支付、网络贷款、物流、搜索（UC）、地图（高德）、娱乐、医疗健康、文化、足球、云计算、大数据（阿里云）于一体的超级生态怪物……每家企业成功的背后都是生态体系在起作用，由此可见，行业内部企业竞争格局已经发生了翻天覆地的变化。

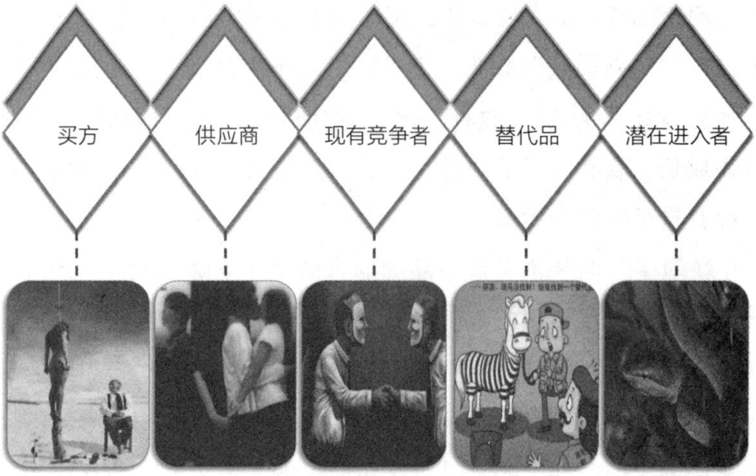

图2-3　企业竞争态势现状分析

综上所述，我们用图2-3中的几张图片来概括中国企业目前面临的竞争环境。

买方。我们首先来看第一张图片，这张图片中有两个人物形象，其中一个是被吊起来且一丝不挂的大美女，另一个是坐在一旁的老男人。这两个人物非常形象地体现了目前很多企业与客户的关系，企业犹如被吊起来的美女，即便已经一丝不挂（意味着利润空间很小，甚至没有任何利润），但客户还不断提出这样那样的要求。

供应商。第二张图片中有三个人物形象，表面上看似右边的两位在卿卿我我，但实际上最右边的女孩子早就找好了“备胎”，一旦有问题，随时都有可能被左边的男孩子拉走。这是目前很多企业与供应商关系的最佳写照，很多企业（图片中最中间的男孩子）总认为供应商会跟自己长期发展，但殊不知供应商（图片中的女孩子）随时都可能背叛你，离你而去。

现有竞争者。第三张图片中有两个人物形象，左边的人用右手跟右边的人握手，而背后的左手里则攥着一把刀，而右边的那位在握手的同时藏在背后的手里也可能攥着一把刀。为什么呢？原来我们总是在讲同行是冤家，现在随着“行业蛋糕”增长速度放缓，甚至不断萎缩，行业竞争不断加剧，很多行业已经进入“刺刀见红”

的态势。

替代品。第四张图片很有意思，图中有两个人物形象及一匹看似斑马的马，牵马人说的一句话很有意思：导演，斑马没找到，但我找到一个替代品。这张图片的背后隐藏着这样一个故事：导演在拍戏的时候需要一匹斑马，所以就吩咐助理帮他去找，结果斑马没找到，助理却灵机一动，在一匹白马的身上按照斑马的样子涂上了黑漆。在现实中，很多企业都会面临诸多如图片中看似斑马的替代品，而且层出不穷，2018 年“3·15”晚会上曝光的“康帅傅”“六个纯核桃”……大都属于此。另外，不仅仅假冒，其实更加可怕的是，如果哪家企业的产品好卖，就会有很多企业跟风生产一样的产品与之竞争。

潜在进入者。第五张图片也挺有意思的，一条蛇躲进与其肤色一模一样的植物丛中，伺机进攻猎物。这很像现在企业面临的现状，如果发现哪个行业好赚钱、哪个产品赚钱快，就会有大量的资本涌入，最终在很短的时间内让整个行业陷入无序竞争中，这几年比较火的几个行业如共享单车、互联网金融、外卖、智能汽车、智慧家居等大都属于此。

2. 如何进行行业竞争环境分析

行业竞争环境分析是帮助企业认清自己，同时也认清竞争对手的过程，无论企业经营什么产品或者提供什么样的服务，客观地评价和认识自身所处的竞争环境都是非常有必要的。

波特五力模型（见图 2 –4）由迈克尔·波特于 20 世纪 80 年代初提出，是一种

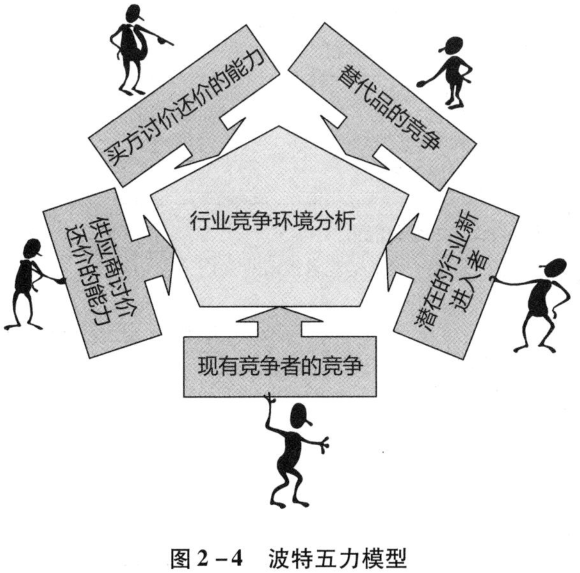

图 2 –4　波特五力模型

可以帮助企业进行外部竞争环境分析的工具和方法，对企业战略和年度经营计划制订产生了全球性的深远影响。该模型被广泛应用于竞争战略规划和年度经营计划的制订，可以有效地分析客户的竞争环境，有助于识别行业内外竞争的来源。

根据迈克尔·波特的观点，一个行业的竞争，不只是在原有竞争对手中进行，更是五种基本力量的角逐：潜在的行业新进入者、替代品的竞争、买方讨价还价能力、供应商讨价还价的能力、现有竞争者（见表 2 -4）。企业在进行年度经营计划制订时，也必须按照波特五力模型对各种竞争者进行分析，只有这样，才能明确自己的竞争策略。

表 2 -4　波特五力分析模型

波特五力	主要分析内容
供应商讨价还价的能力	（1）供应商所在行业的集中化程度 （2）供应商产品的标准化程度 （3）供应商提供的产品在企业总体产品成本中的比例 （4）供应商提供的产品对企业生产流程的重要性 （5）供应商提供的产品成本与企业自己生产的成本之间的比较 （6）供应商提供的产品对企业产品质量的影响 （7）企业原材料采购的转换成本 （8）“供应商前向一体化”的战略意图
买方讨价还价的能力	（1）集体购买 （2）产品的标准化程度 （3）购买者对产品质量的敏感性 （4）替代品的替代程度 （5）大批量购买的普遍性 （6）产品在购买者成本中占的比例 （7）“购买者后向一体化”的战略意图
潜在的行业新进入者	（1）市场壁垒 （2）行业盈利状况 （3）行业发展前景
替代品的竞争	（1）替代品的盈利能力 （2）替代品生产企业的经营策略 （3）购买者的转换成本
现有竞争者	（1）战略定位 （2）竞争策略 （3）技术实力 （4）资金实力 （5）人力资源实力 （6）行业品牌集中度

企业在利用波特五力模型进行行业竞争态势分析时，具体流程如下。

（1）结合企业实际情况组织企业相关部门对波特五力的关键影响因素进行识别。根据我们实际操作经验：潜在的行业新进入者的影响因素可以由战略管理部、投资部门进行识别；替代品的竞争的影响因素可以由研发部、市场部进行识别；买方讨价还价的能力的影响因素可以由市场部、销售部进行识别；供应商讨价还价的能力的影响因素可以由 SQE、PQA、采购部、品质部门进行识别；现有竞争者的影响因素可以由市场部、销售部、研发部门进行识别。

（2）在对上述五种竞争压力做进一步分析后，要清理和忽略某些不是至关重要的，或是现阶段不重要的因素，以便于从复杂的环境中清理出清晰、重要的线索。

（3）组织相关人员分组对企业年度经营有重要影响的因素进行评分。

（4）对各小组评分结果进行算术平均，最后计算波特五力各自的最终得分。

【案例2－2】 浙江智达汽车零部件科技有限公司宏观竞争环境分析

表 2－5　智达科技 2018 年宏观竞争环境分析

竞争者类型	影响因素	轴承事业部		汽车零部件事业部	
		单项得分	合并得分	单项得分	合并得分
买方	少量顾客购买本企业的大部分产品	1 分	2.0 分	2 分	2.83 分
	我们的产品占了顾客采购量的大部分	3 分		4 分	
	本行业大部分企业提供标准化类似的产品	2 分		3 分	
	顾客转换供应者十分容易	3 分		3 分	
	我们的一些大顾客可以买下本企业	1 分		2 分	
	我们的顾客了解我们的企业以及可以盈利多少	2 分		3 分	
供应商	本企业需要的重要原材料没有许多可供选择的供应者	4 分	2.75 分	3 分	2.5 分
	本企业需要的重要原材料没有许多替代品	3 分		3 分	
	在我们需要最多的原材料方面，我们公司不是供应者的主要客户	2 分		2 分	
	我们很难变换大多数的原材料供应者	2 分		2 分	
现有竞争者	本行业中有许多竞争者	1 分	2.14 分	2 分	2.57 分
	本行业中所有竞争者几乎一样	2 分		3 分	
	产品市场增长缓慢	2 分		3 分	
	本行业的固定成本很高	3 分		4 分	
	我们的顾客转换供应者十分容易	3 分		3 分	
	本行业中大多数企业准备留在本行业	2 分		2 分	
	其他行业干什么对本企业并无多大的影响	2 分		1 分	

续表

竞争者类型	影响因素	轴承事业部		汽车零部件事业部	
		单项得分	合并得分	单项得分	合并得分
潜在进入者	进入这个行业的成本很低	3分	3.17分	3分	2.5分
	我们的产品差异性很小	2分		2分	
	不需要大量资本就能进入这个行业	3分		3分	
	顾客更换供应者的成本很低	4分		2分	
	新进入者取得销售渠道比较容易	5分		3分	
	新进入者这个行业对本企业的威胁性很大	2分		2分	
替代品	与我们产品用途相似的产品很多	3分	3.0分	2分	2.75分
	其他产品有和我们产品相同的功能和较低的成本	2分		2分	
	生产和我们产品功能相同产品的企业在其他市场有很大利润	4分		3分	
	我们对与我们产品功能相同的其他种类产品关心不够	3分		4分	
备注:	(1)企业可以根据以上影响因素描述情景与本企业实际相符程度进行评价，分别为：坚决同意为1分；一般同意为2分；不同意，也不反对为3分；一般反对为4分；坚决反对为5分。 (2)先对每项影响因素单独评分，然后按照竞争者类型加权平均。 (3)得分越低代表竞争越激烈，竞争者类型加权得分低于2.0分代表企业在这个维度会面临巨大的威胁，同理，竞争者类型加权得分高于3.5分代表企业在这个维度会面临巨大的机会				

由表2-5可知，智达科技轴承事业部在买方（2.0分）、现有竞争者（2.14分）两个维度面临巨大的威胁，而汽车零部件事业部面临的竞争环境明显要好于轴承事业部，汽车零部件事业部会面临供应商（2.5分）、潜在进入者（2.5分）带来的威胁。

三、外部利益相关者分析

利益相关者分析用于分析与企业利益相关的所有个人和组织，帮助企业在制订战略和年度经营计划时分清重大利益相关者对于战略及年度经营目标的影响。外部利益相关者分析就是要求企业在制订年度经营计划时对影响年度经营目标实现的核心外部利益相关者进行识别，并对其核心利益诉求及利益诉求满足状况进行分析。关于外部利益相关者分析，企业可以按照以下步骤进行。

（1）外部利益相关者角色识别。外部利益相关者能够影响企业的生存和发展，他们的意见一定要作为经营决策时的重要参考因素。但是，因为每个利益相关者所站的角度不同、核心利益诉求不同，所以利益相关者不可能对所有问题都保持一致意见。其中，一些群体要比另一些群体的影响力更大，这时候，如何平衡各方利益成为制订年度经营计划时需要考虑的关键问题。

（2）绘制外部利益相关者地图。为了充分分析到底谁是企业真正的外部利益相关者，通常企业会绘制非常清晰的企业外部利益相关者地图，并通过外部利益相关者地图来分析究竟谁是企业年度经营目标实现的主要利益相关者（见图2－5）。

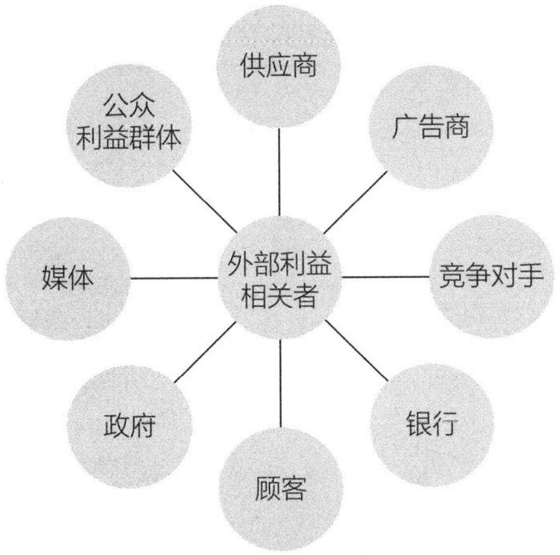

图2－5 企业外部利益相关者

（3）识别外部利益相关者核心利益诉求。外部利益相关者可能有很多，如政府、供应商、代理商、终端用户、银行、社区、广告商等。政府的核心利益诉求可能是合法纳税、稳定用工、安全生产、环境保护、企业公民义务等，或者其中的1～2项；供应商的核心利益诉求有可能是订单量、采购价格、货款及时支付、稳定长期的合作关系等；代理商的核心诉求可能是商品价格、供货周期、品质控制等。当然，不同的外部利益相关者其核心利益诉求不同，即便都是供应商，不同供应商的利益诉求也有可能存在差异。

（4）外部利益相关者分类。企业的外部利益相关者会有很多，但通过分析我们会发现，不同外部利益相关者的权力及其核心利益诉求的可预测性是不同的，比如说政府，其权力很大，但企业对政府利益诉求的可预测性比较高；又比如说银行，对于企业而言，其权力也很大，但对其利益诉求的可预测性也很高；再比如说供应商，其权力比较小，但同时对其利益诉求的可预测性会比较低。因此，我们可以通过外部利益相关者权力大小、核心利益诉求的可预测性高低，把外部利益相关者分成四类，如表2－6所示。

表2-6 外部利益相关者矩阵

权力	可预测性	
	高	低
小	A区 (问题较少，不重要利益相关者)	B区 (不可预测，但可管理，次要利益相关者)
大	C区 (力量强大，但可预测，次要利益相关者)	D区 (危险区域，重要利益相关者)

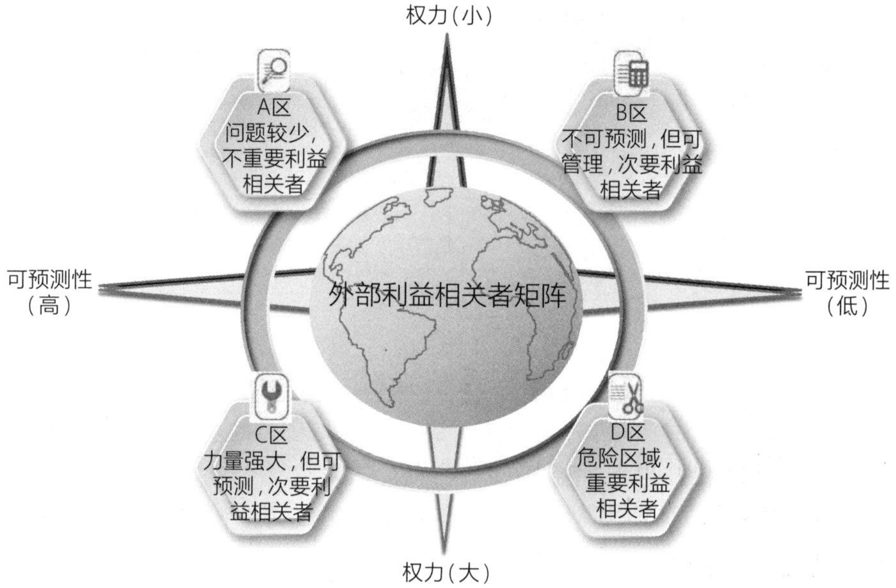

图2-6 外部利益相关者矩阵

(5) 外部利益相关者核心利益诉求满足状况分析。在图2-6中，我们可以把企业的外部利益相关者分为A区、B区、C区、D区四个区域，对于D区的重要利益相关者，企业首先需要最大化满足其核心利益诉求，同样，对于B区、C区的次要利益相关者，需要保持其满意，而对于A区的不重要利益相关者，只要保持基本满意就可以了，因为对于任何一家企业而言，不可能保证让每一个外部利益相关者的每一项利益诉求都保持100%的满意。

在对外部利益相关者核心利益诉求满足状况进行分析时需要注意两个问题：其一，每个利益相关者都会有很多种利益诉求，但企业只需要分析和关注其最核心的1~2项即可；其二，不同区域的利益相关者因其所处区域不同，其诉求满足状况也不同，如企业可以选择让D区高度满意，A区基本满意即可。

在实际操作中，为了便于细化分析，我们将外部利益相关者按照权力（大、中、小)、利益诉求可预测性（高、中、低）分成九宫格，如图 2 -7 所示。

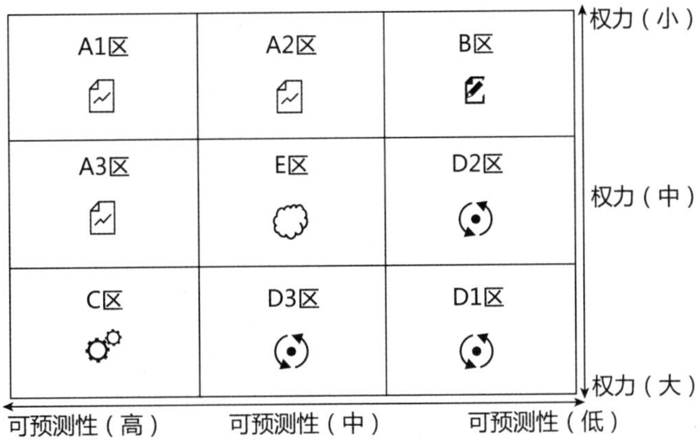

图 2 -7　外部利益相关者分析九宫格

在外部利益相关者分析九宫格中，D 区（D1 区、D2 区、D3 区）利益相关者都属于危险区域的重要利益相关者，而 A 区（A1 区、A2 区、A3 区）利益相关者都属于问题较少的不重要利益相关者，B 区、C 区、E 区利益相关者为次要利益相关者。

因此，我们认为，企业在对外部利益相关者分析时首先要对其进行分类，同时由于企业内部的资源及条件有限，也不可能让所有外部利益相关者的利益诉求都 100% 得到满足，企业只能先从重要利益相关者开始，先最大化满足 D 区重要利益相关者利益诉求，然后根据自己拥有的资源状况再依次满足 B 区、C 区、E 区、A 区利益相关者。如图 2 -8 所示，我们以 5 分制为准，可以看到不同区域的利益相关者满足标准是不同的。

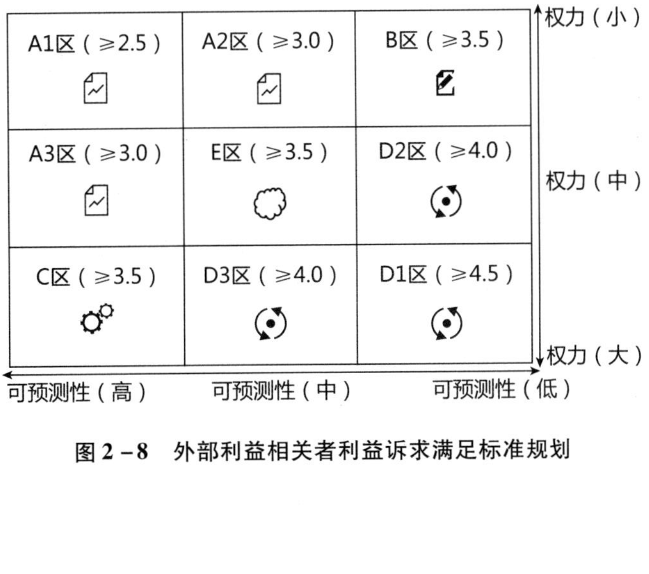

图 2 -8　外部利益相关者利益诉求满足标准规划

企业在进行外部利益相关者分析时，可以参照表2-7进行。

表2-7　外部利益相关者分析表

外部利益相关者	核心诉求	核心诉求满足状况	利益相关者所属区域	利益诉求满足标准得分	差额（标准-实际）	满足策略
备注：	（1）核心诉求识别只选择对某类外部利益相关者至关重要的1~2项即可。 （2）核心诉求满足状况满分为5分，企业根据满足状况打分。 （3）利益诉求满足标准得分请参考图2-8。 （4）差额（标准-实际）为正数，代表外部利益相关者利益诉求没有得到满足，对企业而言是威胁；而差额（标准-实际）为负数，则代表外部利益相关者利益诉求满足度已经超越期望，对企业而言是机会					

【案例2-3】浙江智达汽车零部件科技有限公司外部利益相关者分析

表2-8　智达科技轴承事业部2018年主要外部利益相关者分析

主要外部利益相关者	核心诉求	核心诉求满足状况	利益相关者所属区域	利益诉求满足标准得分	差额（标准-实际）	满足策略
客户（博世）	质量	3.5分	D1区	>4.5分	1.0分	略
	价格	3.0分			1.5分	略
客户（电装）	质量	3.5分	D3区	>4.0分	0.5分	略
	交期	4.5分			-0.5分	略
供应商（原料）	采购量	3.5分	E区	>3.5分	0分	略
	货款支付及时性	4.5分			-1.0分	略
供应商（设备）	技术要求	2.5分	A3区	>3.0分	0.5分	略
	付款条件	3.5分			-0.5分	略
政府	合法经营	4.0分	C区	>3.5分	-0.5分	略

由表2-8可知，对于智达科技轴承事业部而言，客户（博世）作为其重要利益相关者，不论是对质量，还是价格的诉求都没有得到满足，那么博世对轴承事业部而言就是一个巨大的威胁；另外，客户（电装）、供应商（设备）的两个核心利益诉求中，一项是超越预期满足的，而另一项则没有达到利益诉求，这对于轴承事业部而言既是威胁，也是机会。

表 2－9　智达科技汽车零部件事业部 2018 年主要外部利益相关者分析

主要外部利益相关者	核心诉求	核心诉求满足状况	利益相关者所属区域	利益诉求满足标准得分	差额（标准－实际）	满足策略
客户（主机厂）	质量	2 分	D1 区	>4.5 分	2.5 分	略
客户（售后市场）	价格	3 分	E 区	>3.5 分	0.5 分	略
	服务	4 分			－0.5 分	略
供应商（原料）	采购量	3.5 分	E 区	>3.5 分	0 分	略
	货款支付及时性	4.5 分			－1.0 分	略
供应商（设备）	技术要求	2.5 分	A3 区	>3.0 分	0.5 分	略
	付款条件	3.5 分			－0.5 分	略
政府	合法经营	4.0 分	C 区	>3.5 分	－0.5 分	略

由表 2－9 可知，对于智达科技汽车零部件事业部而言，客户（主机厂）对质量的诉求远未达到，这对汽车零部件事业部就是一种威胁。

四、外部机会与威胁识别

前面已经提到，企业在制订年度经营计划时，对外部宏观环境分析的核心目的就是要确定企业年度经营面临的机会和威胁。

上述我们已经用企业望远镜从宏观环境视角、行业竞争环境视角和外部利益相关者视角三个视角对外部经营环境进行了全面的分析，那么根据分析结果如何才能判断企业年度经营究竟面临哪些机会和威胁呢？

（1）用 PEST 分析宏观环境时，我们发现，有些因素得分是 4 分或者 3 分，有些因素得分则是 2 分或者 1 分，我们可以把得分为 4 分（重要机会）或者 3 分（次要机会）的因素定义为企业年度经营所面临的机会，同样，也可以把得分为 2 分（次要威胁）或者 1 分（重要威胁）的因素定义为企业年度经营所面临的威胁。

（2）用波特五力模型分析行业竞争环境时，我们发现有些因素的得分为 2 分甚至更低，我们把这些因素视为企业的威胁，同样，有些因素的得分为 3 分、4 分甚至更高，那么这些因素就有可能是企业的机会。

（3）用利益相关者矩阵进行外部利益相关者分析时，我们也发现有些公司处于 D1 区的利益相关者，其利益诉求满足状况本应该得分为 4.5 分，但实际得分却只有 1 分、2 分，那么这种利益相关者对于企业而言一定是巨大的威胁；同理，如果 D1

区的利益相关者得分为 4 分甚至更高，那么这个利益相关者对企业而言可能就是很大的机会。

【案例 2 -4】 浙江智达汽车零部件科技有限公司外部机会与威胁识别

综合【案例 2 -1】、【案例 2 -2】和【案例 2 -3】，我们对智达科技宏观环境 PEST 分析、行业竞争环境波特五力分析以及外部利益相关者分析，我们得到了该企业轴承事业部、汽车零部件事业部 2018 年面临的外部机会与威胁。其中，轴承事业部 2018 年面临四大机会，同时面临五大威胁，而汽车零部件事业部则面临三大机会、七大威胁（见表 2 -10、表 2 -11）。

表 2 -10 智达科技轴承事业部 2018 年外部机会与威胁识别

序号	机会（opportunity）	序号	威胁（threats）
O1	人民币贬值，有利于出口销售（PEST 分析）	T1	汽油汽车有些部位用铜套代替滚针轴承（PEST 分析）
O2	全球化运营的客户采购本土化（PEST 分析）	T2	人工成本持续上升（PEST 分析）
O3	机电技术更趋向于一体化发展（PEST 分析）	T3	买方讨价还价能力增强（波特五力分析）
O4	企业合法经营，可以争取更多政府支持（外部利益相关者分析）	T4	现有竞争者竞争加剧（波特五力分析）
		T5	主要客户利益诉求（质量、价格）没有得到满足（外部利益相关者分析）

表 2 -11 智达科技汽车零部件事业部 2018 年外部机会与威胁识别

序号	机会（opportunity）	序号	威胁（threats）
O1	人民币贬值，有利于出口（PEST 分析）	T1	主机客户越来越趋向选择新技术、低成本的产品（PEST 分析）
O2	汽车市场需求微增长（PEST 分析）	T2	专利技术壁垒大，开发难度加大（PEST 分析）
O3	企业合法经营，可以争取更多政府支持（外部利益相关者分析）	T3	汽车行业技术要求越来越高（PEST 分析）
		T4	产品升级换代快（PEST 分析）
		T5	供应商讨价还价能力增强（波特五力分析）
		T6	行业潜在新进入者进入（波特五力分析）
		T7	主机厂对质量的利益诉求没有得到满足（外部利益相关者分析）

The Annual Business Plan Formulation and Management | 第二节

管理显微镜：系统评价企业内部经营环境

企业年度内部经营环境分析是通过收集和分析企业有关市场营销、财务管理及投（融）资、生产制造、新品研发、品质管控、供应链管理、人力资源、企业文化、核心价值链、核心业务流程、管理制度等方面的信息，帮助企业明确经营管理短板与优势，以便让企业更加有效地利用自身优势抓住机会，规避风险，同时通过对自身劣势的不断加强和补足，提升企业核心竞争能力。

内部经营环境分析犹如显微镜（见图2－9），可以帮助企业发现内部存在的任何一个细微问题，为客观评价自身优劣势、制订年度经营计划提供准确、可靠的依据。

根据我们以往的操作经验，企业利用显微镜进行内部经营环境分析时需要把握好以下七个视角：内部价值环及业务蓝图现状分析、公司级 KPI 检讨、年度财务决算与财务状况评价、经营“三度”测量、管理现状评价、关键职位族员工适岗率评估、内部利益相关者分析。

图2－9　管理显微镜

一、内部价值环及业务蓝图现状分析

绝大多数企业在制订年度经营计划时往往会忽略对内部价值环及业务蓝图的分析，其实这种做法是错误的，大家知道公司级KPI检讨也好，公司年度财务决算也罢，它们都是代表公司过去的经营结果，而为什么会产生这种结果，一定要从源头去找原因。

1. 价值链与价值环

价值链是由美国管理学教授迈克尔·波特提出的，他把企业的所有相关活动分为两大类：基本活动（价值创造活动）与支持性活动（支持价值创造活动）。迈克尔·波特认为，企业参与的价值活动中，并不是每个环节都创造价值，实际上只有某些特定的价值活动才真正创造价值，这些真正创造价值的经营活动，就是价值链上的“战略环节”。企业要保持的竞争优势，实际上就是在价值链某些特定战略环节上获得优势。

迈克尔·波特的价值链模型是企业普遍使用的一种方法，因为按照价值链理论，企业只要选择不断完善自己的基本活动便可获得更多的收入，而支持性活动又可以帮助企业进行有效的成本控制，这样一来企业便可获得一定的利润。

价值链理论是一种静态思考问题的模式，价值链理论告诉我们，企业想要盈利，一方面可以通过基本活动开源，另一方面通过支持活动节流。如果从静态的角度看，价值链理论是没有任何问题的，但在“互联网+”时代，我们会发现价值链理论遇到了极大的挑战，因为价值链理论存在两大局限性：其一，对于很多互联网企业而言，其基本活动往往考虑的不是增加收入，而是流量、粉丝、用户黏性等非财务性指标，这与传统企业经营的思路完全相反；其二，“互联网+”时代，企业的一切经营活动都是围绕用户展开的，这与价值链倡导的利润导向也不同，很多互联网企业为了保证客户价值主张最大化，不惜牺牲短期，甚至中期的利益回报。

因为，随着“互联网+”时代的到来，以大数据、云计算等为基础，以用户为中心，拉通用户、厂家与供应商之间的无缝连接，已经彻底改变了传统企业“技术研发—采购供应—生产制造—市场营销—经销商—用户”的经营模式，转而变为“用户+技术研发—用户+采购供应—用户+生产—用户+市场营销”的经营模式，在这种经营模式下，用户开始越来越多地参与到企业运营的各个环节，因此，在“互联网+”时代，企业的价值链模型必须重构。

在拙著《互联网时代业务流程再造》（中国经济出版社2015年版）中，首次提出了“价值环”的概念。如图2-10所示，在“互联网+”时代，不管是基本活动，还是支持活动，企业的所有业务都必须围绕用户核心诉求展开。因此，企业在进行内部经营环境分析时，也必须对用户核心诉求以及满足客户诉求的核心价值活动进行梳理和评估，发现导致用户价值诉求不能最大化满足的关键因素是至关重要的。

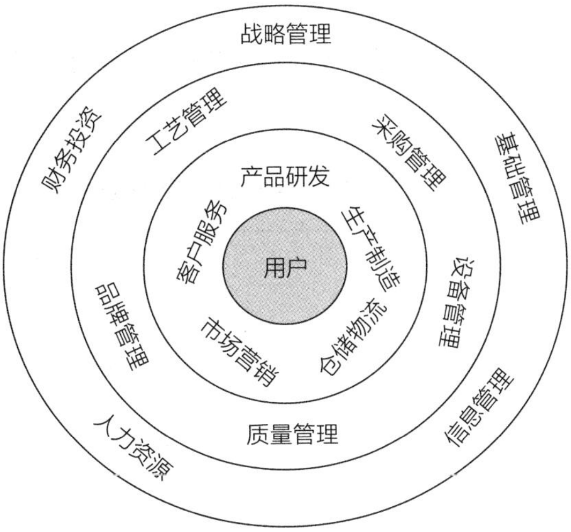

图 2－10　价值环模型

如图 2－11 所示，根据我们的经验，企业在进行价值环现状评估时可以采用五分制（1 分代表“非常不理想”、2 分代表“不理想”、3 分代表“一般”、4 分代表“较好”、5 分代表“非常好”），也可以采用红黄绿牌制（红牌代表“不理想”、黄牌代表“一般”、绿牌代表“很好”）。

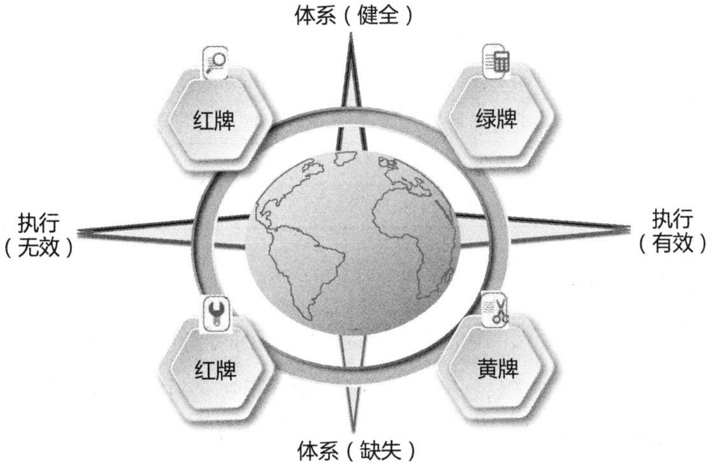

图 2－11　企业价值环及业务蓝图评估红牌、黄牌、绿牌识别

我们把企业价值环及业务蓝图当中的每项业务单元都从体系的健全性及是否有

效执行两个维度进行区分，然后根据不同状况对应相应的颜色。体系健全同时执行有效为绿牌、体系缺失但有效执行为黄牌，不管体系是否健全，只要执行无效的业务单元都为红牌。

【案例2-5】 浙江智达汽车零部件科技有限公司价值环评估

智达科技价值环评估见表2-12。

表2-12 智达科技价值环评估表

价值环层面	价值环因素	价值环评估结果	
		轴承事业部	汽车零部件事业部
用户层	用户诉求	3分	4分
	用户体验	2分	2分
业务层	产品研发	3分	2分
	生产制造	3分	3分
	仓储物流	4分	4分
	市场营销	3分	3分
	客户服务	3分	4分
职能层	品牌管理	4分	4分
	质量管理	2分	3分
	设备管理	3分	3分
	采购管理	4分	4分
	工艺管理	3分	3分
战略层	战略管理	4分	4分
	财务投资	3分	3分
	人力资源	3分	3分
	信息管理	3分	3分
	基础管理	3分	3分

2. 业务蓝图规划与分析

价值链（价值环）分析让我们粗略地看到了企业内部管理存在的一些问题，但这种看问题的颗粒度还是太粗，不易发现内部经营过程中存在的问题细节，因此，我们在制订年度经营计划时还需要对业务蓝图进行评估。

业务蓝图是根据企业发展战略对现在以及未来的业务流、信息流、物流进行系统梳理的过程，业务蓝图是企业实施ERP的一个关键环节。企业在进行年度内部经营环境分析时，也可以按照业务蓝图的思路对现有各项业务活动现状进行评估。业务蓝图一方面可以帮助企业全视野看清现有业务布局现状，另一方面还可以帮助企业进行有效的业务逻辑分析，找出现有业务中存在的问题，以便识别哪些业务活动对客户价值主张最大化满足是有利的、哪些业务活动是没有价值的。

企业在对业务蓝图现状进行评估的时候也可以参考价值环评估方法，采用五分制或者红黄绿牌制进行评估。

【案例2-6】 浙江智达汽车零部件科技有限公司业务蓝图现状评估

智达科技2018年业务蓝图见图2-12。

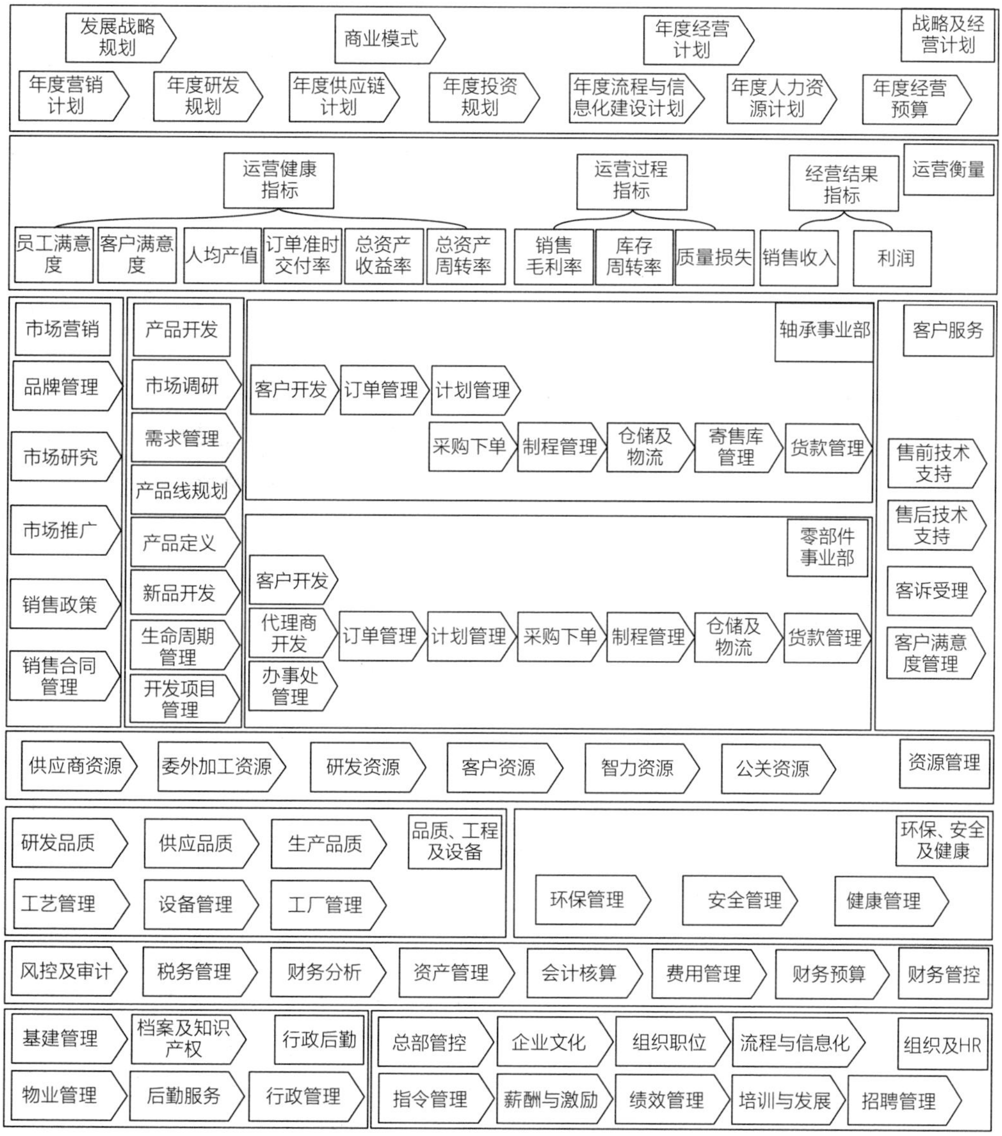

图2-12 智达科技2018年业务蓝图

智达科技2018年业务蓝图部分现状评价见表2-13。

表2-13 智达科技2018年业务蓝图现状评价（部分）

业务类别	业务单元	轴承事业部	汽车零部件事业部
战略及经营计划	发展战略规划	黄牌	黄牌
	商业模式	绿牌	黄牌
	年度经营计划	红牌	红牌
	年度营销计划	绿牌	红牌
	年度研发规划	黄牌	黄牌
	年度供应链计划	绿牌	红牌
	年度投资规划	绿牌	黄牌
	年度流程与信息化建设计划	黄牌	黄牌
	年度人力资源计划	黄牌	黄牌
	年度经营预算	黄牌	黄牌
市场营销	品牌管理	黄牌	黄牌
	市场研究	黄牌	黄牌
	市场推广	黄牌	红牌
	销售政策	黄牌	黄牌
	销售合同管理	黄牌	黄牌
产品开发	市场调研	红牌	黄牌
	需求管理	黄牌	黄牌
	产品线规划	绿牌	绿牌
	产品定义	绿牌	黄牌
	新品开发	绿牌	绿牌
	开发项目管理	绿牌	红牌
轴承事业部	客户开发	绿牌	—
	订单管理	黄牌	—
	计划管理	绿牌	—
	采购下单	绿牌	—
	制程管理	绿牌	—
	仓储及物流	绿牌	—
	寄售库管理	红牌	—
	货款管理	红牌	—
运营衡量	……	……	……
汽车零部件事业部	客户开发	—	绿牌
	代理商开发	—	绿牌
	办事处管理	—	绿牌
	订单管理	—	黄牌

续表

业务类别	业务单元	轴承事业部	汽车零部件事业部
汽车零部件事业部	计划管理	—	黄牌
	采购下单	—	红牌
	制程管理	—	绿牌
	仓储与物流	—	红牌
	货款管理	—	绿牌
客户服务	售前技术支持	黄牌	黄牌
	售后技术支持	黄牌	黄牌
	客诉受理	黄牌	绿牌
	客户满意度管理	黄牌	黄牌
资源管理	……	……	……
品质、工程及设备	……	……	……
环保、安全及健康	……	……	……
财务管控	……	……	……
组织及 HR	……	……	……
行政后勤	……	……	……

二、公司级 KPI 检讨

制订年度经营计划决不能割裂历史，因此，企业在进行内部经营环境分析时必须对上一年度公司级 KPI 的达成状况进行系统评价，以便发现每项公司级 KPI 达成状况以及未达成原因，避免在下年度再犯同样的错误。

公司级 KPI 来源于公司年度战略地图及平衡计分卡，由于公司每年的经营重点不同，公司级 KPI 也会发生一些改变和调整。如：公司在初创期公司级 KPI 会更多关注客户数量增加、销售收入增长、新产品开发等 KPI；当企业步入快速成长期可能会更多地关注利润、客户满意、大客户开发、流程效率、员工满意等 KPI；到了成熟期的企业其关注的 KPI 又会不同，如收入、利润、新产品开发、成本控制、客户流失、流程效率等。又如互联网企业公司级 KPI 会更多关注粉丝数量、会员转化率、会员重复消费率、用户体验满意度等；制造型企业会更多关注产能利用率、订单结构、订单准时交付率、生产成本控制、内部流程效率等；地产企业会关注项目建设周期、项目建设成本、销售面积、单价、售罄率等；而服务型企业则会关注客单价、客户满意、重复消费等指标。总之，不同发展阶段、不同规模、不同类型的企业，其关注的 KPI 会有所不同，企业需要建立一套适合自己的公司级 KPI 选择、衡量、评价体系。

公司级 KPI 的选择可能是财务指标，也可能是非财务指标；可能是定性指标，也可能是定量指标；可能是维持性指标，也可能是发展性指标。但这都不重要，重要的是企业选择的这些公司级的 KPI 能否总体反映出公司年度经营状况，同时，是否与公司年度经营计划的关键策略保持一致则是至关重要的。

【案例 2 –7】 浙江智达汽车零部件科技有限公司 KPI 分析

智达科技 2017 年 KPI 分析见表 2 – 14。

表 2 – 14　智达科技 2017 年 KPI 分析

KPI 类别	公司级 KPI	事业部	第一季度	第二季度	第三季度	第四季度
运营健康指标	员工满意度	轴承	略	略	略	略
		汽车零部件	略	略	略	略
	客户满意度	轴承	略	略	略	略
		汽车零部件	略	略	略	略
	人均产值	轴承	略	略	略	略
		汽车零部件	略	略	略	略
	订单准时交付率	轴承	略	略	略	略
		汽车零部件	略	略	略	略
	总资产收益率	轴承	略	略	略	略
		汽车零部件	略	略	略	略
	总资产周转率	轴承	略	略	略	略
		汽车零部件	略	略	略	略
运营过程指标	销售毛利率	轴承	略	略	略	略
		汽车零部件	略	略	略	略
	库存周转率	轴承	略	略	略	略
		汽车零部件	略	略	略	略
	质量损失	轴承	略	略	略	略
		汽车零部件	略	略	略	略
运营结果指标	销售收入	轴承	略	略	略	略
		汽车零部件	略	略	略	略
	利润	轴承	略	略	略	略
		汽车零部件	略	略	略	略
备注:	(1) 公司级 KPI 来自公司业务蓝图。 (2) 第四季度数据为预测数据。 (3) 为了保密起见，本书将具体数据略去					

三、年度财务决算与财务状况评价

年初有预算，年末有决算，这已经是很多中国企业基本的经营管理模式了。同样，企业在制订年度经营计划之前，必须通过决算对上年度实际经营状况进行客观分析，以便从财务的角度发现经营过程中存在的问题。

根据《企业财务会计报告条例》规定，企业财务会计报告是指企业对外提供的反映企业某一特定日期财务状况和某一会计期间经营成果、现金流量的文件。企业在制订年度经营计划时：一方面，要严格按照该条例规定对企业资产负债、利润、现金流量等进行分析；另一方面，企业需要对关键财务指标进行分析，如对盈利能力、存货周转、资产周转率、权益乘数等进行评估，以便对企业经营现状做出更加客观的判断。

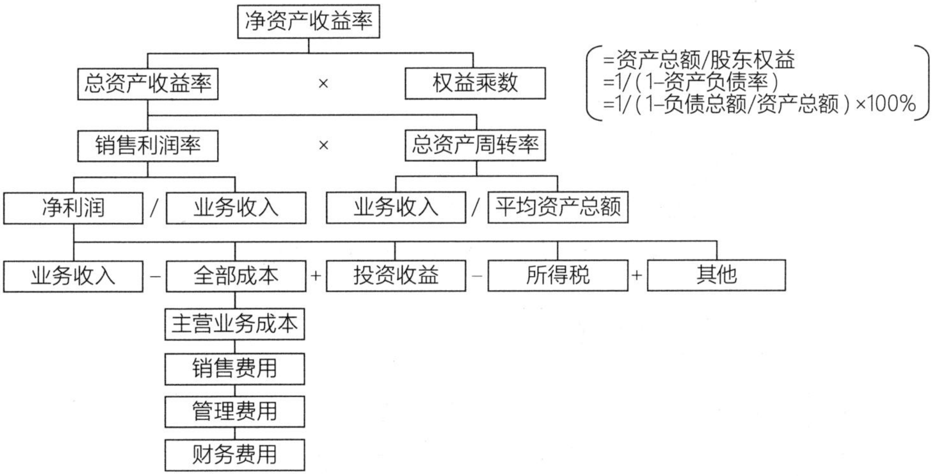

图 2－13　杜邦财务模型

杜邦财务模型（见图 2－13）是世界 500 强企业杜邦公司提出的，旨在通过财务模型客观反映公司的经营质量及可持续发展水平。

杜邦财务模型有助于企业管理层更加清晰地看到净资产收益率的决定因素，以及销售净利润率与总资产周转率、债务比率之间的相互关联关系，给管理层提供了一张明晰的考察公司资产管理效率及判断是否将股东投资回报最大化的路线图。

在杜邦财务模型中，有三个指标非常关键，它们分别反映企业经营的三种能力：总资产收益率反映企业的盈利能力；权益乘数反映企业的偿债能力；总资产周转率反映企业的运营能力。

为了能够让读者朋友更容易理解如何通过杜邦财务模型分析发现企业经营过程中存在的问题，下面我们举例说明。

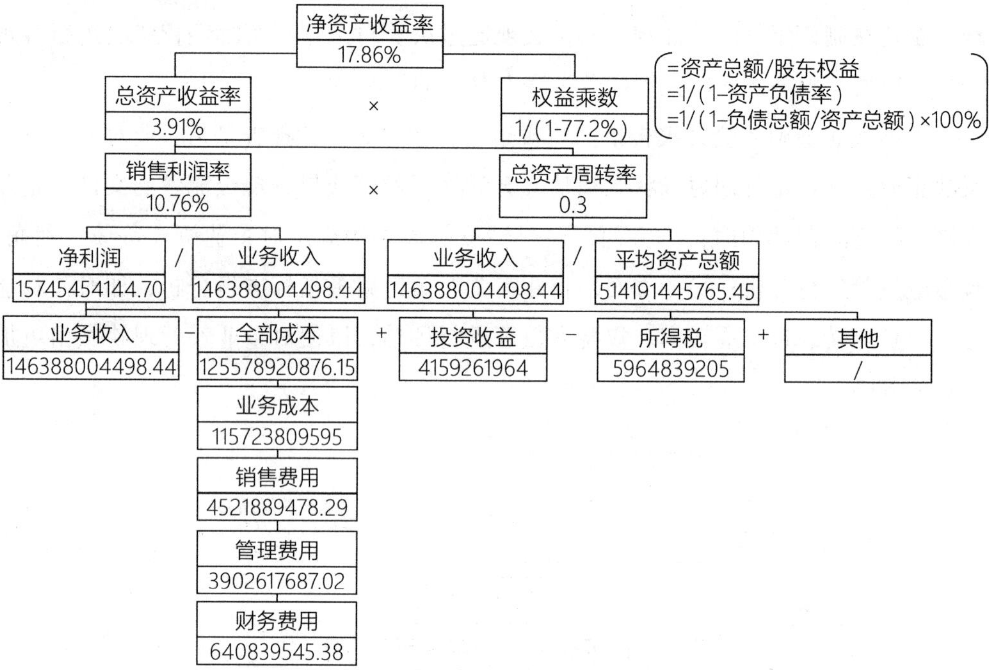

图2-14 某企业2016年杜邦财务模型

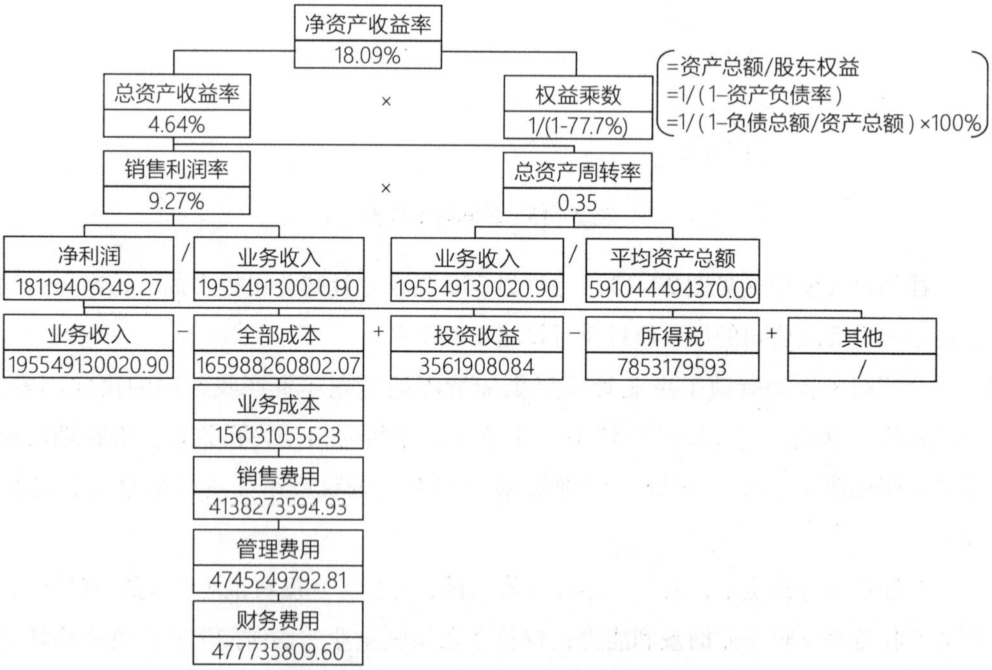

图2-15 某企业2017年杜邦财务模型

表 2－15　某企业 2016 年、2017 年杜邦财务模型对比

指标	2016 年	2017 年	增长率/%	发展态势
业务收入	1463 亿元	1955 亿元	34	向好
总资产周转率	0.3 次	0.35 次	17	向好
销售利润率	10.76%	9.27%	－14	向差
总资产收益率	3.91%	4.64%	19	向好
权益乘数	4.38	4.48	2	向差
净资产收益率	17.86%	18.09%	1	向好

综合图 2－14、图 2－15 及表 2－15 对该企业杜邦财务模型关键数据进行分析，我们会发现该企业除了销售利润率、权益乘数外，2017 年经营状况普遍向好。

当然，除了杜邦财务模型外，企业需要关注的财务指标还有很多，企业常见财务指标如表 2－16 所示。

表 2－16　企业常见财务指标

指标类型	财务指标	计算公式
偿债能力	流动比率	流动比率＝流动资产/流动负债×100%
	速动比率	速动比率＝（流动资产－存货－其他流动资产）/流动负债×100%
	现金流动负债比率	现金流动负债比率＝经营现金净流量/流动负债×100%
	负债比率	负债比率＝负债总额/资产总额×100%
	产权比率	产权比率＝负债总额/所有者权益×100%
	已获利息倍数	已获利息倍数＝息税前利润/利息费用
营运能力	应收账款周转率	应收账款周转率＝营业收入净额/平均应收账款×100%
	应收账款周转天数	应收账款周转天数＝360/应收账款周转率
	存货周转率	存货周转率＝营业成本/平均存货×100%
	存货周转天数	存货周转天数＝360/存货周转率
	流动资产周转率	流动资产周转率＝营业收入净额/平均流动资产×100%
	流动资产周转天数	流动资产周转天数＝360/流动资产周转率
	固定资产周转率	固定资产周转率＝营业收入净额/平均固定资产×100%
	总资产周转率	总资产周转率＝营业收入金额/平均资产总额×100%
盈利能力	主营业务利润率	主营业务利润率＝主营业务利润/主营业务收入×100%
	成本费用利润率	成本费用利润率＝利润总额/企业成本费用总额×100%
	总资产报酬率	总资产报酬率＝（利润总额＋利息支出）/平均资产总额×100%
	净资产收益率	净资产收益率＝净利润/平均净资产×100%
	社会贡献率	社会贡献率＝社会贡献总额/平均资产总额×100%
	社会积累率	社会积累率＝上交国家财政总额/企业社会贡献总额×100%

续表

指标类型	财务指标	计算公式
发展能力	营业收入增长率	营业收入增长率 = 营业收入增长额/营业收入总额 × 100%
	总资产增长率	总资产增长率 = 本期总资产增长额/年初资产总额 × 100%
	固定资产成新率	固定资产成新率 = 平均固定资产净值/平均固定资产原值 × 100%

四、经营“三度”测量

对于企业内部经营环境，仅仅从业务蓝图、公司级 KPI、财务角度进行评价是远远不够的，因为任何 KPI 及财务性的评价都只是一种对经营结果的评价，企业要真正产生好的经营业绩，内部管理能力和管理水平尤为重要。

对于企业而言，经营和管理犹如人的两条腿，都必须强壮有力。经营的目的是追求效益最大化，而管理的目的则是追求效率最大化；经营重结果，管理重过程；经营是目的，管理是手段；经营看重产、供、销，管理注重人、财、物。企业只有不断建立健全管理体系，持续提升管理能力，才能确保战略目标和年度经营预期的顺利实现。因此，企业在进行内部经营环境分析时，对自身管理现状进行全面客观的评价也是必不可少的，而这一点恰恰被很多企业所忽视。

根据我们多年辅导企业的经验，经营现状评估可以从以下三个维度进行，即管理成熟度、客户满意度、员工满意度，这也就是本书提出的经营“三度”。

1. 管理成熟度

什么是管理成熟度？简单而言，管理成熟度就是企业管理体系在运营过程中达到的成熟程度，也可以理解为管理体系与企业经营需求之间的匹配程度。

在拙著《管理成熟度评价理论与方法》（中国经济出版社 2012 年版）中，将企业管理成熟度的评估方法总结为四种：基于组织特征的管理成熟度评估、基于卓越绩效的管理成熟度评估、基于价值链的管理成熟度评估、基于管理职能的管理成熟度评估（见表 2－17）。

表 2－17　不同管理成熟度评估模式对比

评估方法	评估维度
基于组织特征的管理成熟度评估	系统观念、应对变化、目标意识、服从功能、团队管理、顾客导向、信息共享、基层决策、沟通功能、激励发展、学习功能、创新功能、质量安全
基于卓越绩效的管理成熟度评估	领导，战略，以顾客和市场为中心，测量、分析和知识管理，以人为本，过程管理，经营结果

续表

评估方法	评估维度
基于价值链的管理成熟度评估	企业战略、人力资源、财务运作、生产运作、物资控制、质量管理、市场营销、技术研发、品牌管理、企业文化、运营辅助
基于管理职能的管理成熟度评估	市场营销、计划管理、供应商管理、生产管理、产品研发、财务管理、人力资源、成本管理、基础管理、战略管理

（1）基于组织特征的管理成熟度评估。基于组织特征的管理成熟度模型认为，衡量一家企业的管理水平可以从以下13个维度进行评价：系统观念、应对变化、目标意识、服从功能、团队管理、顾客导向、信息共享、基层决策、沟通功能、激励发展、学习功能、创新功能、质量安全（见图2－16）。

图2－16　基于组织特征的管理成熟度评估模型

系统观念：将企业视同一个系统，要求做到责权明确、分工合理、协作高效，企业整体战斗力极强，并通过组织的各种功能，将它们转化为产品或服务。

应对变化：企业具备高度敏感的系统来吸取内部所有部门及相互作用的信息以及外部信息，可以迅速应对外部环境、内部环境的变化。

目标意识：具有强烈的战略意识、目标意识和竞争意识，同时，全体员工为了企业经营目标的实现全力以赴。

服从功能：遵循“形式服从功能”的模式运行。需要完成的工作决定其运作执行结构及机制。因此，需要运用多种结构，如正规的金字塔结构、水平结构和团队、项目结构及临时结构。

团队管理：以团队管理为主要模式，每一个团队都符合优秀团队特征，工作效率很高。

顾客导向：以尊重顾客服务为原则——包括企业外部客户及组织内部其他客户。

信息共享：其管理依信息而行，大量信息能被及时获得和处理，获取的信息由不同地域、不同功能的部门和组织所共享，保证企业在做任何决策时，参考的信息都是一致的。

基层决策：企业鼓励并允许能取得所有必要信息和贴近顾客的基层进行决策。

沟通功能：保持系统上下开放式沟通交流，在企业内部不存在任何沟通障碍。

激励发展：企业的奖惩机制紧密结合工作成绩，并支持个人发展。管理层和工作团队根据其工作绩效和目标实现情况获得相应的回报。

学习功能：组织已充分认识到学习的重要性，鼓励组织成员参加与本岗位任职资格相关的各种学习活动，提高技能，努力建设并实现“学习型组织”。

创新功能：能明辨革新和创造活动的作用，已经在企业内部建立了完善的创新管理机制，鼓励创新，并从创新过程中获益。

质量安全：企业日常经营过程中对质量和安全给予充分关注，以实现公司愿景和美好未来。

【案例2－8】 浙江智达汽车零部件科技有限公司基于组织特征的管理成熟度评价结果

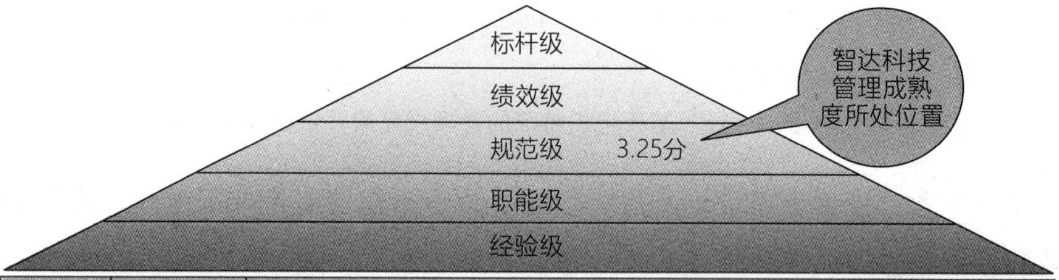

得分	等级	管理特征
五级	标杆级	适应自愈：对内外部环境要素变化反应敏捷，能自发对关键要素变化做出管理系统性变革，并迅速恢复系统稳定
四级	绩效级	实时修正：管理系统成熟，可实现跨业务或功能模块联动，能对环境因素变化做出反应，并逐步体现出适应性稳定
三级	规范级	一体化管理：在多个业务或者管理功能模块间建立起有效联系，管理系统性价值逐步显现，综合效益提升明显
二级	职能级	逐步完善：开始在公司业务或管理功能层面开展决策，商业模式成型，实施价值也逐步体现，启动战略规划
一级	经验级	管理导入：主要关注经营，具备一些业务模块或管理功能，组织愿景存在于核心人员脑海里，尚无明确的战略规划

图 2－17　智达科技 2018 年管理成熟度评估结果

由图 2－17 可以看出，智达科技管理成熟度处于规范级，这时候的管理体系初步成形，企业已经基本实现了从“人治”向“法治”的蜕变，但还存在管理体系之间协同性不够的问题。

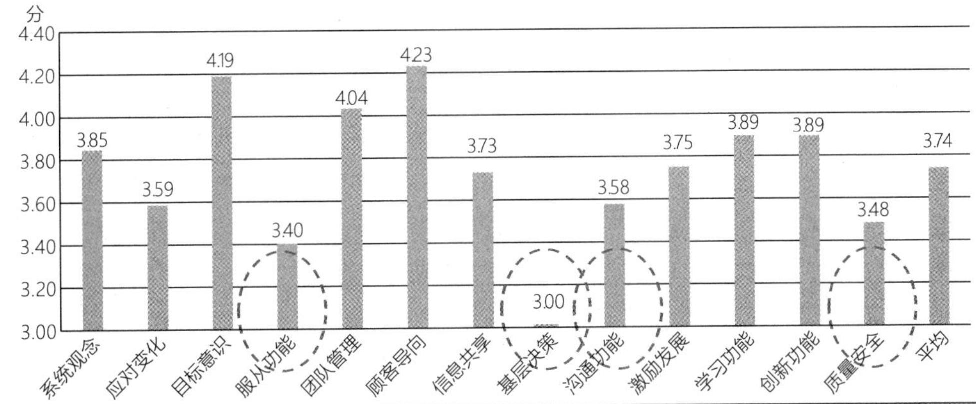

系统观念	应对变化	目标意识	服从功能	团队管理	顾客导向	信息共享	基层决策	沟通功能	激励发展	学习功能	创新功能	质量安全	平均
3.85	3.59	4.19	3.40	4.04	4.23	3.73	3.00	3.58	3.75	3.89	3.89	3.48	3.74

图 2－18　智达科技 2018 年管理成熟度分析

由图 2－18 可以看出，智达科技在基层决策、服从功能、质量安全、沟通功能等维度的成熟度短板尤为明显。

（2）基于卓越绩效的管理成熟度评估。根据 GB/T19580《卓越绩效评价准则》和 GB/Z19579《卓越绩效评价准则实施指南》最新版本，基于卓越绩效的管理成熟度模型认为，衡量一家企业的管理水平可以从以下 7 个维度进行评价：领导，战略，以顾客和市场为中心，测量、分析和知识管理，以人为本，过程管理，经营结果①。

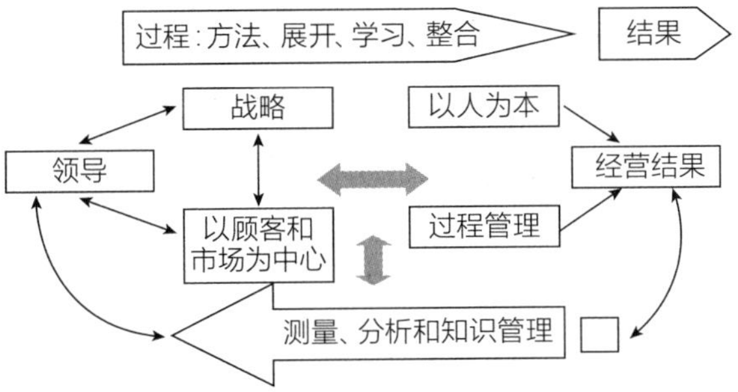

图 2－19　基于卓越绩效的管理成熟度评估模型

【知识链接】 基于卓越绩效的管理成熟度模型已经被广泛应用于类似美国国家质量奖、中国国家质量奖、地方政府质量奖（如深圳市市长质量奖）的评价及奖励过程中，表 2－18 是美国国家质量奖和中国国家质量奖评价、深圳市市长质量奖模型的对比情况。

① 资料来源：《卓越绩效评价准则》GB/T19580－2004。

深圳市市长质量奖评价细则见表2－19。

表2－18 美国国家质量奖、中国国家质量奖评价、深圳市市长质量奖模型对比

序号	评价维度	美国国家质量奖	中国国家质量奖	深圳市市长质量奖
1	领导	120分	120分	120分
2	战略	85分	80分	85分
3	以顾客和市场为中心	85分	80分	85分
4	测量、分析和知识管理	90分	80分	90分
5	以人为本	85分	80分	85分
6	过程管理	85分	160分	85分
7	经营结果	450分	400分	450分
总分		1000分	1000分	1000分

表2－19 深圳市市长质量奖评价细则

评价维度	分值	二级维度	分值
1. 领导	120分	1.1 组织领导	70分
		1.2 社会责任	50分
2. 战略	85分	2.1 战略制订	40分
		2.2 战略部署	45分
3. 以顾客和市场为中心	85分	3.1 顾客与市场的了解	40分
		3.2 顾客关系与顾客满意	45分
4. 测量、分析和知识管理	90分	4.1 组织绩效的测量与分析	45分
		4.2 信息和知识的管理	45分
5. 以人为本	85分	5.1 工作系统	35分
		5.2 员工学习与激励	25分
		5.3 员工权益和满意	25分
6. 过程管理	85分	6.1 价值创造过程	45分
		6.2 支持过程	40分
7. 经营结果	450分	7.1 产品与服务的结果	100分
		7.2 以顾客为中心的结果	70分
		7.3 财务结果	70分
		7.4 人力资源结果	70分
		7.5 过程有效性结果	70分
		7.6 组织治理和社会责任结果	70分
总分	1000分		1000分

基于卓越绩效的管理成熟度根据评价结果将企业的管理成熟度划分为5个等级，分别为入门级、基础级、优秀级、卓越级、世界级（见表2－20）。

表2－20　基于卓越绩效的管理成熟度分级标准

管理成熟度级别	级别名称	对应分数	主要管理特征描述
A	入门级	0～250分	公司有自己的管理体系，基本制度齐全
AA	基础级	250～350分	建立ISO9001、ISO14001等国际管理体系，公司有效管理，有一定抗击风险能力，业绩较好
AAA	优秀级	350～450分	公司管理体系比较成熟，各管理模块配合较好，公司风险管理能力较强，在同行业中业绩处于中上水平
AAAA	卓越级	450～550分	公司管理体系非常成熟，各管理模块配合较好，战略目标基本达成，公司风险能力强，在同行业中业绩处于领先地位
AAAAA	世界级	550分以上	公司管理体系非常成熟，各管理模块配合状况良好，战略目标完全达成，公司风险能力强，在同行业中业绩处于领先地位，公司的可持续发展和社会责任有突出表现

（3）基于价值链的管理成熟度评估。基于价值链的管理成熟度模型认为，衡量一家企业的管理水平可以从11个维度进行评价：企业战略、人力资源、财务运作、生产运作、物资控制、质量管理、市场营销、技术研发、品牌管理、企业文化、运营辅助（见图2－20）。

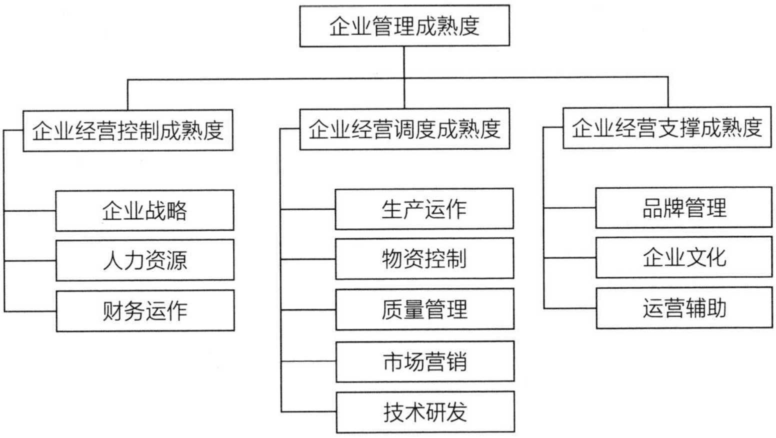

图2－20　基于价值链的管理成熟度评估模型

（4）基于管理职能的管理成熟度评估。基于管理职能的管理成熟度模型与基于价值链的管理成熟度模型相似，其认为衡量一家企业管理水平可以从10个维度进行评价：基础管理、战略管理、产品研发、计划管理、供应商管理、生产管理、市场营销、成本管理、财务管理、人力资源管理（见表2－21）。

表2－21　基于管理职能的管理成熟度评估模型

评价维度	问题涵盖管理体系
基础管理成熟度	企业文化、业务流程、危机管理、信息管理、质量体系
战略管理成熟度	战略目标、战略规划、经营计划制订及宣贯、经营计划分解、经营计划实施跟踪
产品研发成熟度	研发规划、研发管理流程、研发变更管理
计划管理成熟度	销售预测、销售计划、生产计划、物料计划、计划变更管理
供应商管理成熟度	供应商评价、核心供应商管理、供应商关系管理、供应商档案管理、采购价格管理、采购订单管理、采购库存管理
生产管理成熟度	工艺管理、生产作业计划管理、物料齐套性管理、制程管理、生产调度、生产计划达成率
市场营销成熟度	客户关系管理、订单周期管理、特殊订单管理、订单变更管理、
成本管理成熟度	管理成本管理、制造成本管理、成本核算、报价体系、标准化管理、成本意识
财务管理成熟度	财务预算、资金管理、财务分析、融资、资金计划管理、财务报表
人力资源管理成熟度	员工归属感与认同感、人力资源政策、培训机制、职业发展、组织职位、招聘、薪酬体系

注：基于管理职能的管理成熟度评估模型需要根据不同企业的实际情况进行二次开发。

【案例2－9】浙江智达汽车零部件科技有限公司基于管理职能的管理成熟度评价结果

表2－22　智达科技基于管理职能的管理成熟度评价结果

评价维度	评价得分
基础管理成熟度	2.75分
战略管理成熟度	3.75分
产品研发成熟度	3.5分
计划管理成熟度	2.5分
供应商管理成熟度	3分
生产管理成熟度	3.25分
市场营销成熟度	4分
成本管理成熟度	3.5分
财务管理成熟度	3.75分
人力资源管理成熟度	3.9分
平均	3.39分

结合【案例2－8】智达科技基于组织特征的管理成熟度评价结果（3.25分）与该公司基于管理职能的管理成熟度评价结果（3.39分）（见表2－22），我们可以

看到该公司管理成熟度处于规范级。

以上四种管理成熟度评估模式，虽然评估的方法和维度存在差异，但本质上是一致的，通过管理成熟度评估结果可以让企业清楚自己的管理能力。管理成熟度级别见表2－23。

表2－23 管理成熟度级别

级别	级别定义	级别说明
五级	标杆级	适应自愈：对内外部环境要素变化反应敏捷，能自发对关键要素变化做出管理系统性变革，并迅速恢复系统稳定
四级	绩效级	实时修正：管理系统成熟，可实现跨业务或功能模块联动，能对环境因素变化做出反应，并逐步体现出适应性稳定
三级	规范级	一体化管理：在多个业务或者管理功能模块间建立起有效联系，管理系统性价值逐步显现，综合效益提升明显
二级	职能级	逐步完善：开始在公司业务或管理功能层面开展决策，商业模式成型，实施价值也逐步体现，启动战略规划
一级	经验级	管理导入：主要关注经营，具备一些业务模块或管理功能，组织愿景存在于核心人员脑海里，尚无明确的战略规划

2. 客户满意度

客户满意度，反映的是客户的一种心理状态，它来源于客户对企业的某种产品或服务消费时所产生的感受与自己的期望所进行的对比。

按照平衡计分卡的理念，企业要想获得令股东满意的财务回报，首先要想尽一切办法让你的客户满意。中国企业从做ISO9001体系开始，就非常关注和重视客户满意度。如何才能保证客户满意呢？这还需要从客户的需求分析开始。导致客户不满意的因素可能有很多，包括产品本身、产品价格、产品质量、服务质量、客户体验、交期等。

【案例2－10】 浙江智达汽车零部件科技有限公司客户满意度模型

智达科技客户满意度模型见表2－24。

表2－24 智达科技客户满意度模型

一级维度（6个）	二级维度（17个）	三级维度（40个）
产品质量	基本质量	尺寸公差、产品重量
	外包装形象	包装材料、包装箱抗压能力
	产品可靠性	使用年限、产品抗疲劳能力

续表

一级维度（6个）	二级维度（17个）	三级维度（40个）
订单交付	供货周期	订单评审失效、订单交付准时、平均货期
	产品改进	技术创新、产品改进需求响应
仓储物流	运输保障	运输时间、运输送货及时性、运输损坏情况
营销服务	销售人员能力	产品选型、快速响应能力
	技术对接能力	技术人员服务态度
	客诉受理	客诉受理态度、客诉处理及时性、客诉处理有效性
售后服务	售后反馈	维修反馈及时性、维修回访
	售后处理及时性	维修处理及时性
	现场服务质量	维修质量、维修现场维护
企业经营	愿景及发展规划	企业愿景、企业发展战略规划、企业的经济指标
	社会形象	与当地政府的关系、公益活动、社会责任
	品牌建设	品牌策略、品牌宣传、宣传效果、
	内部管理	质量体系、经销商管理、客户满意度管理体系
	企业文化	企业核心价值观、企业对客户的价值取向、企业价值分配理念

3. 员工满意度

员工满意度是指员工对企业的实际感受与其期望值比较的程度（员工满意度=实际感受/期望值），也就是说，员工因感觉到工作本身可以满足或者有助于满足自己的工作价值观需要而产生的一种愉悦的感觉程度。

随着“以人为本”管理思想的普及和深入，越来越多的企业开始关注员工满意度这一话题，因为对于企业而言，只有有了满意的员工，才会有满意的顾客。企业提供的任何产品或服务都是通过员工界面去实现的，因此，对企业而言，实现财务回报是目标，保证顾客满意是手段，而员工满意则是基础。

因此，企业在制订年度经营计划时，除了关注前面提到的财务现状评价、管理成熟度评价、客户满意度评价，还需要关注员工的感受，关注员工满意度状况，并就员工不满意的项目，结合当年企业经营重点，有针对性地实施ES100工程，提升员工满意度。

当然，员工满意度的提升也不是一蹴而就的，需要企业通过制订具有竞争力的薪酬福利体系、客观的员工绩效评价体系、富有挑战性和创新性的企业文化、清晰的员工职业发展系统、和谐向上的工作环境、具有凝聚力的事业愿景、良好且可持续的经营业绩等手段来实现，通过表2－25的员工满意度模型便可略见一斑。

表 2－25　员工满意度模型

一级维度（5 个）	二级维度（18 个）	三级维度（100 个）
对工作回报的满意度	物质回报	工资收入、加班工资、奖金、福利、社会保险、薪资系统、假期
	精神回报	工作乐趣、成就感、尊重与关怀、友谊与朋友、个人能力及特长的发挥、职位与权力、威信与影响力、表扬与鼓励
	成长与发展	培训与学习、机遇、晋升、知识的进步、社会地位、能力提升
	奖惩管理	物质或金钱奖励、评比优秀、罚款、记过或降级与降职处罚
对工作背景的满意度	后勤保障及支持	劳动合同、食堂、住宿、职业病防护及保健、休息场所、医疗保障、工伤保障、劳保
	工作作息制度	上下班时间、休息、加班制度、请假制度
	工作资源配备	资源充裕性、资源适宜性、设备的维护及保养、资源配备的效率、固定资产管理、新设备的配置、新技术的运用
	工作环境	舒适感、现场 5S 管理、污染与环保、安全感、美观、便利
对工作群体的满意度	内部和谐度	行为、礼节与礼仪、沟通与交流、人际关系、工作配合、信息与经验、员工士气及心态、舆论控制、团队精神
	工作方法和作风	工作质量、工作效率、工作成本、工作计划、责任感及能动性、灵活性与技巧、会议
	人员素质	品格、修养、观念、学识水平及经验、体质与健康、能力表现
对企业管理的满意度	管理机制	管理创新和改进、管理的连续性和稳定性、组织机构、用人机制、监察机制
	管理风格	管理才能、管理艺术、情感管理、管理的有效性
	制度情况	内部投诉、制度建设、认可程度、实施效果
	企业文化	对企业的认同感及归属感、企业形象、文体、娱乐活动、生日及节假日慰问、报纸、图书杂志、内部刊物、合理化建议
对企业经营的满意度	产品质量	ISO9000 质量保障体系、客户投诉、客户信心及满意度、质量目标
	社会形象	与供应商的关系、对地方经济的贡献、与当地政府的关系、就业解决及社会公益事业
	发展愿景	企业愿景、发展战略规划、企业经济指标

表 2－25 是一个完整的员工满意度评估模型，共涵盖 5 个一级维度、18 个二级

维度、100 个三级维度，企业可以根据自身的规模和实际，对以上评价维度进行删减和增加。

【案例 2－11】 浙江智达汽车零部件科技有限公司 2018 年员工满意度模型

智达科技 2018 年员工满意度模型见表 2－26。

表 2－26　智达科技 2018 年员工满意度模型

一级维度（5 个）	二级维度（18 个）	三级维度（85 个）
对工作回报的满意度	物质回报	工资收入、福利、社会保险、薪资系统、假期
	精神回报	工作乐趣、成就感、尊重与关怀、友谊与朋友、个人能力及特长的发挥、职位与权力、威信与影响力、表扬与鼓励
	成长与发展	培训与学习、晋升、知识的进步、社会地位、能力提升
	奖惩管理	物质或金钱奖励、评比优秀、奖惩制度
对工作背景的满意度	后勤保障及支持	食堂及饭菜质量、职业病防护及保健、工伤保障、劳保
	工作作息制度	上下班时间、加班制度、请假制度
	工作资源配备	资源充裕性、设备的维护及保养、资源配备效率、固定资产管理、新设备配置
	工作环境	舒适感、现场 5S 管理、污染与环保、安全感、便利
对工作群体的满意度	内部和谐度	沟通与交流、人际关系、工作配合、信息与经验、员工士气及心态、舆论导向、团队精神
	工作方法和作风	工作质量、成本控制、工作效率、工作计划、责任感及能动性、灵活性与技巧
	人员素质	品格与修养、观念、学识水平及经验、体质与健康、能力表现
对企业管理的满意度	管理机制	管理创新和改进、管理的连续性和稳定性、组织机构、用人机制、监督机制
	管理风格	管理才能、情绪管理、管理有效性
	制度情况	内部投诉、制度建设、制度规范化、实施效果
	企业文化	对企业的认同感及归属感、文体与娱乐活动、企业精神及价值观、生日及节假日慰问、报纸与图书杂志、内部宣传、合理化建议
对企业经营的满意度	产品质量	QS16949 体系、客户投诉、客户信心及满意度、质量状况
	社会形象	对地方经济的贡献、社会形象、就业解决及社会公益事业
	发展愿景	企业愿景、企业经济指标

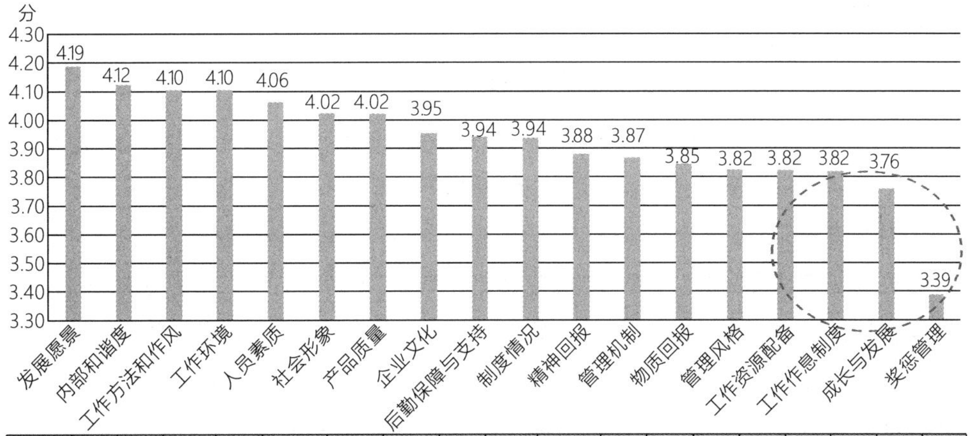

	物质回报	精神回报	成长与发展	奖惩管理	后勤保障与支持	工作作息制度	工作资源配备	工作环境	内部和谐度	工作方法和作风	人员素质	管理机制	管理风格	制度情况	企业文化	产品质量	社会形象	发展愿景
全员	3.85	3.88	3.76	3.39	3.94	3.82	3.82	4.10	4.12	4.10	4.06	3.87	3.82	3.94	3.95	4.02	4.02	4.19

图 2－21　智达科技 2018 年员工满意度评价结果

由图 2－21 可以发现，该企业员工满意度得分最低的 4 项分别为奖惩管理、成长与发展、工作作息制度及工作资源配备。

表 2－27　智达科技 2018 年员工满意度弱项（得分最低项）

二级维度	三级维度	得分
奖惩管理	您经常获得物质或金钱奖励吗?	2.89 分
成长与发展	您的晋升机会多吗?	3.17 分
物质回报	您对在公司获得的收入是否感到满意?	3.45 分
工作资源配备	公司有提供报纸、杂志供大家学习和了解新信息吗?	3.51 分
精神回报	您认为公司评比优秀员工的方法是否合理?	3.60 分
精神回报	您认为您在工作中有威信和影响力吗?	3.60 分
物质回报	公司的薪资系统是否合理?	3.64 分
工作资源配备	您对资源配备的效率感到满意吗?	3.64 分
奖惩管理	您认为公司的奖惩制度是否合理、公正?	3.67 分
精神回报	在日常工作中，您经常受到表扬与鼓励吗?	3.67 分

由表 2－27 可以看出，该企业员工满意度弱项绝大多数集中在精神回报、物质回报、奖惩管理等员工对工作回报的满意度。

经营“三度”（管理成熟度、客户满意度、员工满意度）是衡量企业管理水平的“晴雨表”，企业在内部经营环境分析时，必须对“三度”进行客观评估，并通过评估发现管理“短板”，以便在制订年度经营策略及确定年度经营目标时做到有的放矢。

五、管理现状评价

除了经营“三度”，企业还需要组织各个部门及分管领导对实际业务运作过程中存在的问题进行梳理与研讨，以便发现问题并对影响年度经营目标实现的问题加以解决，进而保证企业年度经营目标的顺利达成。

1. **什么是问题**

美国问题管理专家理查德·I. 莱尔斯把问题定义为：“什么时候发生了什么不愿意看到的结果?”请注意，这句话有两层意思：其一，“什么时候?”企业一定要明确地知道问题发生在什么时间。其二，“什么不愿意看到的结果?”这个不愿意看到的结果可能是理想与现实之间的差距，也有可能是事物的现状与原状存在的差异，还可能是由于决策或人为失误（分主观和客观两种）因素导致最终结果不是企业预期想要的。总之，在莱尔斯看来，任何阻碍企业达成预期目标或者使企业的预期目标发生偏差的情况都是企业存在的问题。

在理查德·I. 莱尔斯的定义中，我们发现企业所有的问题都是已知的，而且是非常明确的。

日本问题专家高杉尚孝则认为，问题的本质就是“有了落差”[①]，这种落差是基于现状与期望状况之间产生的，而解决问题的意思就是消灭或者缩小这种落差。在《麦肯锡问题分析与解决》一书中，高杉尚孝指出，麦肯锡把问题分为三类，即恢复原状型问题、追求理想型问题、防范潜在型问题。

（1）恢复原状型问题是把事物原来的状态视为期待的状态，目前已经呈现出来的现状是低于原来状态的，这类问题的解决方法是恢复原状。例如，企业一名有经验的老员工离职，而新入职的员工技能不足导致了工作效率低下，工作差错率居高不下，很明显这是一个恢复原状型的问题，只要通过提升新员工工作技能就能将问题恢复到老员工在职时的状态；又如，之前公司产品合格率为99.5%，但因企业调整生产工艺导致目前的产品合格率仅为97%，同理，企业现在要做的就是，通过持续优化工艺将产品合格率提升为原来的状态。

（2）追求理想型问题是现在的状态未满足期望，这类问题的解决方法是达成期望。如企业确定了每年30%的业绩增长目标，但资源不足、策略不明确或员工执行不力等原因导致业绩增长只有10%。这个问题是现状与期望状况之间存在差距，要解决这一问题，唯一的办法就是通过增加资源配置、再次明确经营策略、提升员工

---

① ［日］高杉尚孝. 麦肯锡问题分析与解决技巧[M]. 郑舜珑，译. 北京：北京时代华文书局，2014：4-7.

执行力等手段缩小现状与期望值之间的差距。

（3）防范潜在型问题是指目前并无大碍，但如果置之不理或者置若罔闻的话，将来会出现不良情况，这类问题的解决方法是保持现状，需要企业具备较强的前瞻性，对未来可能发生的问题做到提前预防。如由于目前企业员工激励体系不健全，虽然目前员工队伍还算稳定，但不能保证未来还能够维持现在的状况，这个问题就是一个典型的防范潜在型问题，企业要想杜绝未来由核心员工离职造成的对业务的伤害，就必须对企业员工激励体系提前进行优化。

2. 企业问题的来源（见图2－22）

图2－22　常见企业问题来源

（1）客户。企业与客户的关系可以用两句话来概括：企业存在的唯一理由是客户还需要你；客户需要企业是因为企业满足了客户某种至关重要的需求。客户作为企业最重要的利益相关者，经常会给企业带来这样那样的问题，如客户会要求交期短一点、品质好一点、价格低一点、付款周期长一点、服务好一点等，更关键的是，很多时候客户的诉求不是单独的，而是几个诉求并列存在的，如果不能满足的话，这些客户提出来的诉求马上就成为企业面临的问题。

（2）供应商。与客户的利益诉求恰恰相反，供应商的诉求往往是交期更长一点、品质要求更低一点、价格更高一点、付款周期短一点、服务要求不要太高等。显然企业很多时候是完全不能接受供应商的这些诉求的，而站在供应商的角度来讲这些诉求似乎又都是合理的，这样一来供应商的这些诉求也就自然而然地变成了企业所面临的问题。

(3) 竞争对手。竞争对手给企业造成的问题往往是猝不及防的，如竞争对手采用降价策略获取市场份额、竞争对手为了赢得市场空间不断推出新产品、竞争对手直接策反企业的市场和客户资源、竞争对手有的放矢地给企业制造一些麻烦、竞争对手模仿企业的产品及销售政策、竞争对手以成倍的工资直接来挖企业的优秀人才等，这些都是竞争对手给企业带来的问题。

(4) 兄弟部门。大家都知道，企业会根据业务需要在内部设置若干个部门，如市场部、销售部、客服部、采购部、计划部、工程部、生产部、仓储部、研发部……企业内部的很多任务都需要两个或者更多部门协同才能完成，但企业内部往往会出现个别部门原因导致事情结果完全达不到预期。如采购不及时或者生产计划错误导致客户订单无法准时交付，进而导致销售人员目标无法达成，这个问题的表象是销售目标未达成，但问题的根本在于采购和计划部门；又如销售部门开发的订单结构不合理，造成生产部门频繁更换生产线，导致员工作息时间极其不固定，进而造成员工流失率大幅度上升，这个问题的表象是员工流失率升高，但问题的本质是由订单结构不合理引起的；再如采购付款不及时而引发供应商不能及时发货，这个问题的表象是付款不及时，而深层次的原因可能是财务资金计划不准确，而导致财务资金计划不准确的真实原因又是销售回款计划未达成。

(5) 下属。对于管理者而言，带领团队成员完成组织目标是一件再正常不过的事情，但下属失职、能力不足、工作意愿不强、责任心太弱、执行力太差、团队配合不力等会导致部门工作目标无法达成。

(6) 上司。上司交代工作不清楚、行政指令混乱、目标不清、计划不明确、未按组织原则随意安排工作等会导致下属无所适从，进而造成部门工作难以有效开展，这也会导致企业出现很多问题。

(7) 自己。根据我们的研究，很多时候自己才是问题的主要来源，很多人抱着“60分万岁”、“最后一天”、得过且过、能推就推、能拖就拖、能逃就逃、能避就避、“差不多”的心态，明明有些工作可以做得更好或者可以提前完成，但因个人原因导致这些工作始终达不到组织期望的结果。

综上所述，我们把企业问题的来源主要归结为以上七个方面，除了这些，其实企业的任何一个利益相关者都可能给企业带来问题。如政府要求企业合法经营，遵守环保、安全、职业健康、合法用工、依法纳税等相关法律法规，但如果企业没有做到的话，就会与法律法规的期望之间产生差距，进而导致问题的出现；又如银行要求企业按期还款，但如果企业运营状况不理想、资金调度计划不及时造成不能按时还款，就会影响企业自身的银行信用记录。

3. 问题产生的七种可能（见图2－33）

图2－23　企业问题产生的七种可能

（1）方向不明。企业很多问题的产生都源于对发展方向定位不清楚，导致企业决策捉摸不定，员工行动忽左忽右、摇摆不定。

为了能够说明这个道理，我给大家讲个巧媳妇的故事。话说村里有位姑娘心灵手巧，大家都叫她巧姑娘，等巧姑娘嫁人之后就变成了巧媳妇。巧媳妇有三个婆婆（婆婆、太婆婆、太太婆婆），巧媳妇烧好了饭菜，婆婆说太淡，太婆婆说太咸，太太婆婆说饭太硬嚼不动；好不容易闲下来，婆婆让她去纺纱，太婆婆让她去织布，太太婆婆啥也不说，直摇头……几年下来，巧媳妇变成了“笨媳妇”。

现实生活当中如此，其实在企业里面也是大同小异，企业常常因为经营方向不明确，导致内部员工像无头苍蝇，无所适从，入职的时候都是“巧员工”，时间长了都变成了“笨员工”。

例如，深圳有家实体企业想做互联网转型，有些人认为平台开发最关键，有些人认为圈粉很重要，有些人认为做大流量是根本，还有些人认为开发令客户尖叫的产品最靠谱。大家对未来的把握捉摸不定，造成基层员工无所适从，大量离职，错失了大好的发展机遇。

又如，杭州有家企业，爷爷是董事局主席，爸爸是股份公司董事长，儿子是股份公司总经理，在确定公司发展战略的问题上，“泥腿子”爷爷说要坚持专业化，“土鳖”爸爸说要坚持多元化，“海归”儿子说要国际化。在三代“老板”的指挥下，下属员工只能听嗓门大的。

以上都是典型的对方向定位的不明确导致企业种种问题的发生。

（2）目标不清。经营企业要有清晰的目标，目标模糊、目标过高、目标过低或者目标发生偏移都有可能导致问题发生。这些目标可能来自对未来发展的描述，也可能来自对日常经营阶段性成果的量化（如订单交付周期、新产品开发周期、生产计划达成率、采购成本下降等），还有可能来自对客户诉求的精准描述；不管怎样，只要目标不清晰就可能造成员工理解不到位、行动不一致的问题发生。

我们曾经为宁波一家企业提供年度经营计划咨询服务，在调研员工对公司年度经营目标的看法时，这家公司的员工告诉我们，他们公司自从成立到现在一共18年，在过去18年当中公司老板确定的年度经营目标从来没有实现过。可见，如果每年的目标都不能实现，就意味着员工18年都基本上不会领到什么奖金，那么员工的自信心以及工作积极性一定会受到很大的影响。

（3）责任不明。企业问题的产生还有一种可能就是责任划分不明确，多个责任主体共同负责一件事情的最终结果就是谁也不负责。另外，在内部进行责任划分的时候往往由于没有按照“横向到边、纵向到底”的原则对企业的各项职能进行系统分工，这将造成企业内部存在很多责任真空与模糊地带。

很多人都听说过这样一个故事：有个小女孩从学校回来，试了一下妈妈买的新校服，发现裤子长了5cm，在吃完饭的时候她就把这件事告诉了家人。等小女孩睡觉后姐姐记起了这件事情，她就按照小女孩说的把新校裤剪短了5cm，然后就去睡觉了。妈妈忙完家务睡觉前也记起了裤子比较长的问题，妈妈也拿起剪刀剪短了5cm。第二天一早奶奶第一个起床，她也记起了同样一件事，奶奶怕耽误小女孩上学，急急忙忙也给剪短了5cm再缝好。等到小女孩起床穿上裤子，结果前一天长了5cm的裤子反而短了10cm，长裤变成了七分裤。类似小女孩遇到的问题在很多企业层出不穷，很可能每天都在上演，归根结底都是由责任不明确造成的。

很多企业会经常遇到因客户欠款而付不出来造成呆坏账的事情，但很少有企业会遇到因供应商欠款而无法支付造成呆坏账的事情。2017年我们在贵州辅导一家企业进行经营业绩提升的时候发现，供应商欠这家企业2000多万元货款而无法追回，原因在于采购部门将预付款给了供应商，而供应商又久久没有供货，最终因这家供应商倒闭造成了呆坏账的情况。这件事情的责任表面上看似乎在采购部门，但财务部门、计划部门、仓储部门、审计部门同样要负失职之责。

（4）方法不对。我们经常说：方法得当，事半功倍；方法不当，事倍功半。这句话证明了方法的重要性，笔者在拙著《学管理用管理会管理》（中国经济出版社2016年版）一书中写道：优秀的管理者能够随人、随事、随时、随地地实施管理，针对不同的管理对象、不同的事情、不同的时间、不同的场合都应该采取不同的管理方法。处理任何事情都是这样的，正确的方法很大程度上决定处理事情的结果。

有一个业主家里的水管损坏了。他先自己动手修理，在磨破手指、敲碎瓷砖却仍然没有搞定之后，决定打电话叫水电工。水电工到达以后，先检查水龙头，然后到地下室看了看主要的水管，他花了几分钟检查水管后，从工具箱里取出一把橡胶槌子对着水管轻轻一敲，“啪”的一声，水龙头的水流出来了。临走前他写下账单：“水管修理费50元。”业主火冒三丈，“这简直是抢劫！你只不过是敲了下水管，这我也做得到。”水电工回答：“是的，你也会做，但是你却没这样做。而且，如果你这样做，很可能会把水管敲破。”业主要求水电工开一张逐项说明的账单。于是水电工开列了如下账单：维修交通费10.00元，选择工具敲打水管2.00元，知道敲哪里以及如何敲打37.00元，敲打水管1.00元，合计50.00元。

这个故事的精髓在哪里？每个人都会敲水管，但是唯有专业人员能真正了解问题出在什么地方，然后选择正确的工具作业，并且知道敲哪里以及如何敲，这就是用正确的方法做事的最佳例证。

在企业内部我们经常会看到很多低能力的员工花了很长时间做一件事情，但由于方法不对，最终的结果远没有达到企业的期望，不过是浪费了时间、精力及公司提供的资源。

（5）能力不足。很多企业在用人方面觉得低能力的员工工资低，所以总喜欢采用低能高岗的用人模式。殊不知，低能力的员工与高能力的员工相比，工作效率、工作质量有时简直天差地别。低能高岗的用人模式是企业能力不足的一种表现；另一种表现是企业臆想着让一个60分能力的人去干一份80分要求的事情，还要做出100分的工作业绩，这显然不合理；还有一种表现是很多企业在确定战略、规划新业务的时候很少评估现有团队的能力，也很少先提升团队能力再实施高要求或者具有挑战性的新业务，结果员工能力不足导致了项目失败、目标无法达成。诸如此类，都是能力不足造成的问题。

（6）意愿不强。面对企业的问题，有的人袖手旁观，有的人视而不见，也有人觉得事不关己高高挂起，还有人总是喋喋不休地抱怨……以上这些都不是积极解决问题的态度。

全美最受尊崇的心理学家威廉·詹姆斯曾经说过：“我们的时代成就了一个伟

大的发现——人类可以通过改变自己的态度进而改变自己的人生。”企业也是如此，企业内部的所有人员都可以通过改变自己的态度和意愿提升企业的管理水平和经营能力，进而改变自己的人生。

2018年，中国国足又一次倒在了世界杯决赛圈的门槛边。当时的国足主帅里皮说如果让他早点接手，也许他就能带着国足跨入决赛圈。在里皮看来现在的国足从实力上来讲不能说是世界一流的球队，但也不至于踢到这么难看。什么原因呢？在我看来一个很重要的原因就是意愿，正如2001年带着国足打进韩日世界杯决赛圈的国足主帅米卢曾经说过的：态度决定一切。

（7）氛围不正。意愿是员工个体的态度，而氛围则是团队士气的集合。很多公司都笼罩着一层不求上进、互相推诿、各自为政、有成就就争夺功劳遇到问题就一走了之、各扫自家门前雪的“阴霾”，整个团队死气沉沉，集体抑郁，这是企业存在问题当中最严重，也是最可怕的。

4. 发现问题的七种方法

企业问题产生有七种可能，通过问题产生可能性分析，我们可以轻而易举找出企业的问题。同时企业的问题有很多种类型（战略性问题与战术性问题、发展型问题与维持型问题、管理问题与业务问题、例行性问题与例外性问题、系统性问题与职能性问题、紧急性问题与重要性问题、决策问题与执行问题、人的问题与事的问题等），也有很多种来源（客户、供应商、竞争对手、兄弟部门、下属、上司、自己等），不同的问题呈现方式也存在差异（已知的问题与未知的问题、显性的问题与隐性的问题、员工层面的问题与公司层面的问题等）。企业如何才能发现这些问题是很关键的。根据多年的工作经验，我们把企业发现问题的常用方法归结为以下七种，分别为问卷调查、绩效分析、资料查阅、结构化访谈、标杆分析、头脑风暴、现场观察（见表2-28）。

（1）问卷调查。问卷调查是最常见也是应用最广泛的发现问题的方法，员工满意度调查、员工敬业度调查、外部客户满意度调查、内部客户满意度调查、渠道满意度调查、管理成熟度调查、组织温度测评、培训需求调查等都是典型的问卷调查。

（2）绩效分析。企业可以通过KPI（基于战略的关键绩效指标）、KPIp（基于流程的关键绩效指标）、KPIo（基于职能的关键绩效指标）对战略绩效、流程绩效、职能绩效进行评价，进而发现企业存在的问题，还可以通过KCIa（基于态度的关键素质指标）、KCIs（基于能力的关键素质指标）、KBI（关键行为指标）对员工综合素质及行为标准进行评价，进而发现员工自身存在的问题。

（3）资料查阅。对企业现有资料、外部相关资料查阅和收集也是发现问题的重要渠道之一，通过对企业过去经营过程中积累的资料的查阅和收集，可以看到企业发展轨迹，同时对企业经营及管理也可以有一个全面的了解和认知。

（4）结构化访谈。结构化访谈是一种互动性和目的性都很强的发现问题的方法，通过访谈者对企业员工进行引导性的提问和交流，获取对诊断有帮助的直接和间接信息，进而发现企业存在的问题。

（5）标杆分析。常言道：榜样的力量是无穷的。通过与先进标杆的对比可以知道自身的差距在哪里，使企业少走弯路，缩短追赶先进的时间，减少企业的风险成本与管理成本。

（6）头脑风暴。头脑风暴法又称智力激励法、BS 法，1939 年由美国 BBDD 广告公司的经理亚历克斯·奥斯本发明，最初用在广告的创新上，1953 年总结成书。这是世界上最早用于实践的创造技法，此法经各国创造学研究者的实践和发展，至今已经形成了一个发明技法群，如奥斯本智力激励法、默写式智力激励法、卡片式智力激励法等。奥斯本发现传统的商业会议制约了新观点的生产，提出了帮助激发观点产生的规则；在找寻把自由赋予人们的思想和行动，以激发产生新观点的规则中，其逐渐变成“头脑风暴”而闻名于世。学习和掌握这一方法，不仅能培养员工的创造性，还能提高工作效率，塑造一个富有创造性的工作环境。

（7）现场观察。现场观察也是进行企业问题调查与分析的方法之一，通过工作（生活、生产）现场的观察，可以直接感受公司的文化氛围、员工士气、工作（生活、生产）环境、劳动保护、企业宣传等，同时在现场观察的过程中，也可以通过与员工交流，获取相关的有用信息。

表 2－28　不同问题发现方法对应

问题产生的7 种可能	发现问题的常见方法						
	问卷调查	绩效分析	资料查阅	结构化访谈	标杆分析	头脑风暴	现场观察
方向不明		√	√	√		√	
目标不清		√	√	√	√		
责任不清	√		√		√	√	
方法不对	√	√		√			√
能力不足	√	√		√			√
意愿不强	√	√		√			√
氛围不正	√	√					√

【案例2-12】 浙江智达汽车零部件科技有限公司2018年内部问题分析

智达科技2018年内部问题分析见表2-29。

表2-29 智达科技2018年内部问题分析

问题类别	问题描述	问题原因	问题分类
市场管理	品牌管理缺乏相关的指导文件及明确的年度策略	方法不对	系统紊乱
	年度参加展会的筛选、展会的成果评估及跟踪服务不足	目标不清	功能障碍
	对行业信息的了解与参与度不够	责任不清	功能障碍
产品研发	设计达不到要求，客户的要求无法满足	能力不足	营养不良
	产品前期规划不严谨，后期技术跟踪不到位	责任不清	营养不良
	产能规划、生产布局、设备选型等无法达到预计要求	能力不足	成长烦恼
	产品研发未成熟即转批产	方向不明	系统紊乱
	技术交流水平不足，资料提交达不到客户要求	能力不足	成长烦恼
生产制造	人均产值较低	方向不明	成长烦恼
	后道装配没有实现自动化	目标不清	成长烦恼
	一线专业技工人才的缺失	目标不清	营养不良
	奖惩不明确，员工积极性不高	意愿不强	成长烦恼
	产品加工定额不稳定	方法不对	成长烦恼
	辅助部门服务不到位，工艺技术质量问题解决不及时	责任不清	系统紊乱
客户服务	客户投诉不能从根本上进行解决	责任不清	系统紊乱
资源管理	人员技能不足，人员配置不合理	能力不足	成长烦恼
	设备选型、配置进度缓慢	责任不清	系统紊乱
	可供选择的优质供应商资源少	目标不清	系统紊乱
品质、工程	现场的质量问题重复再发生，不能从根本上杜绝	氛围不正	系统紊乱
	现场工艺问题不能及时处理	目标不清	系统紊乱

六、关键职位族员工适岗率评估

目标再清晰，流程再畅顺，组织分工再明确，离开人都是白搭。因为企业的任何事情都是需要人去执行的，因此，企业在进行内部经营环境评估的时候还需要对关键岗位员工的适岗率进行评估。30分水平的人只能达成30分的业绩水平，50分水平的人可能达成50分的业绩水平，80分水平的人可能达成80分的业绩水平，企业要想保证年度经营策略不折不扣地执行，必须持续不断地提升关键岗位员工的能力素质。联想CEO杨元庆曾说：“在经营企业的过程中，联想走过很多弯路，也做过很多错误的决策，但联想最大的优点就是团队成员可以对错误的决策不断加以修正，从而保证联想始终在正确的路上。”这就是团队的力量，大家试想一下，如果联想整个团队的适岗率很低，估计也很难对错误的决策不断加以修正。

关于关键岗位适岗率评估的问题，很多企业在制订年度经营计划时都是忽视的，殊不知关键岗位的适岗率犹如企业经营的地基，如果地基都不牢靠，年度经营计划肯定是没办法有效执行的。

根据我们的经验，企业在制订年度经营计划时必须对关键职位族（通常包括四类：管理职位族、营销职位族、研发职位族、供应链职位族）员工的适岗情况进行评估，以便发现存在的问题。

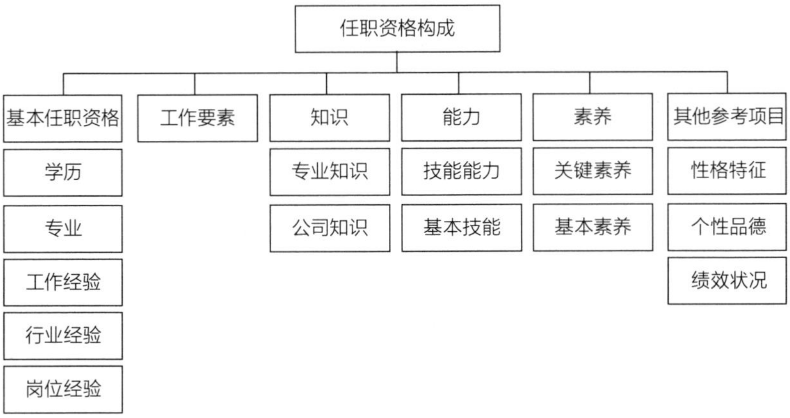

图 2－24　任职资格模型

如图 2－24 所示，我们看到任职资格一般由基本任职资格、工作要素、知识、能力、素养及其他参考项目构成。其中：基本任职资格包括学历、专业、工作经验、行业经验、岗位经验等对岗位任职者的基本要求；工作要素是任职者为了有效履行岗位职责而必须付诸实践的工作项目及标准；知识、能力和素养是对任职者必须掌握和具备的相关能力素质的定义。另外，对于某些特殊的岗位，在建立任职资格的时候，因为考虑到这些岗位的特殊性，需要识别和建立特殊要求项目，如性格特征、个性品德、绩效状况等。

如表 2－30 所示，我们看到不同职位族其任职标准也是不同的。

表 2－30　不同职位族任职标准

职位族	管理职位族	营销职位族	研发职位族	供应链职位族
基本任职资格	学历、专业、工作经验、行业经验、岗位经验	学历、专业、工作经验、行业经验、岗位经验	学历、专业、工作经验、行业经验、岗位经验	学历、专业、工作经验、行业经验、岗位经验

续表

职位族	管理职位族	营销职位族	研发职位族	供应链职位族
工作要素	管人（人才理念、人才选拔、团队管理）、管事（战略管理、目标管理、计划管理）、管组织（组织再造、组织优化、组织执行）	市场资源管理、销售管理、客户服务、公共关系、销售支持	研发信息管理、产品设计、产品试制、开发验证、上市管理、生命周期管理	供应商开发与认证、计划管理、制程控制、工艺管理、品质管理、仓储物流
知识	战略管理知识、人力资源管理知识、组织管理知识、产品知识、公司知识	营销知识、产品知识、公司知识	研发知识、产品知识、公司知识	供应链知识、产品知识、公司知识
能力	领导能力、决策能力、目标与计划管理能力、组织协调能力、过程监控能力、团队建设能力	信息收集、关系建立、资源整合、人际理解、产品开发支持	信息收集、技术创新能力、项目管理能力、市场支持能力、概念式思考、关注品质和程序	计划能力、程序控制能力、订单处理能力、现场问题解决
素养	战略思维、大局意识、创新意识、成就导向、结果导向、客户导向	客户导向、成就导向、自我控制、自信心	责任心、严谨性、客户导向、成就导向、团队合作、主动积极	责任心、客户导向、团队合作、结果导向

需要提醒的是，企业在做关键岗位适岗率评估的时候最常用的方法是180度评估法、360度评估法或者问卷测评法，根据我们的经验，这些方法都存在信度不高、效度很差的问题，企业要想对适岗率进行有效评估，按照任职资格进行测评是一种不错的方法。

结合图2－24我们知道，任职资格由基本任职资格、工作要素、知识、能力、素养及其他参考项目构成，不同构成内容的评估方式应该是不同的，如基本任职资格通过查阅档案就可以解决、工作要素则需要通过专家提问和工作写实的方式评估、知识项目可以通过考试的方式评估等（见表2－31）。

表2－31　任职资格认证内容及常用方法

任职资格项目	认证方法	认证机构
基本任职资格	档案资料查阅法	人力资源部
工作要素	提问法＋观察法＋举证法	任职资格认证领导小组
知识	考试法	人力资源部
能力	举证法、BEI、DISC	任职资格认证领导小组
素养	举证法、BEI、DISC	任职资格认证领导小组
性格特征	MBTI	任职资格认证领导小组

【案例 2 – 13】 浙江智达汽车零部件科技有限公司 2018 年管理职位族任职资格标准

相关内容见表 2 – 32 至表 2 – 37。

表 2 – 32　智达科技管理职位族职位发展通路

职级/职等																职位名称
一级				二级				三级				四级				
预备等	基础等	普通等	职业等	预备等	基础等	普通等	职业等	预备等	基础等	普通等	职业等	预备等	基础等	普通等	职业等	
																集团总裁、集团副总裁
																事业部总经理、集团中心总监
																部门（副）经理
																部门主管

表 2 – 33　智达科技管理职位族任职资格框架

一级维度	二级维度		等级划分			
			一级	二级	三级	四级
基本任职资格	学历		大专	本科	本科	本科
	专业		工商管理/岗位相近专业	工商管理/岗位相近专业	工商管理/岗位相近专业	工商管理/岗位相近专业
	工作经验		3 年	5 年	8 年	10 年
	行业经验		2 年	3 年	5 年	8 年
	管理工作经验		2 年	3 年	5 年	8 年
管理工作要素	管人	人才机制	—	—	部分	部分
		人才选拔	—	部分	√	—
		团队管理	部分	√	部分	—
	管事	战略管理	—	部分	部分	部分
		目标管理	部分	√	√	—
		任务管理	√	√	√	—
	管组织	组织再造	—	部分	部分	部分
		组织优化	部分	部分	部分	—
		组织执行	√	√	√	—
管理知识	战略管理知识		√	√	√	√
	人力资源管理知识		√	√	√	√
	组织管理知识		√	√	√	√

续表

一级维度	二级维度	等级划分			
		一级	二级	三级	四级
管理能力	领导能力	—	C 级	B 级	A 级
	决策能力	—	C 级	B 级	A 级
	目标与计划管理能力	C 级	B 级	A 级	A 级
	组织协调能力	D 级	C 级	B 级	A 级
	过程监控能力	C 级	B 级	A 级	A 级
	团队建设能力	D 级	C 级	B 级	A 级
管理素养	战略思维	D 级	C 级	B 级	A 级
	大局意识	C 级	B 级	A 级	A 级
	创新意识	C 级	C 级	B 级	A 级
	成就导向	D 级	C 级	B 级	A 级
	结果导向	D 级	C 级	B 级	A 级
	客户导向	C 级	B 级	B 级	A 级

表 2－34　智达科技管理职位族工作要素定义与识别

工作单元			工作要素定义	一级	二级	三级	四级
1. 管人	1.1 人才机制	1.1.1 人力资源规划	1.1.1.1 明确公司人力资源管理理念				√
			1.1.1.2 完善公司人力资源规划（包括数量规划、结构规划、成本规划、效率规划、成长规划）			√	√
		1.1.2 人力资源管理机制	1.1.2.1 组织建立完善的人才“选、用、育、留”机制			√	√
			1.1.2.2 识别公司关键岗位和核心员工，并为其实施职业生涯规划			√	
	1.2 人才选拔	1.2.1 人才培养	1.2.1.1 根据员工个人爱好及特长，有针对性地对其进行培养		√	√	
			1.2.1.2 为员工提供相关的培训项目，测评培训效果，并跟踪培训成果转化状况		√	√	
		1.2.2 人才选拔	1.2.2.1 通过绩效评价、年度素质评价等手段，客观、公正地评价员工			√	
			1.2.2.2 根据业绩及素质评价结果，提供员工异动方案并组织实施			√	
	1.3 团队管理	1.3.1 团队成员管理	1.3.1.1 根据需要组建团队		√	√	
			1.3.1.2 团队成员的日常管理	√	√		
		1.3.2 团队绩效促进	1.3.2.1 团队分工与激励	√	√	√	
			1.3.2.2 团队绩效提升的促进	√	√	√	

续表

工作单元			工作要素定义	一级	二级	三级	四级
2. 管事	2.1 战略管理	2.1.1 战略分析	2.1.1.1 战略信息及收集渠道规划		√		
			2.1.1.2 战略信息收集、整理与分析，并提交战略分析报告		√		
		2.1.2 战略规划	2.1.2.1 确定公司使命、愿景和中长期战略目标			√	√
			2.1.2.2 根据内外部状况，确定公司业务战略（产业、产品、市场、客户战略）			√	√
			2.1.2.3 所辖领域职能战略的制定和实施监控		√	√	
		2.1.3 战略实施与监控	2.1.3.1 公司战略实施平台构建与维护		√	√	
			2.1.3.2 公司核心能力构建与培植			√	√
			2.1.3.3 根据实际和发展战略，制定公司年度经营计划			√	√
	2.2 目标管理	2.2.1 年度目标确定	2.2.1.1 根据公司年度经营计划，确定相关目标		√		
		2.2.2 目标分解	2.2.2.1 对确定的目标进行分解（按月、按岗位）		√		
		2.2.3 目标达成计划	2.2.3.1 根据目标，编制目标达成计划，并保证实施	√	√		
			2.2.3.2 及时跟踪目标达成状况，根据实际调整相关实施计划	√	√		
	2.3 任务管理	2.3.1 任务实施	2.3.1.1 根据工作计划，分派工作任务	√	√	√	
			2.3.1.2 对所辖工作进行检查和指导	√	√	√	
3. 管组织	3.1 组织再造	3.1.1 组织重组与再造	3.1.1.1 懂得组织运作原理和组织设计原则，根据战略调整进行组织重组			√	√
			3.1.1.2 精于组织职责划分与人员配置			√	√
			3.1.1.3 根据组织需要，合理规划业务流程、管理流程，保证组织运作效率			√	√
			3.1.1.4 配置合理的资源，使组织运作更高效			√	√
		3.1.2 组织文化塑造	3.1.2.1 明确组织文化的内涵及定位			√	√
			3.1.2.2 组织文化的培育及宣导		√		
	3.2 组织优化	3.2.1 组织及流程优化	3.2.1.1 根据需要，对现有组织分工及人员配置进行调整		√	√	
			3.2.1.2 调整业务流程/管理流程，使组织效率更高、工作关系更协调		√	√	
		3.2.2 组织协调	3.2.2.1 部门间工作关系的建立和维护	√	√		
			3.2.2.2 公司业务关系的建立与维系				

续表

工作单元			工作要素定义	一级	二级	三级	四级
3. 管组织	3.3 组织执行	3.3.1 流程/制度执行	3.3.1.1 根据公司既定的流程，组织团队成员严格执行	√	√	√	
			3.3.1.2 对流程/制度实施状况进行监控	√	√	√	
		3.3.2 组织分工	3.3.2.1 清晰组织分工及工作职责	√	√	√	
			3.3.2.2 掌握部门职能、岗位说明书描述方法，对岗位说明书进行动态维护	√	√	√	

表2-35 智达科技管理职位族管理知识提纲与识别

管理知识项目		管理知识提纲	一级	二级	三级	四级
1. 战略管理知识	1.1 企业发展战略	1.1.1 企业发展战略的组成（使命、愿景、战略目标、业务战略、职能战略） 1.1.2 企业发展战略规划 1.1.3 企业发展战略实施与监控 1.1.4 年度经营计划的构成与编制 1.1.5 战略规划基本工具（PEST、SWOT、生命周期理论、波特五力分析、价值链模型、波士顿矩阵）	√	√	√	√
	1.2 目标绩效管理	1.2.1 目标绩效管理体系的构成（指标体系、绩效管理架构、绩效管理手册、绩效管理软环境） 1.2.2 高绩效管理五步法（战略地图、绩效指标分解与定义、绩效计划与绩效辅导、绩效考核、绩效激励与绩效改进） 1.2.3 绩效目标的确定与分解 1.2.4 绩效考核表编制 1.2.5 目标绩效管理基本工具（平衡计分卡、冰山素质模型）	√	√	√	√
	1.3 工作计划管理	1.3.1 工作计划编制技巧 1.3.2 工作计划实施技巧 1.3.3 工作计划管理基本工具（网络图、鱼骨图、SMART原则）	√	√	√	√
2. 人力资源管理知识	2.1 薪酬福利管理	2.1.1 薪酬的基本概念 2.1.2 薪酬体系设计核心步骤（职位描述、岗位价值评估、薪酬调查与薪酬水平设计、员工能力评价与薪酬定位、多元化薪酬结构设计、不同职位的薪酬激励设计、薪酬套算、薪酬体系实施） 2.1.3 影响薪酬水平的内外因素（内部因素、员工个人因素、外部因素） 2.1.4 薪酬体系设计基本原则	√	√	√	√

续表

管理知识项目		管理知识提纲	一级	二级	三级	四级
2. 人力资源管理知识	2.2 员工职业生涯管理	2.2.1 职位族划分及职位发展矩阵设计 2.2.2 员工职业生涯规划辅导 2.2.3 员工职业生涯规划实施	√	√	√	√
	2.3 招聘管理	2.3.1 招聘流程 2.3.2 招聘面试技巧（结构化面试、考试） 2.3.3 试用期员工管理	√	√	√	√
	2.4 培训管理	2.4.1 “3+1”培训体系建立（培训课程体系、培训讲师队伍、培训管理机制和年度培训计划） 2.4.2 基于任职资格体系的员工培训课程体系设计 2.4.3 内部培训讲师队伍建设与管理 2.4.4 培训管理机制建立（培训计划确定、培训满意度管理、培训费用控制、培训效果评价、培训结果转化机制）	√	√	√	√
	2.5 员工激励	2.5.1 尊重激励法、赞美激励法、荣誉激励法、情感激励法、沟通激励法、末位淘汰法、晋升激励法、榜样激励法、目标激励法、授权激励法	√	√	√	√
3. 组织管理知识	3.1 组织管理	3.1.1 组织设计原则（战略实现原则、责权对等原则、与员工素质匹配原则、组织扁平化原则、分工与协作原则、权力下移原则、不设或少设副职原则、分工专业化原则、平衡原则） 3.1.2 组织基本概念（组织、管理幅度、管理层次、分权与集权） 3.1.3 组织形式（直线式、职能式、矩阵式、公司式、事业部式、混合式等） 3.1.4 部门使命、部门职能描述	√	√	√	√
	3.2 职位管理	3.2.1 岗位说明的构成（基本信息、岗位使命、岗位职责、任职资格） 3.2.2 工作饱和度分析与岗位编制	√	√	√	√
	3.3 流程优化与再造	3.3.1 流程的基本概念（流程、流程的三个层次、流程的三种类型） 3.3.2 流程优化方法（信息化、剔除非增值环节、资源重新配置、组织重新设计等） 3.3.3 流程描述方法	√	√	√	√
	3.4 会议管理	3.4.1 会议种类 3.4.2 会议支持及会议决策效率提升	√	√	√	√
	3.5 企业文化	3.5.1 企业文化的组成（四个层次、四个维度） 3.5.2 企业文化塑造与传播	√	√	√	√

表2-36 智达科技管理职位族管理能力定义与分级描述

管理能力项目	管理能力定义	分级描述			
		D级	C级	B级	A级
1. 领导能力	为了保障工作顺利完成，根据工作的需要，合理授予下属权力的能力	了解分配工作与权力的方法，能够指导被授权员工进行工作	能够顺利分配工作与权力，有效传授工作知识，帮助被授权员工完成任务	善于分配工作与权力，并能积极传授工作知识，引导被授权员工完成任务，并能够提前防范授权的风险	对分配工作与权力做到收放自如，被授权员工可以独立完成工作任务，做好授权风险防范和应对措施，对授权环节能进行充分而准确的评估，形成可操作的授权手册
2. 决策能力	制定策略、办法，在适当的时机从多方案中选择最佳方案的能力	能够在上级的指导或协助下，做出相关的决策	能够对下属提出的一般性建议进行决策或能向上级提供一般性合理的决策建议，能考虑决策所需要重要因素	能够对下属提出的重要建议进行决策或能向上级提供重要的合理决策建议，并能对影响决策因素进行全面分析，决策较为准确	能够在复杂的情况下对全局性的工作做出决策，决策准确
3. 目标与计划管理能力	运用各种手段与方法，对工作目标进行分解并制订出有效的工作计划，确保工作目标有效实现的能力	能够编制短期（月度、季度）工作计划与目标，能将工作计划及目标与下属的工作职责相结合，明确任务要求和衡量标准，指导下属工作	能够根据公司的年度计划，独立制订所负责的团队或某一模块的短期（月度、季度）工作目标与工作计划；能够有效地利用目标与工作计划，进行工作的管理，并能够对工作目标与计划中存在的问题进行及时的总结、评价及分析改进	能够独立制订所负责的团队或者所管辖领域的工作目标与计划，并能对目标进行有效分解；能够应对目标与计划实施过程中存在的潜在的风险与障碍，并能制定相应的应对措施	能够组织制订所负责的多个团队或所管辖领域年度工作目标与计划，能够将多个团队目标进行有效分解；能够深入分析目标实施过程中存在的潜在风险与关键障碍，并能组织建立合理的应对策略
4. 组织协调能力	组织并协调内外部各种资源，按照一定的目的、任务和形式加以安排，使各种资源能有系统或构成整体的能力	工作中能够进行基本的人员组织和任务分配，能协调基本的工作关系，完成任务	工作中能顺利地进行人员组织、任务分配和工作关系的协调，顺利完成任务	能够根据成员的特长合理组织人员、分配工作，充分调动组织成员的积极性，圆满完成任务	善于协调工作相关的各方关系，组织跨部门的团队，解决疑难问题，并能够组织和完成公司重大任务

续表

管理能力项目	管理能力定义	分级描述			
		D 级	C 级	B 级	A 级
5. 过程监控能力	有效监督与控制工作过程朝着正确的方面进行，确保组织目标及时、高效完成的能力	清楚地分配具体的工作项目、任务和职责范围，了解完成该项工作过程所需监控的关键环节	能根据个人的技能、角色和兴趣等分配工作任务，预先判断关键环节可能出现的问题，能够掌握工作进展情况并及时提供必要的咨询和回馈	能在恰当的时候给予员工或团队辅导，并能够灵活调整员工或团队的工作任务和进度，以应付工作重点的转变	能够从全局上把握工作进展情况，通过多种形式或管理体系来监控各方面的工作质量，能够预见并制定出工作重点发生转变时所应该采取的关键策略，并重新配置和协调各种资源以保证完成工作任务
6. 团队建设能力	协调团队成员的内部关系、调动其积极性，激发其工作热情，增强团队的向心力和凝聚力，确保完成团队任务的能力	能够针对下属存在的问题提出相应的建议，组织领域内一个方面的团队，协调内部关系，完成工作任务	能够给予下属基本的工作指导，为下属提供的相关信息、工具、建议等，通过团队成员能力的提升，组织领域内一个方面的团队完成较复杂的团队工作任务	能够有计划地给予下属包含工作实践或理论基础在内的系统指导，或为下属提供额外的信息、工具、建议等，通过团队成员能力的不断提升，完成较复杂的团队工作任务	能运用全局性的资源，为下属创造合适的发展空间，并充当下属的职业生涯发展的“导师”，充分发挥团队优势，运用分级管理授权，使团队能够高效自主运作，完成全局性工作任务

表 2－37　智达科技管理职位族管理素养定义与分级描述

管理素养项目	管理素养定义	分级描述			
		D 级	C 级	B 级	A 级
1. 战略思维	深刻理解组织的发展战略，能根据部门的实际情况将公司战略落到实处，并采取相应的措施保障战略的实现	(1) 关心部门或公司整体情况和发展目标，并对此有一定的了解； (2) 熟悉部门工作职责和工作流程，能够思考自身工作的目标和价值	(1) 关心公司整体经营战略，对公司整体发展情况比较了解； (2) 能够根据公司整体发展情况和要求，不断调整自己的工作思路和方法	(1) 对公司发展目标有清楚、深刻的认识，能够较好地理解公司未来的发展战略； (2) 能从全局的角度思考问题，对工作有较好的宏观把握和整体规划	(1) 能结合行业发展，主持制订公司未来的发展规划； (2) 具有战略眼光，对公司未来业务发展提出具有建设性的建议

续表

管理素养项目	管理素养定义	分级描述			
		D 级	C 级	B 级	A 级
2. 大局意识	能够站在公司的角度来考虑整体问题与平衡整体利益的意识	能站在部门（事业部）整体的角度思考问题，并能够做到个人利益服务集体利益，短期利益服从长期利益	能够站在公司的角度来完成公司对部门（事业部）的使命要求，同时能够兼顾公司的整体利益与长期发展需求	能够站在公司的角度来完成部门（事业部）的使命要求，同时能够兼顾公司的整体利益与长期发展需求	能够全面考虑部门（事业部）的整体发展需求，同时能够兼顾公司的长期利益与发展需求
3. 创新意识	关注身边的新技术、新方法和新事物，挑战传统的工作方式，推陈出新，在服务、技术、产品和管理等方面追求卓越，进行突破性创新的行为特征	当面对新挑战时，通常利用以往经验，或者参照系统内部的观点进行推断	（1）主动关注身边发生的新技术和新方法，与现有事物进行比较，发现其中的差异所在； （2）思考新技术或新问题对自己工作可能产生的影响	（1）尝试新的事物，而且通过自己的判断进行合理使用，降低风险； （2）改进现有的方案，找到更好、更有效的工作方式或产品	（1）形成和运用新的概念，创造出全新的工作方法、产品或服务模式； （2）敢于为制定新政策、采取新措施或尝试新方法承担风险
4. 成就导向	是指个人具有成功完成任务或在工作中追求卓越的愿望，把事情做得更好的企图和行为	（1）在一定程度上有把事情做得更好的主观愿望； （2）基本上按照约定俗成的标准做事情	（1）为成功设置了比较明确的目标； （2）按照自己设定的标准和要求开展各项工作； （3）采取的行动不易受外界的干扰	（1）有力争上游的精神，给自己设定具有挑战性的工作目标； （2）为达到目标而采取系统性、综合性的行动； （3）持续不断地努力工作、学习，长期坚持	（1）奋斗目标明确且矢志不渝，坚韧性强，不惧挫折、失败； （2）不断设置新的、更高的目标，能自我激励实现个人价值； （3）为追求卓越，愿意暂时或部分牺牲个人的利益
5. 结果导向	目标明确，能够站在结果的角度思考问题，并养成一种思维习惯	能够意识到承诺的工作只有最终结果才是衡量成效的标准，而不是过程的难度和没功劳、有苦劳	会逆向思维，能够从想要达成的目标去寻找工作方法和思路，制定相应的措施	能够为了达成目标灵活采取各种有效措施和可以整合的资源，不放弃任何一丝可能的机会	做什么工作都要先考虑希望实现什么样的结果，为了这个结果而寻求资源并对资源进行规划，所有的工作和规划都是为了实现目标而做的

续表

管理素养项目	管理素养定义	分级描述			
		D级	C级	B级	A级
6. 客户导向	具有主动帮助和服务客户、尽力满足客户需求的愿望，全力将努力的焦点放在发掘和满足客户的需要上，这里的客户既包括外部客户，也包括内部客户	根据规章制度和工作指令为客户提供的必要服务项目和内容，基本满足客户的需求或愿望	与客户保持沟通，追随客户的需要与咨询，能够迅速解决客户所提出的问题，对客户表现出有责任感	（1）充分了解客户业务范围，以此了解客户现实的与潜在的需要，有针对性地提供与之相应的产品与服务；（2）能换位思考，全面考虑，解决他人的问题	（1）主动参与客户的决策过程，针对客户的工作提供专业建议，保证客户取得最佳利益；（2）把客户服务作为一种价值取向来要求自己，并成为一种职业习惯和行为

【案例2－14】　浙江智达汽车零部件科技有限公司2018年管理职位族、营销职位族、研发职位族及供应链职位族适岗率综合评估

提示说明：企业每年需要结合岗位任职资格标准对每位任职者进行适岗率评估，以便帮助任职者发现自身素质“短板”，同时也可以作为企业确定年度经营策略的重要输入，在本案例中我们展示的是对智达科技管理职位族、营销职位族、研发职位族及供应链职位族的整体评估结果，它是每个个体评估结果的综合。

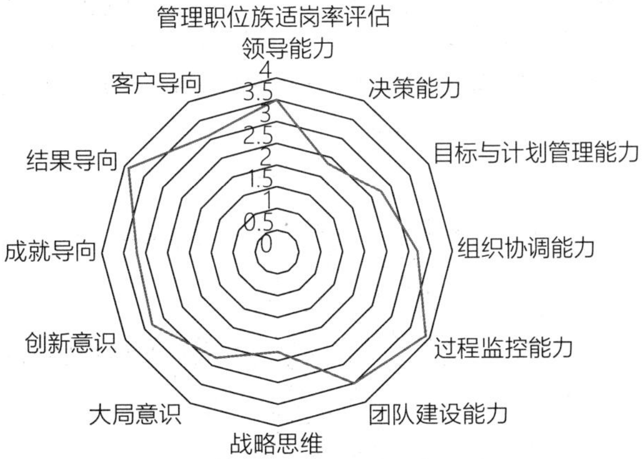

能力项						素养项					
领导能力	决策能力	目标与计划管理能力	组织协调能力	过程监控能力	团队建设能力	战略思维	大局意识	创新意识	成就导向	结果导向	客户导向
3.5	2.34	2.75	3.2	3.9	3.5	2.3	2.8	3.3	3.2	3.9	3.1

图2－25　智达科技2018年管理职位族适岗率综合评估

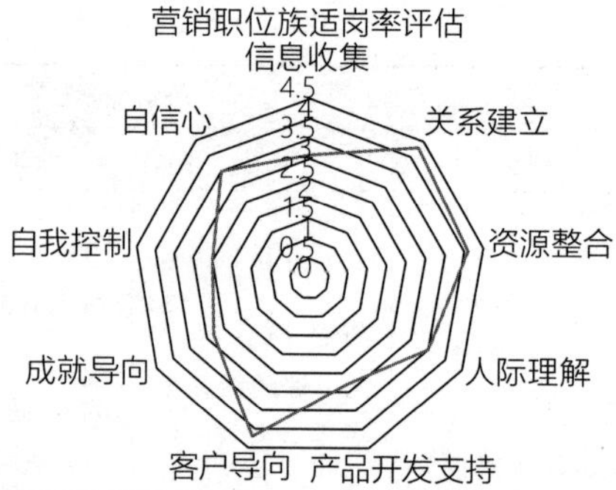

能力项					素养项			
信息收集	关系建立	资源整合	人际理解	产品开发支持	客户导向	成就导向	自我控制	自信心
3.1	4.3	4.1	3.5	2.8	4.2	2.8	2.5	3.5

图 2－26　智达科技 2018 年营销职位族适岗率综合评估

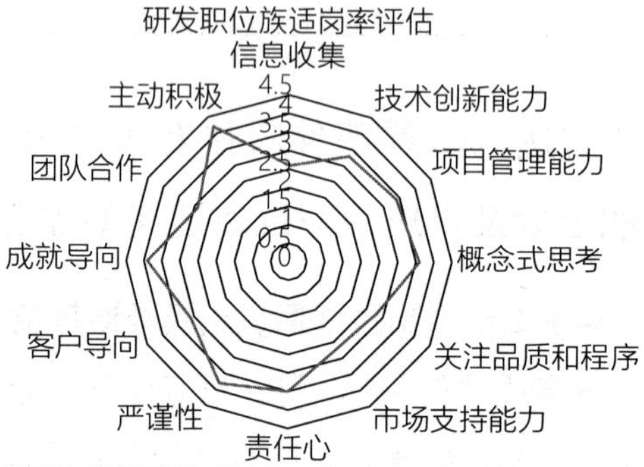

能力项						素养项					
信息收集	技术创新能力	项目管理能力	概念式思考	关注品质和程序	市场支持能力	责任心	严谨性	客户导向	成就导向	团队合作	主动积极
2.6	3.3	3.4	3.6	2.8	2.7	3.5	3.8	3.1	3.9	2.9	4.2

图 2－27　智达科技 2018 年研发职位族适岗率综合评估

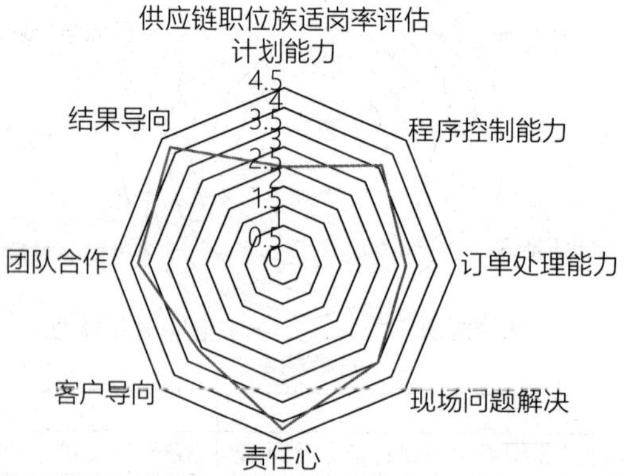

能力项				素养项			
计划能力	程序控制能力	订单处理能力	现场问题解决	责任心	客户导向	团队合作	结果导向
2.5	3.6	3.2	3.5	4.2	3.1	3.8	4.2

图 2－28　智达科技 2018 年供应链职位族适岗率综合评估

由图 2－25 至图 2－28 可以看出，战略思维、决策能力是管理职位族的短板，自我控制、成就导向、产品开发支持是营销职位族的短板，信息收集、市场支持能力、关注品质和程序、团队合作是研发职位族的短板，计划能力是供应链职位族的短板。

七、内部利益相关者分析

与外部利益相关者分析一样，企业在进行内部经营环境分析的时候，也需要对内部利益相关者进行分类，并对内部利益相关者核心利益诉求及满足状况加以分析，以便发现存在的问题。

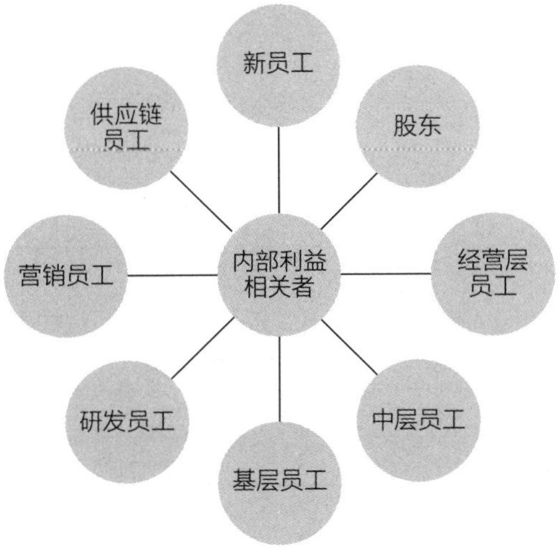

图 2－29　企业内部利益相关者（示意）

企业内部利益相关者有很多不同的分类标准，按照职位高低可以分为高层员工、中层员工、基层员工，按照职位族不同可以分为管理人员、研发人员、营销人员、供应链人员、财务人员、辅助类员工，按照入司期限还可以分为老员工、新员工（见图 2－29）。不同类型的员工，其利益诉求会存在很大的差异，如营销人员因为职位淘汰率高的特性，员工可能需要被关注和较高的收入，而新员工会比较关注成长与发展、学习的机会。

与外部利益相关者分析一样，我们也可以将内部利益相关者分为 A 区、B 区、C 区、D 区四个区域（见表 2－6），很明显公司股东是属于 D 区的利益相关者，同时对于研发型公司研发人员也可能是 D 区的利益相关者，而对于销售型公司销售人员可能就是 D 区的利益相关者。

当然，企业也可以按照图 2－7 把内部利益相关者按照九宫格进行分析。

【案例 2－15】 浙江智达汽车零部件科技有限公司 2018 年内部利益相关者分析

表 2－38 智达科技轴承事业部 2018 年主要内部利益相关者分析

主要内部利益相关者	核心诉求	核心诉求满足状况	利益相关者所属区域	利益诉求满足标准得分	差额（标准－实际）	满足策略
股东	稳健经营	3.5 分	D1 区	>4.5 分	1.0	略
	投资回报	4.0 分			0.5	略
高层	价值体现	3.5 分	D3 区	>4.0 分	0.5	略
	长期激励	4.0 分			0	略
中层	职位发展	3.5 分	E 区	>3.5 分	0	略
	物质回报	4.0 分			－0.5	略
研发人员	物质回报	4.0 分	E 区	>3.5 分	－0.5	略
	职位发展	3.5 分			0	略
营销人员	个人成就	3.0 分	E 区	>3.5 分	0.5	略
	物质回报	3.0 分			0.5	略
生产人员	物质回报	3.5 分	A3 区	>3.0 分	－0.5	略
	职位发展	3.0 分			0	略
新员工	学习机会	2.5 分	A2 区	>3.0 分	0.5	略

由表 2－38 可知，对于智达科技而言，内部利益相关者中股东、高层、营销人员利益诉求没有得到满足，属于内部劣势，而中层、研发人员及生产人员的利益诉求得到了最大化满足，属于内部优势。

八、内部优势与劣势识别

通过内部价值环及业务蓝图现状分析、公司级 KPI 检讨、年度财务决算与财务状况评价、经营“三度”测量、管理现状评价、关键职位族员工适岗率评估、内部利益相关者分析等多个维度的系统梳理和评估，我们用管理显微镜对企业内部经营环境有了更加清晰的认知，那么根据分析结果，如何才能识别企业究竟有哪些优势和劣势呢？综合前面一系列分析，我们把内部优势、劣势识别的基本方法归结如下：

（1）内部价值环及业务蓝图现状分析时，但凡存在红牌或者黄牌的地方都属于企业内部劣势，而绿牌则属于企业优势。

（2）公司级 KPI 检讨时，肯定会有一些 KPI 达成状况非常理想，也会有一些

KPI 达成状况非常糟糕，对于达成状况非常理想的 KPI 可能就是企业的优势，否则可能就是企业的劣势。

（3）企业可以通过年度财务决算与财务状况评价发现盈利能力、偿债能力、运营能力以及资产周转、单品盈利能力等方面存在的问题，这些问题可能就是企业的劣势。

（4）通过经营“三度”（管理成熟度、员工满意度、客户满意度）对管理现状评估时都会发现一些得分非常低的项目，这些项目很有可能是企业的劣势。

（5）管理现状评价是通过发现企业存在的问题进而认清企业内部的优劣势。

（6）企业通过对关键职位族员工适岗率进行评估，一定可以发现在某些岗位员工的任职条件表现是很好的，这些方面就是企业的优势，在制订年度经营计划时要加以利用，同时某些任职条件表现会很差，这些条件就是企业存在的劣势。

（7）用利益相关者矩阵进行内部利益相关者分析时，我们也发现有些企业处于 D 区的利益相关者，其利益诉求满足状况本应该得分为 4 分，但实际得分却只有 1 分、2 分，这种利益相关者对于企业而言一定是巨大的劣势；同理，如果 D 区的利益相关者得分为 4 分甚至更高，这种内部利益相关者可能就是企业很大的优势。

根据我们的经验，企业在进行内部经营环境分析时，少则可能会发现 30 ~ 50 个问题，多则会发现上百个问题甚至更多，那么企业如何从这些问题中识别什么才是企业的劣势呢？

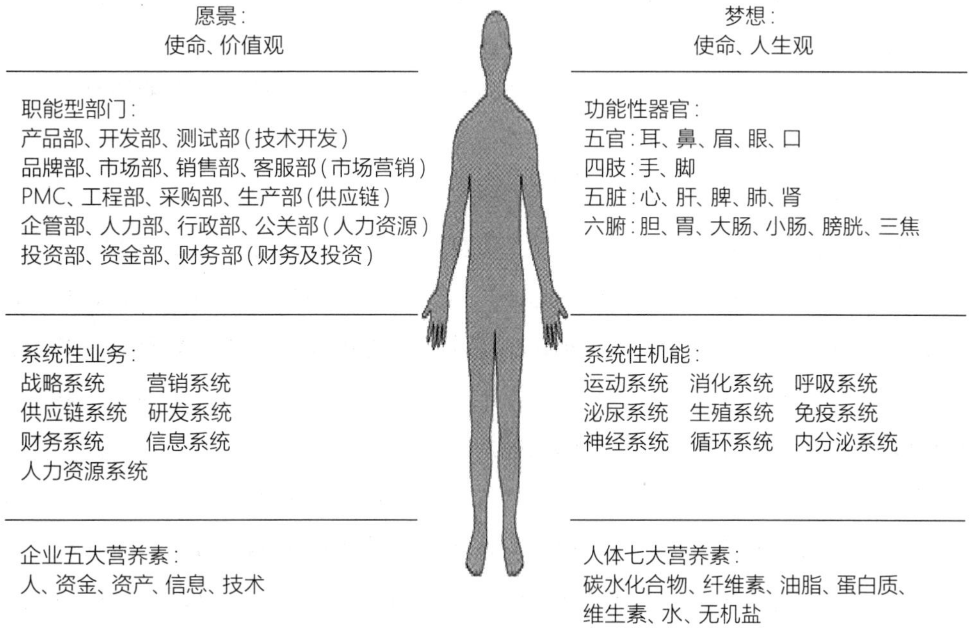

图 2－30　企业劣势分析

如图2-30所示，对一个人而言，他必须有正确的世界观、价值观和人生观，同时一个人还承载了种族延续、家族传承、事业发展的人生使命。另外，人体还有五官（耳、鼻、眉、眼、口）、四肢（手、脚）、五脏（心、肝、脾、肺、肾）、六腑（胆、胃、大肠、小肠、三焦、膀胱）等功能性器官，还必须具备运动系统、消化系统、呼吸系统、泌尿系统、生殖系统、免疫系统、神经系统、循环系统、内分泌系统九大系统。此外，为了维系生命，人体还需要碳水化合物、纤维素、油脂、蛋白质、维生素、水、无机盐七种营养素，且这些营养素缺一不可。

我们经常讲企业如人、人如企业。只要我们把人体的构造和运作原理搞清楚了，再看看企业的话就不会显得那么复杂了。

对人而言，一个人需要有强烈的使命感，必须对未来充满梦想和追求，同时具有正确的价值观，企业也一样，任何一家企业也都必须有明确的使命、愿景和价值理念。

另外，人体需要具备五官四肢、五脏六腑等功能性器官，与之相对的是企业需要设置技术开发、市场营销、供应链等若干个业务部门，以及人力资源、财务管理等若干个职能部门，不同部门扮演不同的角色，它们相互协同、共同发展。

对于人体而言，不同的功能性器官会共同组成九大系统性机能，有些系统负责食物的消化，有些系统负责呼吸，有些系统负责内分泌，有些系统负责人体免疫等。企业也一样，有些系统负责市场调研、客户挖掘、产品定义并将新产品开发出来，有些系统负责将公司产品和服务卖给客户，还有些系统则需要将开发的产品实现量产并按照客户订单要求保质保量、按时完成客户需求。

此外，人体正常生存还需要七大营养素，就如企业运作还需要人、资金、资产、信息、技术五大营养素一样。营养缺乏、营养不良都会使企业发展出现问题。

我们假设一下，如果一个人出问题了，最严重的问题是什么呢？毋庸置疑，那肯定是系统性机能出现的问题，其次是功能性器官的问题，再次是缺乏营养的问题。一样的道理，对于一家企业而言，最严重的问题也肯定是系统紊乱的问题，其次是功能障碍的问题，再次是营养不良的问题。

根据前面的分析，再结合企业生命周期理论，我们按照问题的严重程度将企业存在的问题分为系统紊乱、功能障碍、营养不良、成长烦恼四个等级，企业在分析问题之前，需要按照这四个等级对问题进行定性分析（见表2-39）。其中系统紊乱、功能障碍、营养不良三类问题大家很好理解，关于成长烦恼，我们是这样理解的，就如人需要经历青春叛逆期、择业迷茫期、中年危机期、更年期、死亡恐惧期等正常的生理现象一样，企业从初创期开始，必须经历成长期、成熟期、衰退期等阶段。伴随着企业不断发展壮大，不同发展阶段的企业会存在本阶段正常遇到的问题，如初创期的企业会面临业务选择困难、内部运作混乱等问题，企业在成长期会发现人员储备不足、流程缺失等问题，成熟期又会面临员工创业激情下降、管理费用过高、缺乏创新、官僚作风凸显等问题，而衰退期的企业又会面临盈利能力下降、企业文化分裂、团队稳定性降低等问题，我们把这些问题都归结为成长烦恼，因为这些问题是伴随着企业的成长壮大应运而生的。

表 2－39　企业问题定性分析

问题类型	严重程度	问题紧急程度	问题解决层面
系统紊乱	严重	非常紧急	公司层面
功能障碍	较严重	一般紧急	部门层面
营养不良	较严重	一般紧急	公司层面
成长烦恼	正常	不紧急	未来解决

【案例 2－16】 浙江智达汽车零部件科技有限公司 2018 年内部优势、劣势分析

综合【案例 2－5】至【案例 2－15】，我们通过对智达科技内部经营环境的系统分析，便可非常简单、直观地发现该企业 2018 年内部优势、劣势。

表 2－40　智达科技轴承事业部 2018 年主要内部优势、劣势识别

序号	优势（strengths）	序号	劣势（weakness）
S1	优质的客户资源（公司级 KPI 分析）	W1	新产品开发能力弱（管理现状评价）
S2	公司品牌优势（经营“三度”测量）	W2	品质稳定性差（经营“三度”测量）
S3	资金充足（杜邦财务分析）	W3	核心技术掌握能力不足（关键职位族员工适岗率评估）
S4	售后服务的优势（价值环及业务蓝图现状分析）	W4	销售商机转化率低（管理现状评价）
S5	产品性价比优势（公司级 KPI 检讨）	W5	供应链计划能力弱（关键职位族员工适岗率评估）
		W6	营销人员激励不足（内部利益相关者分析）
		W7	员工激励体系（奖惩管理、专项激励）不完善（经营“三度”测量）

表2-41 智达科技汽车零部件事业部2018年主要内部优势、劣势识别

序号	优势（strengths）	序号	劣势（weakness）
S1	资金充足（杜邦财务分析）	W1	产品开发管理薄弱（管理现状评价）
S2	优质的客户资源（公司级KPI分析）	W2	现场的质量问题重复再发生，不能从根本上杜绝（经营“三度”测量）
S3	产品性价比高（公司级KPI检讨）	W3	自动化效率低，设备精度差且不稳定造成全检项目较多（经营“三度”测量）
S4	重视研发人员发展，激励措施到位（内部利益相关者分析）	W4	供应商较难通过客户审核，可供选择的优质供应商资源少（经营“三度”测量）
		W5	供应链计划能力弱（关键职位族员工适岗率评估）
		W6	营销人员激励不足（内部利益相关者分析）
		W7	员工激励体系（奖惩管理、专项激励）不完善（经营“三度”测量）

由表2-40、表2-41可以看出，该企业内部的优势、劣势有的来自内部利益相关者分析，有的来自经营“三度”测量，还有的来自公司级KPI分析，总而言之，企业必须全面细致地对内部经营环境进行分析，并在此基础上得出自身的优势、劣势。

The Annual Business Plan Formulation and Management | 第三节

经营三棱镜：企业年度经营环境综合分析

通过前文对企业外部经营环境、内部经营环境的分析，我们可以清楚地看到，在特定的经营年度企业所面临的市场机会（opportunity）与威胁（threats），以及内部的优势（strengths）与劣势（weakness），那么如何才能发挥优势抓住机会、规避威胁，同时取长补短、化解劣势，形成可以实施的SO、WO、ST、WT策略，这是企业在制订年度经营计划时需要考虑的重中之重。

我们把企业根据内外部环境分析的结果，然后利用SWOT进行分析的过程称为“经营三棱镜”（见图2-31）。大家都知道，白光是由各种单色光组成的复色光，平常我们很难感受得到。1666年，英国物理学家牛顿做了一个非常著名的试验，他用三棱镜将太阳白光分解为红、橙、黄、绿、蓝、靛、紫的七色色带，由此我们明白了彩虹为什么是七色的，因为彩虹就是许许多多小水滴折射太阳白光而形成的。

图2-31　经营三棱镜

同理，企业在进行年度经营环境分析时，我们可以看到外部的机会与威胁，也可以看到自身的优势和劣势，但这只是表面现象，就如我们只是看到了太阳白光，而白光的后面是由七色组成一样，企业要想真正看到问题的本质，就必须借助SWOT这个“三棱镜”加以折射。

企业在进行SWOT矩阵分析的时候，主要包括以下八个步骤。

（1）根据外部经营环境分析结果列出企业的关键外部机会。常见的企业外部机会有：服务独特的客户群体、新的地理区域的扩张、产品组合的扩张、核心技能向产品组合转化、垂直整合的战略形势、分享竞争对手的市场资源、竞争对手的支持、战略联盟与并购带来的超额覆盖、新技术开发道路、品牌形象拓展的道路等。

（2）根据外部经营环境分析结果列出企业的关键外部威胁。常见的企业外部威胁有：强势竞争者进入、替代品引起销售下降、市场增长减缓、交换率和贸易政策的不利转换、由新规则引起的成本增加、商业周期的影响、客户和供应商的杠杆作用加强、消费者购买需求下降、人口与环境变化等。

（3）根据内部经营环境分析结果列出企业的关键内部优势。常见的企业内部优势有：清晰的战略定位、有利的金融环境、有利的品牌形象和美誉、被广泛认可的市场领导地位、专利技术、成本优势、品牌优势、强势广告、产品创新技能、优质客户服务、优秀产品质量、战略联盟与并购等。

（4）根据内部经营环境分析结果列出企业的关键内部劣势。常见的企业内部劣势有：没有明确的战略导向、陈旧的设备、超高的资产负债表、超过竞争对手的高额成本、缺少关键技能和资格能力、利润的急剧下滑、内在的运作困境、落后的 R&D 能力、过分狭窄的产品组合、市场规划能力的缺乏等。

（5）将内部优势和外部机会一一匹配，列出 SO 策略，即增长型策略。

（6）将内部劣势和外部机会一一匹配，列出 WO 策略，即扭转型策略。

（7）将内部优势和外部威胁一一匹配，列出 ST 策略，即多元化策略。

（8）将内部劣势和外部威胁一一匹配，列出 WT 策略，即防御型策略。

【案例 2－17】 浙江智达汽车零部件科技有限公司轴承事业部、汽车零部件事业部 2018 年经营环境综合分析

智达科技轴承事业部、汽车零部件事业部 2018 年 SWOT 分析见表 2－42、表2－43。

表 2－42 智达科技轴承事业部 2018 年 SWOT 分析

	S（优势）	W（优势）
	S1：优质的客户资源 S2：公司品牌优势 S3：资金充足 S4：售后服务的优势 S5：产品性价比优势	W1：新产品开发能力弱 W2：品质稳定性差 W3：核心技术掌握能力不足 W4：销售商机转化率低 W5：供应链计划能力弱 W6：营销人员激励不足 W7：员工激励体系（奖惩管理、专项激励）不完善
O（机会）	SO（增长型策略）	WO（扭转型策略）
O1：人民币贬值，有利于出口销售 O2：全球化运营的客户采购本土化 O3：机电技术更趋向于一体化发展 O4：企业合法经营，可以争取更多政府支持	S1S2O2：加大全球化客户开发力度 S3O2：完成巴西工厂前期调研，越南工厂设备调试、投产 S3O3：投资建立国家级研发中心	W1O3：引进专业技术人才，优化技术人才培养 W3O3：与浙江工业大学联合成立产学研平台 W6O1：加大产品出口，完善营销人员激励体系
T（威胁）	ST（多元化策略）	WT（防御型策略）
T1：汽油汽车有些部位用铜套代替滚针轴承 T2：人工成本持续上升 T3：买方讨价还价能力增强 T4：现有竞争者竞争加剧 T5：主要客户利益诉求（质量、价格）没有得到满足	S1S3T1：投资加强铜套研发，实现铜套销售突破 S3T2：实施设备自动化改造，减少用工数量 S5T3：持续优化产品性价比 S4T5：在持续提升客户服务满意度的同时，强化质量及成本控制	W1W3T2：优化技术人员激励体系

表 2－43　智达科技汽车零部件事业部 2018 年 SWOT 分析

	S（优势）	W（劣势）
	S1：资金充足 S2：优质的客户资源 S3：产品性价比高 S4：重视研发人员发展，激励措施到位	W1：产品开发管理薄弱 W2：现场的质量问题重复再发生，不能从根本上杜绝 W3：自动化效率低，设备精度差且不稳定造成全检项目较多 W4：供应商较难通过客户审核，可供选择的优质供应商资源少 W5：供应链计划能力弱 W6：营销人员激励不足 W7：员工激励体系（奖惩管理、专项激励）不完善
O（机会）	SO（增长型策略）	WO（扭转型策略）
O1：人民币贬值，有利于出口 O2：汽车市场需求微增长 O3：企业合法经营，可以争取更多政府支持	略	略
T（威胁）	ST（多元化策略）	WT（防御型策略）
T1：主机客户越来越趋向选择新技术、低成本的产品 T2：专利技术壁垒大，开发难度加大 T3：汽车行业技术要求越来越高 T4：产品升级换代快 T5：供应商讨价还价能力增强 T6：行业潜在新进入者进入 T7：主机厂对质量的利益诉求没有得到满足	略	略

第三章

狭路相逢智者胜：

年度竞争策略规划

通过第二章的分析，企业清楚了在特定经营年度所处的经营环境，有企业外部的，也有企业内部的，但这些还不足以支撑企业年度经营策略及目标的确定，因为除了宏观环境和内部经营及管理状况，任何一家企业都不可能独立存在，也就是说，任何一家企业都会处于一个激烈竞争的环境当中。因此，根据行业特性识别行业关键成功因素，找准竞争对手，研究竞争对手的竞争策略，因地制宜地确定企业自身的竞争策略也是很关键的。

The Annual Business Plan Formulation and Management | 第一节

知己知彼：行业关键成功因素识别与竞争态势分析

每个行业，其行业特征、生命周期、竞争态势、宏观环境等都存在很大的差异，导致不同行业的关键成功因素也会存在很大的不同。比如说：对于传统制造型企业而言，研发能力、产品加工能力、制造规模等因素可能是成功的关键；对于流通型企业而言，渠道管理、品牌管理、价格政策等因素会成为其成功的关键，其中对于电商企业而言，平台、速度和服务很重要；而对于技术导向型企业而言，产品研发、新技术导入、新产品发布、产品生命周期管理等则显得更为重要。

另外，随着行业竞争格局的不断变化，行业关键成功因素也会随之发生调整，正所谓“人无我有、人有我优、人优我精、人精我全、人全我转”。因此，企业在确定年度经营计划之前，找准行业成功因素及竞争对手，同时客观评价竞争态势，是年度经营计划确定过程中的重要环节。

一、行业关键成功因素识别

行业关键成功因素（key success factors，KSF）是指影响行业内各企业盈利能力的主要因素，如产品性能、品牌竞争力、市场表现等。从本质上说，行业关键成功因素是所有企业为了在竞争和财务上获得成功所必须具备的能力或条件，一般有 3 ~ 5个，行业关键成功因素也会因行业而异，因时而异，同时会随驱动力和竞争情况的变化而变化。

比如说：房地产行业的 KSF 有 4 个，分别为土地获取能力、资本运营能力、资源整合能力、国家政策研究；连锁行业的 KSF 有 4 个，分别为品牌影响力、单店盈利能力、体系复制能力、品质控制等。总之，企业需要认真研究自己所处行业以及决定行业成功的关键因素，并不断培植进而获得成长与发展。

表3-1　常见制造型企业关键成功因素一览表

常见关键成功因素		因素定义
研发	产品规划能力	产品线规划、产品定义与规划
	产品趋势研究	新产品、新技术、新工艺趋势调查与研究
	关键技术掌握	技术壁垒、关键器件、技术集成能力
	技术创新	新技术引进、新工艺导入、新技术研发
	研发经验累积	研发知识管理、研发经验积累与传承
	开发速度	新产品开发周期、新产品上市周期、新产品更新速度
	产品创新	产品组合、产品升级、产品功能创新
	产品线齐全	产品线丰富程度、产品线管理能力
	专利技术	核心专利技术、专利壁垒
	开发队伍规模	研发队伍整体素质、研发能力沉淀、研发知识管理
采购	原料掌控	对原料价格及新技术的预测、原料一体化战略
	采购能力	采购议价能力、采购人员素质
	供应商管理	供应商开发与评价、合格供应商管理、供应商议价能力
	原料供应	原材料质量、原材料供应及时性与齐套率、原料供应异常处理
制造	制造规模	产能及生产线规划、生产能力提升
	生产效率	生产计划达成率、设备稼动率、工艺成熟度、新品可量产程度、新品直通率
	成本控制	生产消耗控制、生产成本控制优势
	人工成本	人工成本优势
	自动化能力	设备自动化水平、设备智能化水平、设备自动化率
	改善能力	生产现场管理及改善能力、品质改善能力、工艺改善能力、生产异常处理能力
	产品品质	产品品质、逆向品质控制、不合格品处理、品质管理体系
	外协工厂管理	外协工厂选择与管理、外协工厂掌控力度、外协厂一体化战略
营销	品牌形象	品牌定位、品牌知名度、品牌忠诚度、品牌美誉度、广告投入及媒介策略、公益活动
	市场信息掌握	市场信息渠道规划、市场研究能力、市场预测能力
	营销渠道掌控	渠道规划、渠道覆盖率、渠道忠诚度、渠道开发及维护策略、渠道政策（价格、返利、促销等）
	技术服务能力	安装能力、维修能力、技术支持能力（售前、售中、售后）
	客户服务	客户满意度调查与弱项改进、客户投诉受理及时性及处理质量
人力资源		人力资本准备度、关键岗位与核心员工适岗率、人力资源可获得性、人力资源数量与质量、员工激励体系（短期、中期、长期）
组织能力		组织成熟度、战略中心型组织建设、学习型组织建设

续表

常见关键成功因素	因素定义
快速反应	应对变化的能力、把握机遇的能力、危机处理能力
流程创新	流程管理成熟度、流程优化与再造、流程效率、流程创新能力、流程中心型组织变革
资金实力	融资能力、资金调配能力、财务资本准备度
资源整合能力	外部资源整合能力、内部资源整合能力
经营管理能力	财务现状、经营结果、经营目标达成
公共关系	政府关系、企业形象
企业文化	文化健康度、文化融合能力、员工归属感与凝聚力、社会形象、社会责任、企业公民、光彩事业

表3-1列举的关键成功因素主要是针对制造型企业，服务型企业其关键成功因素与制造型企业有所区别，如表3-2所示。

表3-2 服务型企业关键成功因素一览表

常见关键成功因素		因素定义
营销	品牌形象	品牌知名度、忠诚度、美誉度、广告投入及媒介策略、公益活动、危机处理
	市场信息掌握	市场资讯收集、市场需求分析、洞察商机
	渠道掌控	渠道规划、渠道覆盖率、渠道忠诚度、渠道策略、渠道政策
	市场开拓	客户开发、客户挖掘
	市场推广	市场推广策划、推广实施、推广效果评估
	客户服务和管理	服务意识、客户关系、客户满意度管理、客户投诉处理
服务运营	服务价值	服务需求分析、服务需求变化管理、服务呈现能力
	服务创新	服务设计多样性、服务模式创新性
	服务速度	服务响应速度、解决问题速度
	服务运营能力	服务专业性、服务整合能力
	服务配套	产品供应商资源、智力供应商资源
	服务运营品质	服务标准、服务规范性、服务异常处理、服务持续改善管理
	服务团队	团队专业能力、服务态度、服务向心力

除了表3-2所列举的营销和服务运营外，服务型企业其他KSF与表3-1列举的因素有很多相似之处。

大家可以看到，不同行业的成功因素差异性是很大的，每个行业的关键成功因素也并不是一成不变的，而且每年的成功因素的重要性排序也会不同，这一点需要读者朋友注意。

【案例3－1】浙江智达汽车零部件科技有限公司轴承事业部、汽车零部件事业部2018年KSF识别

表3－3　智达科技轴承事业部2018年KSF

KSF重要性排序	KSF名称	KSF定义
1	关键技术掌握	铜套产品开发、热处理技术、自动化装配技术
2	新项目研发	新项目开发速度及成功率
3	技术服务能力	技术支持能力、客户投诉反应解决能力
4	订单获取能力	销售人员的培养与激励、商机管理
5	成本控制	原辅材料消耗、工艺成本控制、人工成本控制、设备自动化率

表3－4　智达科技汽车零部件事业部2018年KSF

KSF重要性排序	KSF名称	KSF定义
1	新项目研发	新项目开发速度及成功率
2	成本控制	设备自动化水平、人工成本控制、产品不良率
3	供应商管理	整合供应商资源、合格供应商管理
4	生产效率	订单评审、生产计划、订单交付周期、订单准时交付
5	客户关系维护	客户满意度管理、客户投诉处理

由表3－3、表3－4可以看出，两个事业部的关键成功因素存在一定的差异，同时，同一成功因素在两个事业部的重要性排序也不同，这与两个事业部产品类型及行业竞争态势有很大的关系。

二、锁定竞争对手

迈克尔·波特提出的行业竞争力量有五种：潜在的行业新进入者、替代品的竞争、买方讨价还价的能力、供应商讨价还价的能力以及现有竞争者之间的竞争。但在这里通常所指的只是企业面临的现有竞争者。

现有竞争对手是指在某一行业或领域中，拥有与本企业相同或者相似资源（包括人力资源、资金、产品、经营环境、品牌、信息、渠道、产能等）的企业，它们的行为（包括品牌宣传、市场活动、价格策略、促销、员工激励、管理活动等）会给本企业带来一定的利益影响。

1. 企业竞争对手分类

一个成熟行业的竞争对手大致可以分为三类，即强大竞争对手、专业竞争对手、

普通竞争对手。其中：强大竞争对手又称行业领跑者，是指企业在各个方面（资金、技术、品牌、人才等）都很强大，看不到什么致命的弱点，如手机行业的苹果、商业地产的万达、住宅地产的万科、空调行业的格力、小家电行业的美的、白酒行业的五粮液、电商 B2B 平台的阿里巴巴、B2C 平台的京东、C2C 平台的淘宝等。专业竞争对手是指在某一方面实力非常突出，这一方面的实力在行业内无人能及，但在其他方面存在明显的短板和不足，如以技术制胜的华为、以品牌制胜的耐克、以销售通路见长的苏宁、以旅游 + 地产定位的华侨城、以制造为核心的富士康、以专利为核心的朗科。普通竞争对手是指在各个方面能力都一般，但这些竞争对手往往会采取非常规的竞争手段（如低价、过分承诺等）来参与竞争。

2. 企业竞争对手锁定

在同一个行业中，竞争对手可能会有很多，即便是在同一个区域，竞争对手也会有很多，那么对于一家特定的企业而言，究竟是以什么标准或者方法锁定竞争对手呢？在这里，需要特别提醒大家的是，一定要抛弃“同行皆冤家”的树敌思想，切不可把所有的同行都当作自己的竞争对手，也不可漫无目的地圈定竞争对手。

简单理解，企业可以将与自己市场规模相当、产品线相近、市场策略相仿、资本实力接近，或者经营市场重叠的厂家作为竞争对手。如华为可以将苹果、三星作为竞争对手，但如果其他国产手机厂家将苹果作为竞争对手就毫无意义。

竞争对手锁定可以按照以下思路进行：

（1）明确企业自身的业务战略（包括产业战略、产品战略、市场战略、客户战略）。

（2）在企业现有业务战略体系下，识别可能会面临的竞争对手。

（3）按照产品线、目标客户、目标市场分别锁定竞争对手。

根据我们的经验，企业为了更加精准地锁定竞争对手，可以按照产品线或者核心市场分别锁定。

3. “互联网 +”时代竞争对手识别

需要特别指出的是，在“互联网 +”时代，企业竞争对手的识别显得越来越难，因为按照传统企业的思路，企业需要更多关注现有竞争对手，而在“互联网 +”时代，企业还需要关注潜在的行业新进入者。大家都知道，新东方是一家集满天星幼儿园、泡泡少儿教育、优能中学教育、大学英语及考研培训、出国考试培训、多语种培训于一体的培训机构，按照传统确定竞争对手的思路，新东方的竞争对手可能是华尔街、美孚、韦博国际英语等这些线下培训机构，但当腾讯外语、阿里英语培训、100 教育、智课网等互联网大佬们切入英语培训市场时，新东方才感受到了真正的压力。同样，格力也不会想到一个做手机的小米会成为它的竞争对手，国旅也不会想到自己的市场会被马蜂窝、去哪儿、携程、驴妈妈、途牛网抢走。如此之多的案例充分告诉我们，“互联网 +”时代企业的竞争对手变了，这些竞争对手可能是你的同行，也可能是与你八竿子打不着的潜伏者，企业稍不留神就会栽个大跟头。

值得一提的是，企业在锁定竞争对手的时候既可以按照产品线来确定，也可以按照目标市场来确定，还可以按照客户群体来确定。

三、竞争对手分析

“知己知彼，百战不殆。”锁定竞争对手后，对竞争对手进行分析就显得至关重要。竞争对手分析主要包括竞争对手基本信息分析、竞争对手战略分析、竞争对手战略措施及行动分析、竞争对手优势与劣势分析等。

（1）竞争对手基本信息分析。竞争对手基本信息包括企业基本信息（企业名称、注册时间、注册地点、注册资金）、核心产品或服务、经营区域、经营年限、员工总数、销售额、利润状况、市场份额、财务状况、研发能力、制造能力、企业文化理念、股东状况、主要经营团队等。

（2）竞争对手战略分析。竞争对手战略包括企业愿景、战略目标、业务战略、职能战略、核心竞争能力等。

（3）竞争对手战略措施及行动分析。竞争对手战略措施及行动包括品牌策略、媒介策略、市场策略、渠道策略、价格策略、促销策略、产品策略、供应链策略、财务投资策略、人力资源策略等。

（4）竞争对手优势与劣势分析。目标也好，路径也罢，都要以能力为基础。在分析研究了竞争对手的战略及战略措施之后，还要深入研究竞争对手是否具有能力采用其他途径实现其目标，每个竞争对手的核心优势和核心劣势分别是什么。

如图 3 –1 所示，迈克尔 · 波特认为，竞争对手分析有四种诊断要素：未来目标、现行战略、假设和能力，各种要素分析内容见表 3 –5。

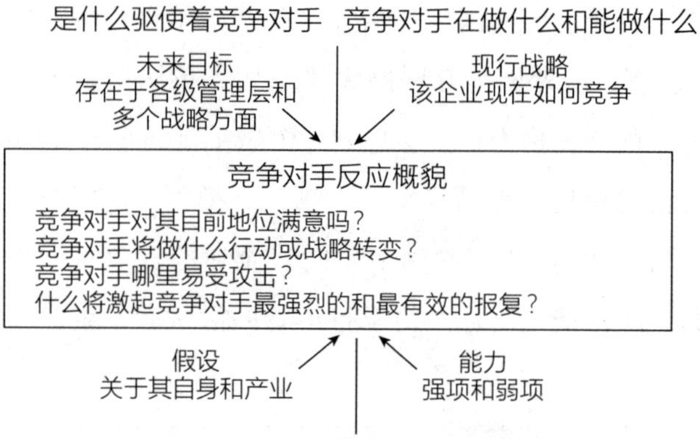

图 3－1　竞争对手分析模型

表 3－5　迈克尔·波特竞争对手分析要素及分析内容

分析要素	分析内容
未来目标	(1) 财务目标、长期业绩与短期业绩的权衡、增长与定期分红的权衡 (2) 对待风险的态度 (3) 价值理念、愿景定位 (4) 组织结构、资源配置 (5) 控制与激励系统、员工报酬、业绩评估、短期激励与长期激励 (6) 财务管理、库存控制、成本管理 (7) 管理团队 (8) 团队目标认同 (9) 董事会构成、治理结构、决策机制 (10) 合同管理 (11) 政策法规
假设	(1) 竞争对手对自己的假设 (2) 竞争对手对产业及产业中其他公司的假设
现行战略	(1) 愿景、使命 (2) 业务战略、职能战略、竞争战略
能力	(1) 产品 (2) 代理商、分销渠道 (3) 营销与销售 (4) 运营 (5) 研发及工程能力 (6) 总成本 (7) 财务实力 (8) 组织 (9) 综合管理能力 (10) 公司业务组合 (11) 其他

四、竞争态势分析

企业在制订年度经营计划时，除了前面提到的进行竞争对手分析之外，还需要分析企业自身与主要竞争对手之间的竞争态势，这就是我们通常所说的行业竞争态势分析。

行业竞争态势分析不仅可以帮助企业客观认知自身以及竞争对手的优劣势，同时也可以帮助企业有效规划竞争策略，争取在竞争中获得胜利。

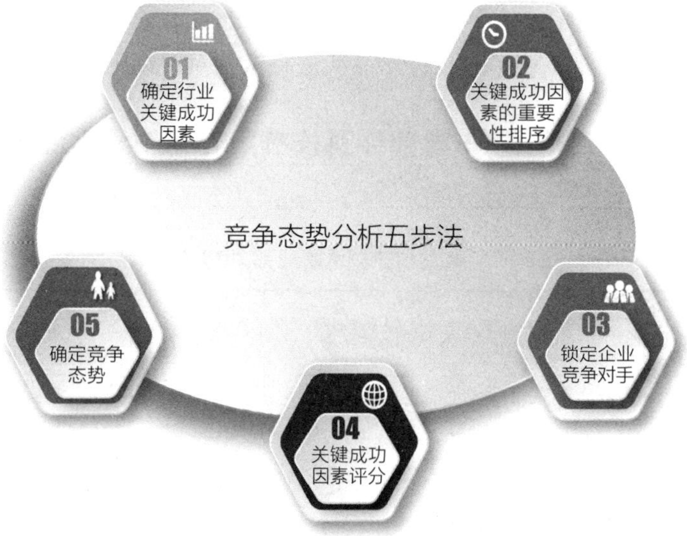

图 3－2　竞争态势分析五步法

行业竞争态势分析可按照以下步骤进行（见图 3－2）。

（1）确定行业关键成功因素。一般情况下，行业关键成功因素不宜过多，以 3～5个为宜。

（2）通过内部头脑风暴、德尔菲法等方法确定关键成功因素的重要性，并按照重要程度进行排序。

（3）锁定企业竞争对手。锁定的竞争对手也不宜太多，以 1～2 家为宜。

（4）关键成功因素评分。针对每项关键成功因素进行打分，最高分为 5 分，最低分为 1 分，分为 5 个等级，分别代表卓越、优秀、良好、一般、较差。

（5）确定竞争态势。根据评分结果确定行业竞争态势，行业竞争态势分为四种，即我强敌强（SS）、我强敌弱（SW）、我弱敌强（WS）、我弱敌弱（WW）（见表 3－6）。

表3－6 行业竞争态势对应表

<table>
<tr><th>竞争态势</th><th>我强敌强（SS）</th><th>我强敌弱（SW）</th><th>我弱敌强（WS）</th><th>我弱敌弱（WW）</th></tr>
<tr><td rowspan="2">条件</td><td>（X－Y）＜0.5
且X≥3，Y≥3</td><td rowspan="2">（X－Y）≥0.5</td><td rowspan="2">（Y－X）≥0.5</td><td>（X－Y）＜0.5
且X＜3，Y＜3</td></tr>
<tr><td>（Y－X）＜0.5
且X≥3，Y≥3</td><td>（Y－X）＜0.5
且X＜3，Y＜3</td></tr>
<tr><td>备注：</td><td colspan="4">“X”代表我方得分，“Y”代表竞争对手得分</td></tr>
</table>

在实际操作过程中，企业可以选择一家或者多家竞争对手来分析，也可以根据区域进行竞争对手分析，还可以根据产品线进行竞争对手锁定与分析。

【案例3－2】 浙江智达汽车零部件科技有限公司轴承事业部、汽车零部件事业部2018年竞争态势分析

表3－7 智达科技轴承事业部2018年KSF

KSF重要性排序	KSF名称	智达	对手A	智达－对手	竞争态势			
					SS	SW	WS	WW
1	关键技术掌握	3.1	4.5	－1.4			√	
2	新项目研发	3.39	3.6	－0.21	√			
3	技术服务能力	3	3.89	－0.89			√	
4	订单获取能力	2.89	3.67	－0.78			√	
5	成本控制	4	3	1		√		

由表3－7可知，智达科技轴承事业部与对手A相比处于明显的劣势地位，重要性排名第1位、第3位、第4位的KSF智达都处于我弱敌强的状态，虽然智达在成本控制方面处于我强敌弱的竞争地位，但成本控制在所有KSF中排名最后。

表3－8 智达科技汽车零部件事业部2018年KSF

KSF重要性排序	KSF名称	智达	对手B	智达－对手	竞争态势			
					SS	SW	WS	WW
1	新项目研发	3.2	3.5	－0.3	√			
2	成本控制	2.2	3.5	－1.3			√	
3	供应商管理	3.8	2.3	1.5		√		
4	生产效率	2.3	4.3	－2.0			√	
5	客户关系维护	4.0	3.3	0.7		√		

由表3-8可知，与智达科技轴承事业部相比，智达科技汽车零部件事业部的竞争优势还是比较明显的，虽然排名第2位、第4位的KSF处于我弱敌强的态势，但排名第3位、第5位的KSF还是具有比较明显的竞争优势。在确定2018年竞争策略的时候，汽车零部件事业部需要思考如何发挥自己的优势以获取更大的市场机会。

The Annual Business Plan Formulation and Management | 第二节

扬长避短：年度竞争策略规划

过去我们经常讲，狭路相逢勇者胜，然而在今天这白热化的竞争环境中，单凭匹夫之勇已很难获得成功。因此我们认为，正确的观念应该是“狭路相逢智者胜”！

在残酷的市场竞争环境中，不管企业愿意还是不愿意，是被动接受还是主动出击，也不管企业有能力还是没有能力，都不可避免地会被卷入残酷的市场竞争洪流。那么企业应该如何介入竞争才能做到低投入、高回报呢？或者说企业该如何参与竞争才能保证自己不被挤出局呢？

迈克尔·波特认为，应对竞争对手做出的攻击行为，首先，要预测竞争对手可能会发起的战略变革，主要包括竞争对手对现有地位的满意度、可能采取的行动、行动的力度和其严肃性等；其次，要研究竞争对手可能采取的行动清单以及可能发生于行业和环境的变化清单；最后，研究和预测竞争对手可能采取行动的地点，以便企业确定与竞争对手作战的最佳战场。

只有研究清楚了竞争对手的策略和意图，企业在制订年度经营计划的时候才能做到有的放矢。根据我们的经验，企业参与竞争的方式有三种（见图3-3）。

（1）领先策略：主动挑起战争，不管对手在做什么，企业先发制人。

（2）跟随策略：不主动挑起战争，跟随竞争对手，也就是我们通常所说的“敌动我动，敌不动我也不动”。

（3）维持策略：敌动我不动，以不变应万变，企业根据自己的资源配置及市场地位，维持现状不变。

图 3-3　企业常见竞争策略

当然，企业在选择竞争策略的时候，并不是说领先策略就一定好，维持策略就一定不好，这要看企业自身的战略选择和拥有的资源状况、与现有竞争对手的竞争态势，以及对行业成功路径的洞察、竞争对手的竞争策略等多种因素（见表 3-9）。

表 3-9　不同竞争态势下的竞争策略选择

竞争态势	竞争策略		
	领先策略	跟随策略	维持策略
我强敌强	√	√	
我强敌弱	√		√
我弱敌强	√	√	
我弱敌弱	√	√	

不同的企业在不同的竞争态势下可能会选择不同的竞争策略，但在竞争如此激烈的今天，企业在选择竞争策略的时候一定要坚持以下两个原则：

（1）进攻是最好的防守。如果企业一味地采取防御策略，自己的竞争优势必将被对手所蚕食，与其保守地维持或跟随，还不如放手一搏。

（2）博二兔，不如博一兔。想要两只兔子都抓到，还不如专心致志先抓住其中的一只兔子。也就是说，企业要想在每个关键成功因素上都要取得竞争优势是比较难的，倒不如集中所有的资源主攻某一个或者某两个关键成功因素。

在企业年度竞争策略选择方面，有人形象地将各种策略比喻为游击战、伏击战、阵地战、歼灭战等，其实都是一样的道理，就看企业选择什么样的方式在市场竞争中获得成功。

另外，选定年度竞争策略后，为了保证竞争策略得到有效落实，企业还需要细致地规划年度经营策略实施计划，明确时间节点、责任人、完成标志、资源需求。

【案例3－3】浙江智达汽车零部件科技有限公司轴承事业部、汽车零部件事业部2018年竞争策略及竞争策略实施计划

智达科技轴承事业部、汽车零部件事业部2018年竞争策略及竞争策略实施计划见表3－10、表3－11。

表3－10　智达科技轴承事业部2018年竞争策略及竞争策略实施计划

KSF名称	竞争策略	竞争策略实施计划
关键技术掌握	跟随策略	（1）级进模冲压技术的提升 （2）滚针加工技术的提升和加工的稳定性 （3）产品清洁度水平的提升
新项目研发	领先策略	（1）细化新产品、新项目的前期评审工作，集中优势资源开发重点项目和现有系列产品 （2）重新评估新产品开发的资源投入和组织方式，倾斜新品开发的力度 （3）引进高级过程开发工程师和现场高级技师 （4）增加模具硬件方面的调研和投入
技术服务能力	跟随策略	（1）增设产品应用工程师岗位 （2）梳理各大市场领域产品的应用工况、常见使用问题等信息，以便做出快速反馈 （3）调研主要客户的技术服务需求，以针对性地进行技术服务的储备 （4）要求关键客户技术负责人来公司辅导
订单获取能力	跟随策略	（1）应用工程师引入或者内部人员培养 （2）销售人员的素质培训和激励机制优化
成本控制	领先策略	（1）冲压外圈切换级进模加工，提升加工速度，降低加工成本 （2）装配工序切换自动装配，提升装配的效率 （3）灵活性检测和外观检查切换为自动检测 （4）继续推行精益生产理念，结合外部资源，通过精益布局、拉动、快速换型等方法应用，持续改善，降低成本

表3－11　智达科技汽车零部件事业部2018年竞争策略及竞争策略实施计划

KSF名称	竞争策略	竞争策略实施计划
新项目研发	领先策略	略
成本控制	跟随策略	略
供应商管理	领先策略	略
生产效率	跟随策略	略
客户关系维护	领先策略	略

The Annual Business Plan Formulation and Management | 第三节

标杆学习：年度学习计划规划

对于绝大多数企业而言，根据“市场相近、规模相当”等原则是很容易锁定竞争对手的，但对于一些初创型企业，或者是选择在某些细分领域发展的企业而言，锁定竞争对手还是比较困难的，根据我们多年的实践经验，这时候企业可以选择另一种思路，那就是确定行业学习标杆，通过与标杆之间的对比分析找到自身的弱点，并在此基础上形成年度学习计划。

一、标杆学习原理

标杆学习就是一家企业将自己与行业优秀企业在关键成功因素的各个维度进行对比，以发现自身的不足和短板，并有针对性地提出学习计划，缩小差距，努力使自己向行业标杆看齐。

标杆学习模式最早盛行于20世纪70年代末到80年代初，比较成功的案例就是美国施乐公司，施乐公司从生产成本、营销成本、零售价格等关键成功因素对比与日本主要竞争对手之间的差距，弄清日本企业成功之道，然后通过不断学习使自己持续进步。

学习标杆分为内部标杆、竞争性标杆、功能型标杆三种，其中：内部标杆是最容易实施的，比如说有些企业采取多品牌计划或多事业部运作模式，刚起步的品牌或事业部就可以将内部成熟品牌或事业部作为学习标杆，企业在制订年度经营计划时，内部学习标杆也是常用的方法之一；竞争性标杆是要求企业将市场上有竞争关系的对手作为学习标杆，这对于一些刚起步或者规模比较小的企业是一种比较理想的学习方法；功能型标杆则要求企业按照不同功能领域选定学习标杆，比如说对于一家地产企业而言，可以选择线上营销学习恒大、规划学习万科、房产开发学习碧桂园、物业服务学习彩生活。

二、年度行业标杆学习计划规划

企业在制订年度经营计划的时候，可以按照以下步骤实施标杆学习计划。

（1）行业关键成功因素识别。这一点与行业竞争态势分析之前确定行业关键成功因素的原理是一样的，读者朋友可参考表3－1、表3－2。

（2）学习标杆锁定。前文提到，企业锁定竞争对手的时候需要遵循“市场规模相当、产品线相近、市场策略相仿、资本实力接近、经营市场重叠”等原则，但在锁定学习标杆的时候可以不受以上条件的限制，但也需要遵循两个基本原则：其一，学习标杆必须有卓越的绩效表现；其二，学习标杆与本企业有可比较之处。

（3）差距分析。差距分析我们也同样可以采用前文提到的竞争态势分析方法，按照确定行业关键成功因素、锁定学习标杆、关键成功因素各自评分来确定与学习标杆之间的差距。

（4）确定学习计划。在充分了解自身与标杆企业关键成功因素信息后，将数据资料进行分析比较，找出自身的差距所在。在分析差距的基础上，确定标杆学习所要追赶的目标，并给出改进的具体方法。

【案例3－4】　广州和和房产年度学习计划

广州和和房产是一家地产综合服务商，成立于2018年，涵盖一手房代理销售、二手房交易服务及房屋贷款融资服务三大业务，在帮助该企业进行2020年度经营计划制订的过程中，我们发现广州市场上现有的Q房网、贝壳、安居客、搜房网、房多多、中原地产、房博士等都与其产生直接竞争，而和和房产作为行业的新兵，不可能与这些“巨无霸”直接对抗，所以最终选择以贝壳作为学习标杆。

表3－12　和和房产2020年度标杆差距分析

KSF重要性排序	KSF名称	KSF定义	和和房产	贝壳	差距（和和房产－贝壳）
1	市场开拓能力	优质资源拓展、大项目拓展能力、客户地图、营销标准化、跨界整合	2.2	3	－0.8
2	服务价值创新	智能化购房交易工具、大数据支持、精准分析、线上产品支撑、导入金融产品	1	2.5	－1.5
3	品牌形象塑造	品牌形象塑造、线上品牌曝光及蓄客活动、线下行业评选、圈层活动、危机处理	3	4	－1

续表

KSF 重要性排序	KSF 名称	KSF 定义	和和房产	贝壳	差距（和和房产 - 贝壳）
4	项目运营能力	运营规划、渠道资源整合能力、大项目运营积累、终端客户引流、去货速度	2	4.2	-2.2
5	战略选择与执行	战略方向、资源配置、战略落地督导、检视评价和纠偏	2	4	-2
6	团队作战能力	团队执行力、人才储备、晋升机制、培训体系	2.3	3.5	-1.2

由表3-12可以看出，和和房产在KSF的任何一个维度都远落后于贝壳，如果这时候和和房产将贝壳作为竞争对手，毫无疑问，这场竞争肯定是以失败而告终，因此，我们建议和和房产将贝壳作为学习标杆（见表3-13）。

表3-13　和和房产2020年度标杆学习计划

KSF 重要性排序	KSF 名称	年度标杆学习计划
1	市场开拓能力	(1) 与权威市场研究机构合作，及时掌握行业趋势信息，做到目标市场楼盘信息全覆盖 (2) 实施中国TOP100房企珠三角地区100%合作计划 (3) 建立各类业务模式拓展标准和作战流程，汇编成作战手册 (4) 建立项目立项评估、(结案) 评价体系 (5) 整合金融机构，建立包销业务模式
2	服务价值创新	(1) 结合业务重构数据模型，优化公司产品结构 (2) 建立C端客户业务工具和体验平台，线上线下运营机制，支持直销业务 (3) 产品研发项目制，缩短迭代周期 (4) 建立产品数据价值评估模型，引导产品服务创新
3	品牌形象塑造	(1) 区域品牌形象定位和实施规划 (2) 重点包装标杆项目案例，通过多渠道整合宣传推广 (3) 拓宽公共资源，建立友好关系 (4) 建立品牌危机预警和公关体系
4	项目运营能力	(1) 提高项目联动团队服务能力（经纪人活跃度、数量） (2) 建立各类业务模式项目运营标准和作战流程，汇编成作战手册 (3) 整合金融机构，支持垫佣运营服务
5	战略选择与执行	(1) 公司发展战略成稿和宣讲 (2) 年度经营计划动态管理落地机制推进 (3) 建立经营数据动态监控和分析系统
6	团队作战能力	(1) 经营责权分工，优化组织结构 (2) 建立员工能力成长分级培训体系 (3) 建立职业晋级、晋升通道，做好员工职业生涯规划 (4) 建立公司合理的绩效评价和激励制度

The Annual Business Plan Formulation and Management | **第四节**

未雨绸缪：年度职能战略规划

俗话说，兵马未动，粮草先行。在制订年度经营计划的时候，竞争策略可以让企业更加清晰如何参与市场竞争，但能否在市场竞争中获得成功，单靠市场及销售部门孤军作战是不行的，还需要中后台部门（如产品研发部门、供应链及采购部门、产品生产及工程部门、品质控制及管理部门、人力资源部门、财务部门等）的全力以赴。我们经常比喻说：市场和销售部门是打仗的，而中后台部门是制造枪炮和运送粮草的。没有前线将士的浴血奋战，战争注定失败；同样，没有中后台部门的全力支援，战争也不可能取得胜利。因此，企业在编制年度经营计划的时候，除了要想清楚竞争策略之外，科学合理的职能战略规划也是必不可少的（见图3－4）。

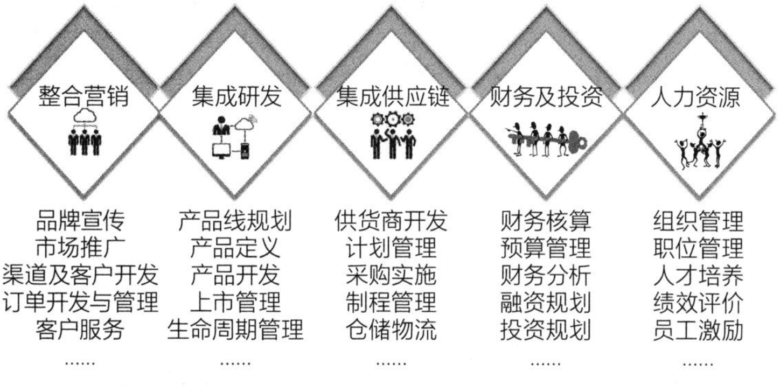

图3－4　年度职能战略规划

通常而言，企业年度经营计划中职能战略的规划有以下几个方面。

（1）市场资源保障。企业要想获得竞争，一定要了解市场环境，因此，在竞争策略确定后首先要思考解决市场资源保障的问题。

（2）产品（服务）保障。巧妇难为无米之炊。打仗如果缺乏强有力的武器装备是不行的，对于企业内部而言，就是需要提供有竞争力、有价格优势、持续引领市场的产品或者服务，而且能够保证及时供应。这些要求是需要企业的研发部门、计划部门、物控部门、采购部门、生产部门、工程部门和品质部门重点思考的。

(3) 人力资源保障。打仗就会有流血和牺牲，打仗还需要全体将士保持高昂的斗志，所以为了确保年度经营计划的落地实施，必须完善人力资源供给、成长与发展、激励机制。

(4) 组织资源保障。单有人力资源保障还不够，要想获得胜利，还需要强有力的流程支持和组织保障。

(5) 资金保障。充足的资金是企业开展任何经营活动的最基本保障，对于财务部门而言，按照年度经营目标合理规划和高效使用资金，并保证资金安全，是非常重要的。

(6) 强有力的指挥和检讨系统。建立和完善企业内部经营计划实施指挥系统，进行目标分解和过程跟踪及检讨，这也是年度经营计划能够有效达成的关键。

【案例 3－5】 浙江智达汽车零部件科技有限公司轴承事业部、汽车零部件事业部 2018 年职能战略规划

智达科技轴承事业部、汽车零部件事业部 2018 年职能战略规划见表 3－14、表 3－15。

表 3－14 智达科技轴承事业部 2018 年职能战略规划

职能战略	职能战略实施计划
市场营销	(1) 完善新品开发信息收集渠道 (2) 明确项目时间节点信息、量产信息及产品生命周期等信息 (3) 深入了解客户的显性和隐性需求，及时协同研发人员或应用工程师做出针对性的服务 (4) 与技术中心共同对新品与项目进行识别与完善，新品接单评审流程的完善和健全
产品研发	(1) 成立项目组、对热处理变形、软点等问题进行改善 (2) 清洗方案和清洗剂的应用 (3) 项目开发速度满足客户项目时间节点 (4) 加强新品制作前的产前准备（包括模具量具点检表、材料准备以及 ERP 新品工艺添加等） (5) 派专人对重大客户提供的图纸进行梳理，现场走访了解客户端现场实际使用情况
集成供应链	(1) 开发合适的供应商（满足 TS16949），满足供应商开发与选择控制程序 (2) 需对设备采购的信息资源进行调研、收集和分析，扩大装备采购的选择面 (3) 采购周期能按项目时间节点严格控制 (4) 增设采购工程师，提升供应商开发的专业性 (5) 增加新品试制的能力和规模 (6) 将现有半自动装针切换成全自动装配 (7) 重点原辅材料拉动系统的建立

续表

职能战略	职能战略实施计划
人力资源	（1）薪资方案的合理性和公平性，各部门副总、事业部总经理具备调薪、激励权限（公司允许范围内） （2）制订销售人员的年度培训计划，制定营销人员的有效激励机制并加以固化沿用 （3）精益降本激励方案落实
财务管理	（1）优化成本控制流程 （2）财务参与业务运营过程

表 3－15　智达科技汽车零部件事业部 2018 年职能战略规划

职能战略	职能战略实施计划
市场营销	略
产品研发	略
集成供应链	略
人力资源	略
财务管理	略
评价与激励	略

同理，由于汽车零部件事业部 2018 年职能战略规划整体思路与轴承事业部相似，在此略去。

第四章

纸上谈兵，运筹帷幄：

确定年度经营策略及目标

通过前面的系统介绍，企业可以非常清楚地知晓在特定经营年度自身所处的经营及竞争环境，同时也明了自身的优势、劣势以及如何参与竞争并取得最终的成功，这样一来企业便可以胸有成竹地进行年度经营目标的确定了。

但我们看到，很多企业在确定年度经营目标的时候并不是这样操作的，一般情况下，首先由企业高层确定一个财务目标，然后组织相关部门进行目标研讨及分解。这种操作模式最大的问题就是没有在充分理解企业经营环境及确定经营举措的前提下进行，很容易造成企业与员工之间就目标的高低、合理与否进行谈判，员工对目标的认同感极低。

而本书的观点是，企业年度经营目标不应由公司高层拍脑袋决定，而应由高层、中层及核心员工一起，在对企业经营环境及竞争环境有充分认知，且对企业将要采取的经营策略有高度一致性的基础上共同确定，这样定下来的目标才更合理，员工认同度更高，也更容易落实。

The Annual Business Plan Formulation and Management | 第一节

决战密码：年度战略地图输入识别

罗伯特·S. 卡普兰、戴维·P. 诺顿在《战略地图：化无形资产为有形成果》中为我们提供了一个非常实用的年度战略目标及实施策略规划工具——战略地图。企业在绘制年度战略地图的时候一定要结合 SWOT 分析、KSF 分析、年度竞争策略规划、年度职能战略规划结果，同时也要结合企业总体发展战略规划、商业模式、企业经营系统建设需求。因此，在绘制战略地图之前，还需要对 SWOT 及 KSF 分析的结果进行梳理和识别。年度战略地图输入见图 4－1。

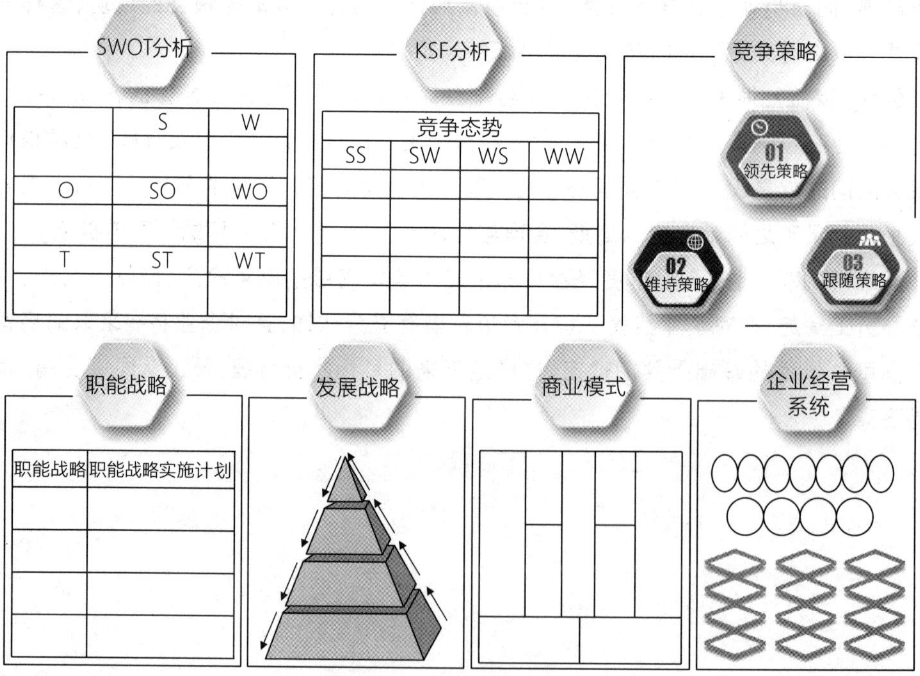

图 4－1　年度战略地图输入

一、年度战略地图输入内容

1. 年度经营环境分析输入识别

根据本书第二章介绍，企业年度经营环境分析既包括外部环境分析——企业望远镜（含外部宏观环境分析、行业竞争环境分析、外部利益相关者分析、外部机会与威胁分析），也包括内部经营状况分析——管理显微镜（含内部价值环及业务蓝图现状分析、公司级 KPI 检讨、年度财务决算与财务状况评价、经营“三度”测量、管理现状评价、关键职位族员工适岗率评估、内部利益相关者分析、内部优势与劣势分析），同时针对内外部环境分析的结果形成年度 SWOT 分析矩阵——经营三棱镜，确定年度经营策略，即 SO（增长型策略）、WO（扭转型策略）、ST（多元化策略）、WT（防御型策略）。

根据我们的经验，这些策略一定要分阶段和有重点地实施，也就是说，企业在确定特定年度经营计划的时候，一定要对这些策略以及策略实施措施进行识别，将需要在本年度实施和完成的项目纳入当年年度经营计划。

2. 年度 KSF 及竞争策略分析输入识别

根据第三章对企业竞争态势（我强敌强、我弱敌强、我强敌弱、我弱敌弱）及竞争策略（领先策略、跟随策略、维持策略）系统分析，我们也确定了诸多竞争策略实施计划，同理，企业在确定特定年度经营计划的时候，也需要对这些竞争策略实施计划进行识别和筛选，将需要在本年度实施和完成的项目纳入当年年度经营计划。

还有根据前文提到的对于实施标杆学习的企业，年度标杆学习计划也要纳入当年年度经营计划。

3. 年度职能战略输入识别

根据第三章第四节内容，企业必须明确年度竞争策略的落地必须依赖于职能战略的有效实施及企业中后台部门的全力配合，职能战略实施计划通常包括市场资源保障、产品（服务）保障、人力资源保障、组织资源保障、资金保障、强有力的指挥与检讨系统等六部分。

4. 企业发展战略输入识别

我们知道，企业发展战略是对未来 3 ~ 5 年甚至更长时间的整体规划，企业在制订特定年度经营计划的时候，还要对发展战略规划中需要在当年完成的一些战略举措进行细化和实施。同时，按照我们的经验，企业还需要对发展战略进行系统盘点及修正，及时发现问题，并在确定年度经营计划的时候加以完善。

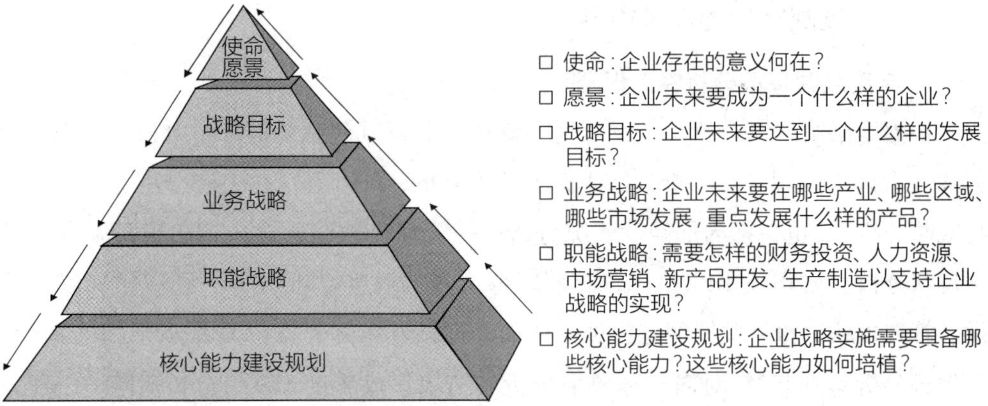

图4－2　企业发展战略金字塔

如图4－2所示，企业发展战略自上而下由六部分构成，即企业使命、企业愿景、战略目标、业务战略、职能战略、核心能力建设规划。企业在制订年度经营计划的时候需要按照5/（5－N）的模式对企业发展战略进行检讨，并识别出在当年需要实施的战略举措及需要实现的战略目标（见表4－1）。

表4－1　企业发展战略年度盘点表

战略层面	需要回答的问题	企业实际	优化要点
使命	（1）企业为什么存在？ （2）企业存在的价值是什么？（对社会、对客户、对员工） （3）目前的使命是否足以支撑企业的发展？是否需要优化与调整？		
愿景	（1）企业未来想要达到什么样的预期或蓝图、梦想？ （2）愿景实现是否遇到了瓶颈？是否需要重新定义和完善？		
战略目标	（1）未来3～5年企业的发展目标是什么？财务目标有哪些？管理目标有哪些？ （2）截至目前这些目标实际达成状况如何？问题是什么？		
业务战略	（1）未来企业将进入哪些产业？产业发展策略是什么？一体化，还是多元化？截至目前产业战略是否需要调整？ （2）企业未来要重点开发哪些产品？这些产品的竞争优势是什么？截至目前产品战略是否需要调整？ （3）企业的客户定位标准是什么？企业该如何持续满足？截至目前客户战略是否需要调整？ （4）企业的目标市场在哪里？目标市场竞争态势如何？如何参与竞争？截至目前市场战略是否需要调整？		
职能战略	（1）为了实现业务战略，企业从市场营销、产品研发、集成供应链、财务投资、人力资源等维度需要准备哪些工作？ （2）以上工作进展状况如何？是否需要优化？		

续表

战略层面	需要回答的问题	企业实际	优化要点
核心能力建设规划	（1）为了保证战略目标顺利达成，企业需要具备哪些核心能力？如何构建？ （2）核心能力建设是否按照既定预期执行？如何调整？		

5. **商业模式优化输入识别**

除了前面提到的对企业发展战略梳理及完善之外，每年在制订年度经营计划的时候企业还需要对自身的商业模式进行检讨。在过去的经营过程中，企业往往更多地强调产品创新，但随着高新技术突飞猛进、经济全球化进程的加剧以及知识经济、信息时代、“互联网 +”时代的到来，企业间的竞争将越来越残酷，企业如何应对？看来，在每年对商业模式创新是一个比较好的选择。

关于商业模式的创新，企业首先要明白以下基本步骤：

（1）精准定位客户群体，并挖掘和定义客户至关重要的、隐性的且竞争对手还没有发现的需求。

（2）寻求企业可以保证产品（服务）获得销量倍增的手段和方法。

（3）通过革命性的成本降低提升企业的盈利能力。

（4）将企业的这种盈利模式做到对于企业而言自身可复制，对于竞争对手而言“始终被模仿，从未被超越”。

（5）通过系统化的价值链运营持续保持这种竞争优势。

商业模式画布见图 4－3。

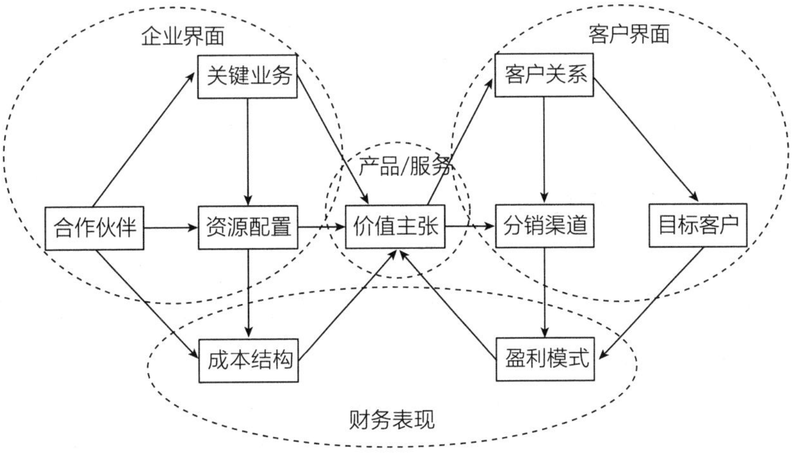

图 4－3　商业模式画布

与企业发展战略年度盘点一样，为了便于读者朋友实际操作，我们也按照商业模式的 9 个关键因素整理出了每个因素对应的问题，企业可以对照问题进行检讨（见表 4－2）。

表 4－2 商业模式盘点表

战略层面	需要回答的问题	企业实际	优化要点
价值主张	（1）客户真实的需求是什么？痛点有哪些？ （2）我们能为特定用户群体创造价值的系列产品和服务是什么？		
关键业务	（1）为确保商业模式可行，必须要做的最重要事情有哪些？ （2）这些事情目前做的状况如何？		
资源配置	（1）我是谁？我有什么？ （2）根据商业模式需要，我还需要具备哪些资源？		
合作伙伴	（1）商业模式有效运作需要哪些供应商和合作伙伴？ （2）谁能帮我？		
成本结构	（1）我要付出什么？ （2）企业所有付出项目当中，成本结构是否合理？ （3）我们的付出是否得到了期望的回报？		
客户关系	（1）我们期望与客户建立什么样的关系？ （2）我们怎样与客户打交道？		
分销渠道	（1）怎样让客户找到？ （2）用什么样的渠道与手段来接触客户，并精准表达企业核心价值主张？		
目标客户	（1）我们在为谁创造价值？ （2）我们能解决什么问题？		
盈利模式	（1）客户是否心甘情愿地为我们提供的产品（服务）付钱？ （2）我能得到什么？ （3）目前盈利模式是否存在逐步恶化的趋势，企业该如何应对？		

6. 企业经营系统建设输入识别

根据本书第一章提到的企业经营系统与企业发展阶段的关系，我们发现不同发展阶段的企业其经营系统的核心构成要素是存在巨大差异的。同理，企业在制订年度经营计划的时候，一方面需要对现有的企业经营系统现状进行评估，另一方面要前瞻性地对未来需要的企业经营系统构成要素进行规划与布局。

二、年度战略地图输入识别

通过前面分析可以发现，企业在对经营环境、竞争策略、职能战略进行研讨和分析，对发展战略、商业模式以及企业经营系统进行评价和梳理的时候，可能会产生很多应该在当年去做的策略或者计划，那么这些工作的规划与年度战略地图输入识别到底有什么样的关系呢？

大家知道，企业在对经营环境分析和竞争策略规划的时候，基本上都是按照一些主题性的工作展开的，可能会存在有些策略或计划之间是包含关系，甚至是重叠的，另外，还有一些计划项目由于公司资源配置不到位、财务投入不足、时机不成熟、企业战略取舍等因素而发生计划不能执行的情况。因此，在绘制年度战略地图之前，有必要对之前所有分析和规划的结果进行一次系统的识别和归总。那么如何才能有效简单地加以识别？根据我们的经验，企业可以按照表4－3所示的6个维度进行识别。

表4－3　年度战略地图输入识别表

策略来源	策略	是否战略需要	是否关键策略	是否系统性问题	是否公司层面解决	是否阶段性问题	是否资源充分
SWOT							
竞争策略							
职能战略							
发展战略							
商业模式							
企业经营系统							

大家需要注意，根据表4－3对企业年度可能实施的经营策略筛选的过程犹如用筛子筛大豆，最终有些策略会留在筛子里面，有些策略则会漏到筛子下面，留在筛子里面的策略就成为公司战略地图中的关键策略，漏在筛子下面的策略，企业也不能置之不理。根据我们的经验，不管是筛子里面的策略，还是筛子外面的策略，都是需要企业关注的，只不过筛子里面的策略最终形成了公司的战略地图，并根据战

略地图建立平衡计分卡分解出了年度经营目标，而筛子下面的策略最终则形成了各个部门的关键事项，必须明确责任人、时间节点和完成标志。企业年度经营策略分解表见表4－4。

表4－4　企业年度经营策略分解表

<table>
<tr><th rowspan="2">策略来源</th><th rowspan="2">策略名称</th><th colspan="3">重要性</th><th colspan="3">紧急性</th><th colspan="3">责任人</th></tr>
<tr><th>公司级</th><th>中心/事业部级</th><th>部门级</th><th>非常紧急</th><th>紧急</th><th>一般紧急</th><th>营销部</th><th>研发部</th><th>……</th></tr>
<tr><td></td><td></td><td></td><td></td><td></td><td></td><td></td><td></td><td></td><td></td><td></td></tr>
<tr><td></td><td></td><td></td><td></td><td></td><td></td><td></td><td></td><td></td><td></td><td></td></tr>
<tr><td></td><td></td><td></td><td></td><td></td><td></td><td></td><td></td><td></td><td></td><td></td></tr>
<tr><td></td><td></td><td></td><td></td><td></td><td></td><td></td><td></td><td></td><td></td><td></td></tr>
<tr><td>备注：</td><td colspan="10">（1）年度策略重要性分为公司级、中心/事业部级、部门级，其中公司级策略作为关键策略用来绘制战略地图，中心/事业部级策略可以作为中心/事业部级战略地图输入，也可以作为中心/事业部级目标责任书中的年度关键事项，部门级策略直接纳入部门目标责任书中部门年度关键事项。
（2）紧急性分为非常紧急、紧急、一般紧急，其中，非常紧急策略需要在每个经营年度正式开始前就必须完成，紧急策略需要在经营年度上半年完成，一般紧急策略可以放在经营年度下半年完成</td></tr>
</table>

【案例4－1】浙江智达汽车零部件科技有限公司2018年战略地图输入识别

我们综合【案例2－1】至【案例2－15】、【案例3－1】至【案例3－4】相关内容，并结合表4－4要求，对智达科技轴承事业部2018年经营策略进行分析（见表4－5）。

特别说明：对智达科技汽车零部件事业部2018年经营策略的分析与轴承事业部相似，本书就不再赘述。

表 4－5　智达科技轴承事业部 2018 年经营策略分解表

策略来源	策略名称	紧急程度			重要程度			轴承事业部		技术中心				公共资源中心			财务中心		管理中心		
		非常紧急	紧急	一般紧急	公司级	事业部级	部门级	营销部	生产部	工艺部	项目部	中试部	产品部	设备部	市场部	质量部	财务部	投资部	人力资源部	采购部	信息与流程部
SWOT 分析	加大全球化客户开发力度			√		√		√													
SWOT 分析	完成巴西工厂前期调研，越南工厂设备调试、投产			√	√													√			
SWOT 分析	投资建立国家级研发中心		√		√								√								
SWOT 分析	引进专业技术人才，优化技术人才培养			√	√														√		
SWOT 分析	与浙江工业大学联合成立产学研平台			√	√								√								
SWOT 分析	加大产品出口，完善营销人员激励体系	√				√		√													
SWOT 分析	投资加强铜套研发，实现铜套销售突破		√			√					√										
SWOT 分析	实施设备自动化改造，减少用工数量		√			√								√							
SWOT 分析	持续优化产品性价比			√		√				√											
SWOT 分析	在持续提升客户服务满意度的同时，强化质量及成本控制		√			√									√	√					
SWOT 分析	优化技术人员激励体系		√		√														√		
年度竞争策略	级进模冲压技术的提升	√				√					√										
年度竞争策略	滚针加工技术的提升和加工的稳定性	√				√				√											
年度竞争策略	产品清洁度水平的提升		√				√			√											
年度竞争策略	细化新产品、新项目的前期评审工作，集中优势资源开发重点项目和现有系列产品		√		√								√								

续表

策略来源	策略名称	紧急程度			重要程度			轴承事业部		技术中心				公共资源中心			财务中心		管理中心		
		非常紧急	紧急	一般紧急	公司级	事业部级	部门级	营销部	生产部	工艺部	项目部	中试部	产品部	设备部	市场部	质量部	财务部	投资部	人力资源部	采购部	信息与流程部
年度竞争策略	重新评估新产品开发的资源投入和组织方式，倾斜新品开发的力度		√		√								√								
年度竞争策略	引进高级过程开发工程师和现场高级技师	√			√														√		
年度竞争策略	增加模具硬件方面的调研和投入		√				√			√											
年度竞争策略	增设产品应用工程师岗位		√				√			√											
年度竞争策略	梳理各大市场领域产品的应用工况、常见使用问题等信息，以便做出快速反馈			√			√								√						
年度竞争策略	调研主要客户的技术服务需求，以针对性地进行技术服务的储备			√			√				√										
年度竞争策略	要求关键客户技术负责人来公司辅导			√			√								√						
年度竞争策略	应用工程师引入或者内部人员培养		√				√			√											
年度竞争策略	销售人员的素质培训和激励机制优化	√				√													√		
年度竞争策略	冲压外圈切换级进模加工，提升加工速度，降低加工成本		√			√				√											
年度竞争策略	装配工序切换自动装配，提升装配的效率		√			√								√							
年度竞争策略	灵活性检测和外观检查切换为自动检测		√			√								√							

续表

策略来源	策略名称	紧急程度			重要程度			轴承事业部		技术中心				公共资源中心			财务中心		管理中心		
		非常紧急	紧急	一般紧急	公司级	事业部级	部门级	营销部	生产部	工艺部	项目部	中试部	产品部	设备部	市场部	质量部	财务部	投资部	人力资源部	采购部	信息与流程部
年度竞争策略	继续推行精益生产理念，结合外部资源，通过精益布局、拉动、快速换型等方法应用，持续改善，降低成本			√			√		√												
年度职能战略	完善新品开发信息收集渠道			√			√						√								
年度职能战略	明确项目时间节点信息、量产信息及产品寿命周期等信息			√			√						√								
年度职能战略	深入了解客户的显性和隐形的需求，及时协同研发人员或应用工程师做出针对性的服务			√			√								√						
年度职能战略	与技术中心共同对新品与项目的识别完善，新品接单评审流程的完善和健全		√			√							√								
年度职能战略	成立项目组，对热处理变形、软点等问题进行改善	√				√				√											
年度职能战略	清洗方案和清洗剂的应用		√				√			√											
年度职能战略	项目开发速度满足客户项目时间节点		√			√					√										
年度职能战略	加强新品制作前的产前准备（包括模具量具点检表、材料准备以及 ERP 新品工艺添加等）		√				√			√											
年度职能战略	派专人对重大客户进行图纸梳理，现场走访了解客户端现场实际使用情况			√			√						√								

续表

策略来源	策略名称	紧急程度			重要程度			轴承事业部		技术中心				公共资源中心			财务中心		管理中心		
		非常紧急	紧急	一般紧急	公司级	事业部级	部门级	营销部	生产部	工艺部	项目部	中试部	产品部	设备部	市场部	质量部	财务部	投资部	人力资源部	采购部	信息与流程部
年度职能战略	开发合适的供应商(满足 TS16949),满足供应商开发与选择控制程序的供应商	√				√														√	
年度职能战略	需对设备采购的信息资源进行调研、收集和分析,扩大装备采购的选择面		√				√													√	
年度职能战略	采购周期能按项目时间节点严格控制		√			√														√	
年度职能战略	增设采购工程师,提升供应商开发的专业性		√				√												√		
年度职能战略	增加新品试制的能力和规模	√				√						√									
年度职能战略	将现有半自动装针切换成全自动装配		√			√								√							
年度职能战略	重点原辅材料拉动系统的建立		√			√				√											
年度职能战略	薪资方案的合理性和公平性,各部门副总、事业部总经理具备调薪、激励权限(公司允许范围内)		√		√														√		
年度职能战略	制订销售人员的年度培训计划,制定营销人员的有效激励机制并加以固化沿用		√			√		√													
年度职能战略	精益降本激励方案落实		√			√													√		
年度职能战略	优化成本控制流程		√		√												√				
年度职能战略	财务参与业务运营过程		√		√												√				
企业发展战略	全面预算管理体系建设与导入实施		√		√												√				

续表

策略来源	策略名称	紧急程度			重要程度			轴承事业部		技术中心				公共资源中心			财务中心		管理中心		
		非常紧急	紧急	一般紧急	公司级	事业部级	部门级	营销部	生产部	工艺部	项目部	中试部	产品部	设备部	市场部	质量部	财务部	投资部	人力资源部	采购部	信息与流程部
企业发展战略	企业风控体系建设		√		√												√				
企业发展战略	加大售后市场开发力度，实现长春、武汉、广州、重庆市场销售突破		√			√		√													
商业模式	内部成本挖潜，让利终端，迅速拓展市场		√		√												√				
商业模式	压缩售后市场代理，实现扁平化渠道模式	√				√		√													
企业经营系统	发行企业债券，解决企业发展资金来源			√	√													√			
企业经营系统	实施企业内部业务流程再造		√		√																√
企业经营系统	建立健全企业年度经营计划管理体系		√		√														√		
企业经营系统	建立企业大学，加大营销职位族、技术职位族人才培养力度			√	√														√		
企业经营系统	优化企业内部授权机制		√		√														√		

第二节 沙盘推演：绘制年度战略地图

由罗伯特·S. 卡普兰、戴维·P. 诺顿提出的战略地图（strategy map）为企业全面描述战略和年度经营计划提供了帮助，有利于管理者和员工共同认识发展战略和经营计划。

一、战略地图基本构成

战略地图通常由四个层面构成，分别为财务层面、顾客层面、内部流程层面、学习与成长层面。四个层面要求企业经营必须围绕以下四个核心问题展开。

（1）要使我们的股东满意，我们需达成什么样的财务目标？（财务层面）

以财务为核心，就是在业绩评价过程中，要从股东及出资人的立场出发，树立“企业只有满足投资人和股东的期望，才能取得立足与发展所需要的资本”的观念。

财务方面是其他三个方面的出发点和平衡点，更是战略和年度经营计划的归宿。财务目标是战略地图的焦点，它告诉企业管理者，他们的努力是否对企业的经济收益产生了积极的作用，企业的战略和年度经营计划的实施和执行是否正在为最终经营结果的改善作出贡献。

（2）要达成我们的财务目标，我们需满足怎样的客户需求？（顾客层面）

为了完成财务指标，企业应该进行有效的市场细分，找准自己的目标客户群体，进而针对目标客户制定适当的市场目标。而要实现这一点，关键在于明确公司的现有客户群体和潜在客户群体。客户对产品的满意度和市场占有率的实现情况是完成公司财务目标的主要途径。

以客户为核心的思想，应充分体现出“客户造就企业”（彼得·德鲁克，1990）的思路。因为企业经营成果的获得不取决于企业内部的任何人，也不取决于企业内部能够控制的任何事情，而是由企业外部条件所决定的。在市场经济条件下，企业的成果取决于客户，即由客户决定企业的努力是转化为成果还是白白地耗费资源。以顾客为核心所设计的战略地图包括市场占有率、顾客的获得、顾客的保持、客户满意度及顾客获利能力五个方面，且每一个方面都有其特定的衡量指标。顾客因素在战略地图中占有重要地位，因为如果无法满足或达到顾客的需求，企业愿景及目标是很难实现的。

（3）要使我们的客户和股东满意，我们需在哪些内部运作及流程上超越他人？（内部流程层面）

战略地图认为，所有顾客的满意和财务目标的实现，都主要归功于公司内部运作的高效和有序。我们想想，如果没有内部完善的运作流程，怎么能谈得上为客户提供及时、准确的服务，又如何能快速、高效地将公司的产品推向市场并让消费者认同呢？

所以说，关注使企业整体绩效更好的流程、决策和行动，特别是对客户满意度有重要影响的企业过程，如内部运作效率、成本降低、质量和服务水平进一步提高、生产流程优化和周期缩短、新品开发速度等因素，将会在很大程度上决定企业在激烈的竞争中是否真正占有主导地位。

也就是说，企业要通过内部运作达到超越竞争对手的目的，使自己的产品质量更高、成本更低、交期更有保证、服务更可靠，将内部整体运作绩效变为公司的核心竞争力。

（4）要达成我们的目标，我们的员工需如何学习与成长？（学习与成长层面）

企业需要根据战略要求和经营重点，随时打造符合公司战略要求的员工队伍。通常来讲，一旦企业的战略重点发生调整，公司的运作模式、组织流程就会随之发生调整，相应地，也就对员工队伍的知识结构、技能水平提出了更高的要求。企业应该在战略调整之前就着手打造符合战略要求的员工队伍。

二、年度战略地图绘制

根据年度战略地图输入识别的结果，企业可以按照以下步骤绘制战略地图。

（1）确定股东价值差距（财务层面）。通常情况下，股东价值差距有几种表达方式，可能是利润增长，也可能是销售增加，可能是成本控制，也可能是长期稳健运营、风险控制。

（2）调整客户价值主张（客户层面），弥补股东价值差距，需要对现有的客户进行分析，调整企业的客户价值主张。客户价值主张主要有以下四种。

第一种是总成本最低。这种客户价值主张简单、一目了然，那就是企业要通过提升流程效率、压缩费用、降低成本等手段，使企业的整体运营成本最低化，进而满足客户需求。

第二种价值主张强调产品创新和领导。这种客户价值主张并不会要求企业一味地压缩成本，而是要求企业通过不断创新，为客户提供持续具有竞争力的产品和服务。

第三种价值主张强调提供全面客户解决方案。这种价值主张的客户需求已经不是简单的产品或产品组合，客户需要的是全方位的解决方案。

第四种是系统锁定。这种客户价值主张看重的不单单是产品本身或解决方案本身，它需要的是对企业全方位的评价和衡量，以确保企业能够长期、稳定地提供产品或服务。

(3) 确定战略主题（内部流程层面），要找出关键的流程，确定企业短期、中期、长期要做什么事。通常而言，有四个关键内部流程至关重要，即运营管理流程、客户管理流程、创新流程、社会流程。

(4) 提升战略准备度（学习和成长层面），分析企业现有无形资产的战略准备度是否具备支撑关键流程的能力，如果不具备，找出办法来予以提升。企业无形资产分为三类，即人力资本、信息资本、组织资本。

根据我们的经验，企业可以根据前面提到的年度战略地图识别及经营策略分析规则将识别出来的公司级经营策略绘制成战略地图，不同策略对应模块可参考图4-4。

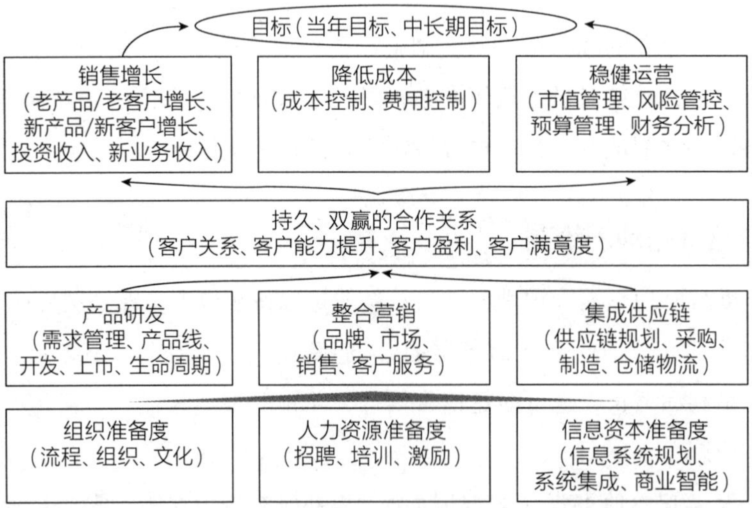

图4-4　战略地图（示意）

当然，由于每年企业的经营策略有差异，不一定每个战略地图模块都有对应经营策略，这需要根据企业实际进行识别与删减。

三、确定年度经营目标

关于年度经营目标的确定，本书的观点是一定要在年度战略地图确定后，通过对相关战略主题及措施进行客观评价之后再来确定，只有这样，定出来的目标才会客观、公正。

当然，在确定年度经营目标之前，企业还必须清楚企业目标的来源。

（1）发展战略。每家公司都有自己的战略梦想，也都会有清晰的战略目标，企业年度经营目标的第一来源就是企业发展战略。

（2）当年的经营期望。因为战略目标相对宏观，不够具体，企业只有在对当年经营环境有系统和全面认知的前提下才能够提出符合实际的年度经营目标，这个经营目标可能会比发展战略分解的目标低，也有可能会比发展战略分解的目标高。

（3）阶段性目标修正。企业发展战略在实施的过程中，可能会存在企业战略方向的调整或企业投入资源的增加或减少，因此，阶段性地对企业目标进行调整也是非常常见的。

另外，企业在确定年度经营目标的时候还需要关注以下几个因素。

（1）企业发展阶段。企业的发展阶段可以分为初创期、成长期、成熟期和衰退期等几个阶段，一般而言，初创期、成长期的企业由于规模比较小，可成长空间比较大，在确定年度经营目标增长的时候可以考虑增长幅度大一些，而处于成熟期、衰退期的企业，其年度经营目标增长会受到很大的限制，确定年度经营目标增长的时候可以考虑增长幅度小一些。

（2）行业发展空间。不同的行业所处的发展阶段不同，有些行业属于朝阳产业，增长空间很大，有些行业属于夕阳行业，增长空间自然小一些，企业在确定年度经营目标的时候也应该考虑这一因素。

（3）企业自身拥有的资源。很多企业在确定经营目标的时候经常会说这样一句话——“用投入换规模”，是的，企业自身拥有资源的多寡也可以作为企业确定年度经营目标高低的一个重要参考因素。

（4）企业采取的经营策略。我们经常会讲：方法得当，事半功倍；方法不当，事倍功半。企业采取不同的经营策略，相同的付出可能会得到完全不同的经营结果，因此，我们认为经营策略的选择也会直接影响目标的确定。

表4-6 不同增长速度优劣势对比

类型	超低速增长	低速增长	快速增长	高速增长	特高速增长
定义	增速小于10%	10%~20%的增长速度	20%~50%的增长速度	50%~80%的增长速度	80%以上的增长速度
优点	增长幅度较小，不需要大规模投入	经营稳健，不需要剧烈的变革与调整	(1)比较容易实现稳健的发展 (2)资金和人力资源需求压力小	能够在较短时间完成规模积累	(1)能实现快速发展，企业能较快实现规模 (2)能抢占更多优质市场资源
缺点	(1)企业经营成本压力较大 (2)对员工的吸引力不足	(1)在竞争中逐渐失去优势地位 (2)发展速度较慢，很难通过自身经营积累巨大的资金回报	(1)对管控能力要求不高 (2)可能较好的市场资源会被竞争对手抢占先机	(1)很多潜在的经营风险被业绩增长所隐藏 (2)资金和人力需求压力较大	(1)对公司战略决策能力要求高 (2)对管控能力要求特高 (3)资金和人力资源需求压力大

由表4-6可以看出，企业无论选择何种发展速度，都有其明显的优劣势。根据我们的经验，我们认为企业在确定年度目标增长的时候，可以按照"3+1"的模式，即连续3年的快速或较快速增长，之后是1年的较低速或低速增长，因为企业在连续快速发展的过程中难免会埋下一些发展的隐患，定期通过调低发展预期来消除隐患可以帮助企业更加良性地迎接下一周期的快速发展。

【案例4-2】 浙江智达汽车零部件科技有限公司2018年战略地图输入识别及战略地图

根据【案例4-1】，我们对智达科技轴承事业部2018年度经营策略中公司层面的经营策略及事业部层面的经营策略分别绘制成公司级战略地图、事业部级战略地图。相关内容见表4-7、图4-5、表4-8、图4-6。

表4-7 智达科技公司级经营策略与战略地图输入识别表

经营策略来源	经营策略名称	战略地图对应策略
SWOT分析	完成巴西工厂前期调研，越南工厂设备调试、投产	7.1
SWOT分析	投资建立国家级研发中心	5.1
SWOT分析	引进专业技术人才，优化技术人才培养	9.1
SWOT分析	与浙江工业大学联合成立产学研平台	5.2
SWOT分析	优化技术人员激励体系	9.2
年度竞争策略	细化新产品、新项目的前期评审工作，集中优势资源开发重点项目和现有系列产品	5.3

续表

经营策略来源	经营策略名称	战略地图对应策略
年度竞争策略	重新评估新产品开发的资源投入和组织方式，倾斜新品开发的力度	5.3
年度竞争策略	引进高级过程开发工程师和现场高级技师	9.1
年度职能战略	薪资方案的合理性和公平性，各部门副总、事业部总经理具备调薪、激励权限（公司允许范围内）	9.3
年度职能战略	优化成本控制流程	2.1
年度职能战略	财务参与业务运营过程	2.1
企业发展战略	全面预算管理体系建设与导入实施	3.1
企业发展战略	企业风控体系建设	3.2
商业模式	内部成本挖潜，让利终端，迅速拓展市场	4.1
企业经营系统	发行企业债券，解决企业发展资金来源	3.3
企业经营系统	实施企业内部业务流程再造	8.1
企业经营系统	建立健全企业年度经营计划管理体系	8.3
企业经营系统	建立企业大学，加大营销职位族、技术职位族人才培养力度	9.4
企业经营系统	优化企业内部授权机制	8.2

说明：智达科技公司级经营策略除了轴承事业部之外，还需要识别汽车零部件事业部对应公司级经营策略，本案例仅以轴承事业部为准。

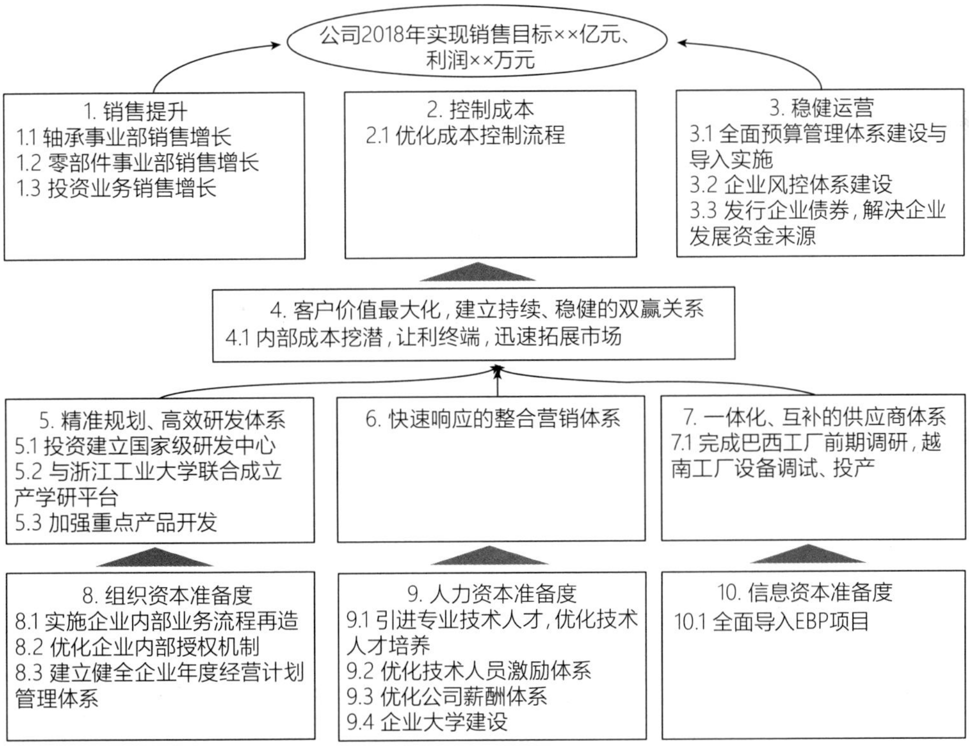

图 4-5　智达科技 2018 年公司级战略地图

说明：图4－5中除了1.2、1.3、10.1之外，所有策略都是从轴承事业部经营策略中得到的公司级战略主题，在实际工作中，智达科技在公司战略地图当中还需要补充汽车零部件事业部需要公司层面推动的经营策略。另外，由于智达科技将轴承产品销售、生产职能全部划归事业部负责，因此，在公司战略地图第6部分、第7部分一级战略主题中均不包含具体销售及生产对应策略，读者朋友可以查看智达科技轴承事业部、汽车零部件事业部战略地图。

表4－8　智达科技轴承事业部级经营策略与战略地图输入识别表

经营策略来源	经营策略名称	战略地图对应策略
SWOT分析	加大全球化客户开发力度	6.1
SWOT分析	加大产品出口，完善营销人员激励体系	1.1、9.1
SWOT分析	投资加强铜套研发，实现铜套销售突破	1.2、5.1
SWOT分析	实施设备自动化改造，减少用工数量	7.1
SWOT分析	持续优化产品性价比	5.2
SWOT分析	在持续提升客户服务满意度的同时，强化质量及成本控制	2.1、4.1
年度竞争策略	级进模冲压技术提升	7.2
年度竞争策略	滚针加工技术的提升和加工的稳定性	7.2
年度竞争策略	销售人员的素质培训和激励机制优化	9.1
年度竞争策略	冲压外圈切换级进模加工，提升加工速度，降低加工成本	7.2
年度竞争策略	装配工序切换自动装配，提升装配的效率	7.1
年度竞争策略	灵活性检测和外观检查切换为自动检测	7.1
年度职能战略	与技术中心共同对新品与项目的识别完善，新品接单评审流程的完善和健全	6.2
年度职能战略	成立项目组，对热处理变形、软点等问题进行改善	7.3
年度职能战略	项目开发速度满足客户项目时间节点	5.3
年度职能战略	开发合适的供应商（满足TS16949），满足供应商开发与选择控制程序的供应商	7.4
年度职能战略	采购周期能按项目时间节点严格控制	7.4
年度职能战略	增加新品试制的能力和规模	5.4
年度职能战略	将现有半自动装针切换成全自动装配	7.1
年度职能战略	重点原辅材料拉动系统的建立	7.5
年度职能战略	制订销售人员的年度培训计划，制定营销人员的有效激励机制并加以固化沿用	9.1
年度职能战略	精益降本激励方案落实	9.2
企业发展战略	加大售后市场开发力度，实现长春、武汉、广州、重庆市场销售突破	1.3
商业模式	压缩售后市场代理，实现扁平化渠道模式	4.2

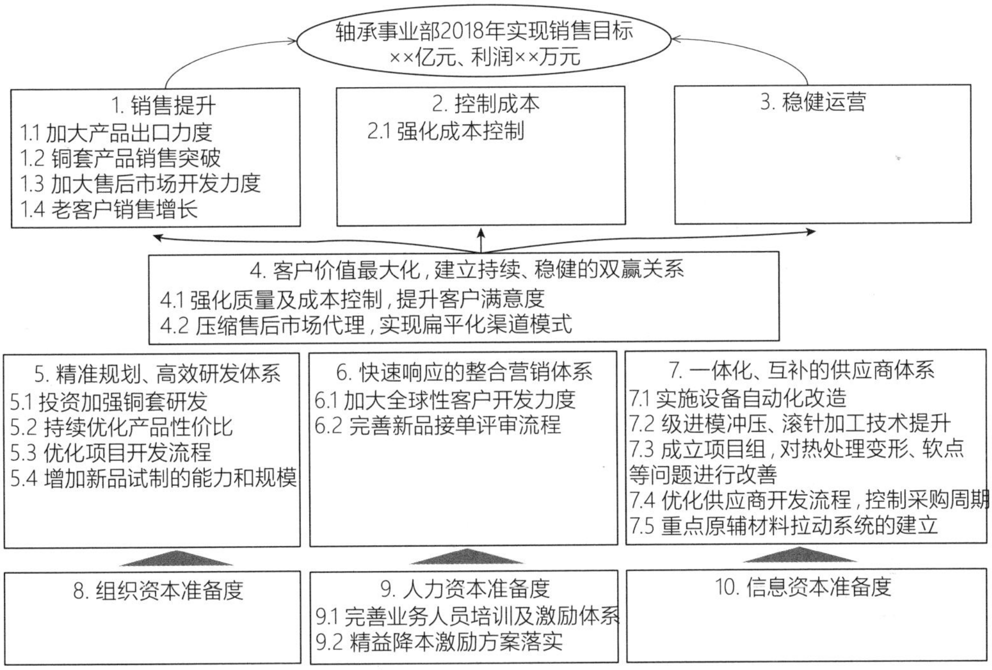

图 4－6　智达科技轴承事业部 2018 年战略地图

说明：与公司级战略地图类似，由于稳健运营、组织资本准备度、信息资本准备度等职能全部由公司总部负责，因此，在智达科技轴承事业部战略地图一级战略主题对应的二级战略主题是空白的。

The Annual Business Plan Formulation and Management | **第三节**

排兵布阵：平衡计分卡与年度经营目标分解

战略地图可以有效帮助企业建立系统的年度经营思维，从财务角度入手，引导企业分别从顾客、内部流程、员工学习与成长等几个层面进行策略规划与落地，为了直观衡量战略地图四个层面的问题，罗伯特·S. 卡普兰、戴维·P. 诺顿又提出了平衡计分卡理论，他们认为，企业通常可以采用以下指标对四个层面进行评价与衡量，当然更需要根据当年的经营策略单独确定，如表4－9所示。

表4－9　平衡计分卡不同层面衡量维度与指标

战略地图层面	评价维度及衡量指标
财务层面	(1) 盈利性（营业收入、收入趋势、投资回报率、经济附加值等） (2) 流动性（现金流量、现金流量趋势、利息保障倍数、资产周转率、存货周转率、坏账比率等） (3) 销售（年度销售收入、主要产品销售额、新产品销售额、销售趋势、销售预测准确率等） (4) 市场价值（股票价格、市盈率、无形资产价值、品牌价值等） (5) 稳健运营（风控体系完善性、危机事件有效处理率、财务分析、预算控制等） ……
顾客层面	(1) 产品功能（具有竞争力的价格、优良的质量、购买便捷、准时提交产品等） (2) 产品优势（出色的产品功能、产品技术附加值、新产品等） (3) 客户服务（融洽的客情关系、完整的解决方案、出色的服务、个性化的需求满足、较高的客户满意等） ……
内部流程层面	(1) 产品研发（需求管理、产品线规划、产品定义、新产品开发、新产品上市管理、产品生命周期管理等）相关效率、质量及成本 (2) 整合营销（品牌定位及传播、市场研究及推广、客户开发与产品销售、客户服务）相关效率、质量及成本 (3) 集成供应链（供应链规划、供应商开发与管理、采购计划及执行、生产计划及制程管理、仓储与物流）相关效率、质量及成本 ……
学习与成长层面	(1) 人力资本：外部获取（招聘、合作、外脑引进等）、内部开发（培训、技能提升、优化、接班人计划等）、员工满意度、员工激励 (2) 组织资本：组织创新（制度、管理、服务、技术、标准的创新）、组织优化（柔性化、扁平化、分权化、流程化、服务化）、流程中心型组织建设、战略中心型组织建设、阿米巴、企业文化 (3) 信息资本：信息化规划、信息管理成熟度、信息系统导入与集成 ……

一、战略主题强相关识别

这是企业建立平衡计分卡的第一步。在企业年度战略地图中，已经明确了年度经营目标实现的关键路径（也称为战略主题），这些战略主题需要相关的职能去承接，因此，在确定年度平衡计分卡之前，明确每项战略主题的关键责任承接方是非常关键的。

所谓战略主题强相关识别，是指实现战略主题最核心部分不可或缺的直接责任，这些责任可能是管理责任、组织责任、计划责任、执行责任或定期分析改进责任。根据我们的经验，每个战略主题至少有一个责任担当主体，也可能存在多个责任担当主体，这个责任担当主体可能是公司，也可能是某个职能部门，还可能是某个关键岗位，这需要具体问题区别对待，具体可以参考【案例4－3】。

二、战略主题衡量

战略主题强相关识别只是分清楚了责任归属的问题，企业在绘制平衡计分卡的时候还需要对这些战略主题进行量化，找到能够评价和衡量这些战略主题的相关指标，这就是我们通常所讲的KPI。

通常情况下，企业可以按照以下思路进行战略主题衡量。

1. 利用鱼骨图对战略主题进行分解

在战略地图中，每个战略主题都是一个策略性的方向或者比较宏观的策略，很难进行衡量和评价，这就需要企业对这些策略进行分解和细化，这时候常用的工具就是鱼骨图。

鱼骨图，又称因果关系图，它是一种将大概念分解成若干具有动因关系小概念的工具。因为在分解过程中人们喜欢层层分解，最终形成类似鱼骨头的图形。

在利用鱼骨图分解公司战略主题的时候，可以从以下几个角度思考。

（1）项目分解，是指对某些包含了很多小概念的大概念进行分解。例如：降低成本可以分解成降低生产成本、降低采购成本、降低管理成本、降低人工成本、降低销售成本、降低财务费用、降低日常招待费等；增加销量可以分解为老客户销售增加、新客户销售增加、老市场销售增加、新市场销售增加、新产品销售增加、老产品销售增加、新业务销售增加等；员工培训可以分解成新员工培训、员工岗前培训、在岗培训等。

（2）管理五大职能分解，是指根据管理的计划、组织、协调、指挥和控制五大职能对一个大目标进行分解。例如：员工培训工作可以分解为员工培训计划制订、培训计划实施、培训过程监督、培训效果评估和培训结果跟踪、培训成果转化，等等；规范化建设可以分解为规范化建设计划、计划执行、结果反馈等小目标。

（3）利用PDCA分解，是指利用“计划—执行—检查反馈—分析改进”循环分解公司目标。例如：财务预算工作可以分解为财务预算编制、预算执行、预算控制和预算分析等环节；营销渠道建设可以分解为目标渠道规划、渠道建设规划执行、规划执行情况监督、渠道建设情况分析等环节。

（4）利用关键事件分解，是指当某些目标很难用上述几种方法分解或分解不到位的时候，可以考虑采用一个或几个关键事件来对目标的实现过程进行控制。例如：ISO9001 体系导入就可以用外界咨询机构考察、咨询机构引入、手册编制完成和外审通过等几个关键事件来控制；门店形象升级可以分为门店形象设计、门店形象施工、门店形象维护等几个关键事件。

2. 利用 QQTC 模型进行战略主题量化

我们已经利用鱼骨图对战略主题进行了分解，但我们知道，如果不将战略主题转化成可以衡量的指标的话，目标很难得到比较全面的实施。

一般来讲，要想顺利实现目标，首先要对目标进行分解，并落实相关的责任单位或责任人，责任单位或责任人会根据目标拟定目标实现的计划，并按照计划执行。但衡量计划执行情况如何、究竟有没有达到公司目标的要求，就需要公司对目标进行指标化，并根据指标要求定期进行评估，只有这样，才能保证目标计划顺利实施，达到公司战略目标的要求。

通常我们在将目标转化成指标的时候，会依据数量、质量、时间和成本四个维度，即 QQTC 模型进行评估。

Q（quantity，数量），即在规定条件下完成工作的数量，数量维度指标一般采用个数、时数、次数、人数、项数、额度等表示，如销售数量、销售额、利润总额、新产品上市个数、生产数量、采购额等。

Q（quality，质量），即在规定条件下完成工作的质量，质量维度指标通常采用完成比率、评估结果、及时性、满意度、准确性、达成率、完成情况、合格率、周转次数等表示，如利润达成率、销售目标达成率、存货周转率、预算准确率、产品品质合格率、设备稼动率、客户满意度、员工满意度、管理成熟度等。

T（time，时间），即在规定条件下完成工作的时间，时间维度指标通常采用完成时间、批准时间、开始时间、结束时间、最早开始时间、最迟开始时间、最早结束时间、最迟结束时间等表示，如年度经营计划公布时间、年度研发路线图更新周期、员工招聘周期等。

C（cost，成本），即在规定条件下完成工作所耗费的成本，成本维度指标通常采用费用额、预算控制等表示，如生产成本控制、人工成本控制、招聘成本控制、培训成本控制、财务费用控制、销售费用控制等。

其实，我们平时在评估一项工作好坏的时候，通常都是根据以上几个维度进行评估的，只不过有时是单独从某一个维度进行评估，有时是从两个或三个维度进行评估。如：销售额/数量 = 单价、数量/时间 = 效率、利润/时间 = 效益，等等。

3. KPI 定义

利用鱼骨图和 QQTC 模型对战略主题进行细化和量化之后便可形成公司年度 KPI 词典，为了保证各部门对每项 KPI 能达成共识，企业还需要对每个 KPI 进行定义，通常情况下，KPI 定义包括指标编号、考核周期、计量单位、设置目的、计算公式、相关说明、指标误差、数据输出、强相关部门、考核方法、指标极性等。

三、绘制年度平衡计分卡

通过前面战略主题强相关识别，企业可以清楚地看到每个战略主题的责任部门，通过战略主题衡量，企业又可将每项战略主题用不同的指标进行衡量，我们通常讲，没有量化就无法管理，战略主题量化的过程其实也是保证企业每个战略主题能够有效管理的基础。

根据我们的经验，企业可以把战略主题强相关识别、衡量质量以及各个指标的年度目标放在一张表中进行管理，这就是罗伯特 · S. 卡普兰、戴维 · P. 诺顿所说的年度平衡计分卡。

【案例4-3】 浙江智达汽车零部件科技有限公司2018年平衡计分卡

智达科技2018年公司平衡计分卡及轴承事业部2018年平衡计分卡见表4-10、表4-11。

表4-10 智达科技2018年公司平衡计分卡

一级战略主题	二级战略主题	衡量指标	年度目标	经营委员会	轴承事业部		技术中心				公共资源中心			财务中心		管理中心		
					营销部	生产部	工艺部	项目部	中试部	产品部	设备部	市场部	质量部	财务部	投资部	人力资源部	采购部	信息与流程部
公司2018年实现销售目标××亿元、利润××万元		公司年度销售收入	略	√														
		公司年度利润总额	略	√														
1. 销售提升	1.1 轴承事业部销售增长	轴承事业部年度销售收入	略		√													
	1.2 零部件事业部销售增长	零部件事业部年度销售收入	略															
	1.3 投资业务销售增长	投资业务收入	略												√			
2. 控制成本	2.1 优化成本控制流程	公司成本控制目标达成率	略											√				
3. 稳健运营	3.1 全面预算管理体系建设与导入实施	预算覆盖率	略											√				
		预算控制率	略											√				
	3.2 企业风控体系建设	风控体系有效性评价	略											√				
	3.3 发行企业债券,解决企业发展资金来源	企业债券发行金额	略												√			

续表

一级战略主题	二级战略主题	衡量指标	年度目标	经营委员会	轴承事业部		技术中心				公共资源中心			财务中心		管理中心		
					营销部	生产部	工艺部	项目部	中试部	产品部	设备部	市场部	质量部	财务部	投资部	人力资源部	采购部	信息与流程部
4. 客户价值最大化，建立持续、稳健的双赢关系	4.1 内部成本挖潜，让利终端，迅速拓展市场	客户累计盈利	略											√				
5. 精准规划、高效研发体系	5.1 投资建立国家级研发中心	国家级研发中心挂牌时间	略							√								
		研发项目立项数量	略							√								
	5.2 与浙江工业大学联合成立产学研平台	产学研项目转化金额	略							√								
	5.3 加强重点产品开发	重点产品开发计划达成率	略							√								
		重点产品销售收入	略		√							√						
6. 快速响应的整合营销体系	—	—	—															
7. 一体化、互补的供应商体系	7.1 完成巴西工厂前期调研，越南工厂设备调试、投产	巴西工厂调研完成时间	略												√			
		巴西工厂立项时间	略												√			
		越南工厂正式投产时间	略												√			

续表

一级战略主题	二级战略主题	衡量指标	年度目标	经营委员会	轴承事业部		技术中心				公共资源中心			财务中心		管理中心		
					营销部	生产部	工艺部	项目部	中试部	产品部	设备部	市场部	质量部	财务部	投资部	人力资源部	采购部	信息与流程部
8. 组织资本准备度	8.1 实施企业内部业务流程再造	业务流程优化计划达成率	略															√
	8.2 优化企业内部授权机制	年度授权文件下发时间	略													√		
	8.3 建立健全企业年度经营计划管理体系	年度经营计划管理体系有效性评价	略													√		
		各部门 KPI 达成率	略													√		
		各部门关键事项达成率	略													√		
9. 人力资本准备度	9.1 引进专业技术人才，优化技术人才培养	技术人才招聘计划达成率	略													√		
		技术职位族员工适岗率	略													√		
	9.2 优化技术人员激励体系	技术人员激励方案实施时间	略													√		
	9.3 优化公司薪酬体系	员工对薪酬的满意度	略													√		
		薪酬体系有效性评价	略													√		
10. 信息资本准备度	10.1 全面导入 EBP 项目	EBP 上线时间	略															√

表 4－11　智达科技轴承事业部 2018 年平衡计分卡

一级战略主题	二级战略主题	衡量指标	年度目标	经营委员会	轴承事业部		技术中心				公共资源中心			财务中心		管理中心		
					营销部	生产部	工艺部	项目部	中试部	产品部	设备部	市场部	质量部	财务部	投资部	人力资源部	采购部	信息与流程部
轴承事业部 2018 年实现销售目标××亿元、利润××万元		轴承事业部年度销售收入	略		√													
		轴承事业部年度利润总额	略		√													
1. 销售提升	1.1 加大产品出口力度	出口销售收入	略		√													
	1.2 铜套产品销售突破	铜套产品销售收入	略		√													
	1.3 加大售后市场开发力度	售后市场销售收入	略		√													
	1.4 老客户销售增长	老客户销售收入	略		√													
2. 控制成本	2.1 强化成本控制	事业部成本控制目标达成率	略			√												
3. 稳健运营	—	—	—															

续表

一级战略主题	二级战略主题	衡量指标	年度目标	经营委员会	轴承事业部		技术中心				公共资源中心			财务中心		管理中心		
					营销部	生产部	工艺部	项目部	中试部	产品部	设备部	市场部	质量部	财务部	投资部	人力资源部	采购部	信息与流程部
4. 客户价值最大化，建立持续、稳健的双赢关系	4.1 强化质量及成本控制，提升客户满意度	客户满意度	略									√						
		产品不良率	略										√					
	4.2 压缩售后市场代理，实现扁平化渠道模式	扁平化渠道建设计划达成率	略		√													
5. 精准规划、高效研发体系	5.1 投资加强铜套研发	铜套研发计划达成率	略					√										
	5.2 持续优化产品性价比	产品性价比优化目标	略				√											
	5.3 优化项目开发流程	项目研发周期	略					√										
	5.4 增加新品试制的能力和规模	新产品试制成功率	略						√									
		新产品试制计划达成率	略					√	√	√								
6. 快速响应的整合营销体系	6.1 加大全球性客户开发力度	全球性客户开发计划达成率	略		√							√						
	6.2 完善新品接单评审流程	接单评审周期	略					√		√								

续表

一级战略主题	二级战略主题	衡量指标	年度目标	经营委员会	轴承事业部		技术中心				公共资源中心			财务中心		管理中心		
					营销部	生产部	工艺部	项目部	中试部	产品部	设备部	市场部	质量部	财务部	投资部	人力资源部	采购部	信息与流程部
7. 一体化、互补的供应商体系	7.1 实施设备自动化改造	设备自动化改造计划达成率	略								√							
	7.2 级进模冲压、滚针加工技术提升	级进模冲压、滚针加工技术提升计划达成率	略				√	√										
	7.3 成立项目组，对热处理变形、软点等问题进行改善	热处理变形、软点等问题改善计划达成率	略				√											
	7.4 优化供应商开发流程，控制采购周期	核心物料采购周期	略														√	
	7.5 重点原辅材料拉动系统的建立	原辅材料拉动系统正式实施时间	略				√											
8. 组织资本准备度	—	—	—															
9. 人力资本准备度	9.1 完善业务人员培训及激励体系	业务人员对薪酬的满意度	略													√		
		业务人员适岗率	略		√													
	9.2 精益降本激励方案落实	精益降本激励方案实施时间	略													√		
10. 信息资本准备度	—	—	—															

四、编制目标责任书

公司目标确定后，为了明确目标责任，让每个目标担当主体清楚自己的目标以及目标达成后自己的利益，企业需要在年初与每个责任主体签订目标责任书，同时每个责任担当主体的收益也需要与目标责任中相关目标的达成相关联。

一般来讲，目标责任书有四部分，即目标责任主体及目标责任书周期、年度KPI、年度关键事项、年度激励方案。

（1）目标责任主体及目标担当周期比较容易确定，KPI的责任担当主体具体见平衡计分卡，关键事项的责任担当主体具体见经营策略分解表，而目标责任书周期一般情况下均为一年。

（2）年度KPI根据平衡计分卡识别就可以了，需要注意的是，每项KPI有可能只有一个责任担当主体，也有可能会有多个责任担当主体。

（3）年度关键事项根据经营策略分解表进行识别，一般情况下，每项经营策略只能有一个责任担当主体。

（4）年度激励方案需要在年度经营计划实施平台环节进行设计，但为了让责任担当主体明确自己的利益，说得通俗一点就是，让每个责任担当主体清楚，一旦目标达成或者年度关键事项达成后对自己有哪些好处，企业在目标责任书（见表4-12）中有必要对激励方案进行说明。

表4-12　年度目标责任书（格式）

发约人		受约人	
发约日期		受约日期	
第一部分：年度KPI			
序号	KPI名称	年度目标	备注
1			
2			
第二部分：关键事项			
序号	关键事项名称	完成时间	完成标志
1			
2			
第三部分：年度激励方案			
1			
2			

【案例4－4】 浙江智达汽车零部件科技有限公司2018年目标责任书

相关内容见表4－13至表4－16。

表4－13 智达科技轴承事业部营销部2018年目标责任书

发约人		受约人	
发约日期		受约日期	
第一部分：年度KPI			
序号	KPI名称	年度目标	备注
1	轴承事业部年度销售收入	略	公司平衡计分卡
2	轴承事业部年度利润总额	略	事业部平衡计分卡
3	重点产品销售收入	略	公司平衡计分卡
4	出口销售收入	略	事业部平衡计分卡
5	铜套产品销售收入	略	事业部平衡计分卡
6	售后市场销售收入	略	事业部平衡计分卡
7	老客户销售收入	略	事业部平衡计分卡
8	扁平化渠道建设计划达成率	略	事业部平衡计分卡
9	全球性客户开发计划达成率	略	事业部平衡计分卡
第二部分：关键事项			
序号	关键事项名称	完成时间	完成标志
1	加大全球化客户开发力度	略	略
2	加大产品出口，完善营销人员激励体系	略	略
3	制订销售人员的年度培训计划，制定营销人员的有效激励机制并加以固化沿用	略	略
4	加大售后市场开发力度，实现长春、武汉、广州、重庆市场销售突破	略	略
5	压缩售后市场代理，实现扁平化渠道模式	略	略
第三部分：年度激励方案			
1	年度KPI达成与业务人员提成挂钩，具体见《2018年业务人员激励方案》		
2	关键事项达成与公司福利挂钩，具体见《2018年积分管理办法》		

表4－14　智达科技轴承事业部生产部2018年目标责任书

发约人		受约人	
发约日期		受约日期	
第一部分：年度KPI			
序号	KPI名称	年度目标	备注
1	事业部成本控制目标达成率	略	事业部平衡计分卡
第二部分：关键事项			
序号	关键事项名称	完成时间	完成标志
1	继续推行精益生产理念，结合外部资源，通过精益布局、拉动、快速换型等方法应用，持续改善，降低成本	略	略
第三部分：年度激励方案			
1	KPI达成与员工年终奖金挂钩，具体见《2018年年终奖金管理办法》		
2	关键事项达成与公司福利挂钩，具体见《2018年积分管理办法》		

表4－15　智达科技产品部2018年目标责任书

发约人		受约人	
发约日期		受约日期	
第一部分：年度KPI			
序号	KPI名称	年度目标	备注
1	国家级研发中心挂牌时间	略	公司平衡计分卡
2	研发项目立项数量	略	公司平衡计分卡
3	产学研项目转化金额	略	公司平衡计分卡
4	重点产品开发计划达成率	略	公司平衡计分卡
5	新产品试制计划达成率	略	事业部平衡计分卡
6	接单评审周期	略	事业部平衡计分卡
第二部分：关键事项			
序号	关键事项名称	完成时间	完成标志
1	投资建立国家级研发中心	略	略
2	与浙江工业大学联合成立产学研平台	略	略
3	细化新产品、新项目的前期评审工作，集中优势资源开发重点项目和现有系列产品	略	略

续表

第二部分：关键事项			
序号	关键事项名称	完成时间	完成标志
4	重新评估新产品开发的资源投入和组织方式，倾斜新品开发的力度	略	略
5	完善新品开发信息收集渠道	略	略
6	明确项目时间节点信息、量产信息及产品寿命周期等信息	略	略
7	与技术中心共同对新品与项目的识别完善，新品接单评审流程的完善和健全	略	略
8	派专人对重大客户进行图纸梳理，现场走访了解客户端现场实际使用情况	略	略
第三部分：年度激励方案			
1	KPI 达成与员工年终奖金挂钩，具体见《2018 年年终奖金管理办法》		
2	关键事项达成与公司福利挂钩，具体见《2018 年积分管理办法》		

表 4－16　智达科技人力资源部 2018 年目标责任书

发约人		受约人	
发约日期		受约日期	
第一部分：年度 KPI			
序号	KPI 名称	年度目标	备注
1	年度授权文件下发时间	略	公司平衡计分卡
2	年度经营计划管理体系有效性评价	略	公司平衡计分卡
3	各部门 KPI 达成率	略	公司平衡计分卡
4	各部门关键事项达成率	略	公司平衡计分卡
5	技术人才招聘计划达成率	略	公司平衡计分卡
6	技术职位族员工适岗率	略	公司平衡计分卡
7	技术人员激励方案实施时间	略	公司平衡计分卡
8	员工对薪酬的满意度	略	公司平衡计分卡
9	薪酬体系有效性评价	略	公司平衡计分卡
10	业务人员对薪酬的满意度	略	事业部平衡计分卡
11	精益降本激励方案实施时间	略	事业部平衡计分卡

续表

第二部分：关键事项			
序号	关键事项名称	完成时间	完成标志
1	引进专业技术人才，优化技术人才培养	略	略
2	优化技术人员激励体系	略	略
3	引进高级过程开发工程师和现场高级技师	略	略
4	销售人员的素质培训和激励机制优化	略	略
5	增设采购工程师，提升供应商开发的专业性	略	略
6	薪资方案的合理性和公平性，各部门副总、事业部总经理具备调薪、激励权限（公司允许范围内）	略	略
7	精益降本激励方案落实	略	略
8	建立健全企业年度经营计划管理体系	略	略
9	建立企业大学，加大营销职位族、技术职位族人才培养	略	略
10	优化企业内部授权机制	略	略
第三部分：年度激励方案			
1	KPI 达成与员工年终奖金挂钩，具体见《2018 年年终奖金管理办法》		
2	关键事项达成与公司福利挂钩，具体见《2018 年积分管理办法》		

五、建立经营驾驶舱

企业经营驾驶舱是一个全新的企业经营管理概念，企业经营驾驶舱的作用就像汽车或者飞机的仪表盘一样，企业可以通过各种常见的图表（速度表、音量柱、预警雷达、雷达球）形象标识企业运行的关键指标（KPI），直观地监测企业运营情况，并对异常关键指标进行预警和挖掘分析。

建立经营驾驶舱对于企业经营而言，其好处主要体现在以下几个方面。

（1）形象直观。企业可以建立墙面显示系统，也可以采用个人电脑桌面建立经营驾驶舱，还可以在员工个人手机端实现查看功能，驾驶舱通过对不同系统数据的及时收集和计算，形象、直观地显示企业经营过程。

（2）及时反馈。由于企业经营是一个动态的过程，因此，能够及时反馈并对发现的问题予以纠正显得尤为重要，这也是企业建立经营驾驶舱的一个核心目的。

（3）个性化定义。根据战略主题强相关识别，我们知道不同的责任担当主体其承接的指标可能是不同的，因此，企业在建立经营驾驶舱的过程中，进行个性化的识别和定义也是非常关键的，如总经理、副总经理、部门总监和经理可以分别建立满足其经营和管理需要的经营驾驶舱。

（4）系统集成。企业建立经营驾驶舱需要建立显示系统、经营驾驶舱模型处理中心、数据库、企业 ERP 系统、CRM 系统、SRM 系统、DRP 系统、OA 协同管理系统等，这些不同系统的有机集成也促进了企业对信息的利用效率。

第五章

兵马未动，粮草先行：
年度业务计划与经营预算

年度经营目标确定后，接下来的工作就是要规划如何保证经营目标的顺利实现，这就需要相关目标的责任担当主体对目标进行细化，进而提出目标实现的行动步骤和方案，这在很多企业也统称为年度业务计划系统。

通常情况下，业务计划包括年度营销计划（包括品牌计划、市场计划、渠道管理计划、销售计划、政策管理计划、客户服务计划等）、年度研发计划（包括新产品路线图计划、新品开发计划、新品上市计划、产品生命周期管理计划等）、年度供应链运营计划（包括供应商管理计划、物料供应计划、生产计划、品质控制计划、仓储计划、物流计划等）、年度财务及投资计划（包括年度投资计划、年度融资计划、年度税务规划、年度成本控制计划等）和年度人力资源计划（包括年度人力资源需求计划、年度人力资源招聘计划、年度人力资源培训计划、年度人力资源激励计划等）。

另外，企业在制订年度经营计划的时候，单单有业务计划还不够，因为对于任何一家企业而言，其经营的目的都是要追求效益最大化，因此，企业还需要根据业务计划和年度经营目标确定年度经营预算。

年度经营预算一般包括收入预算和支出预算，其中收入预算包括产品或服务销售收入、投资收入、其他营业外收入，支出预算包括人工成本、生产成本、销售费用、财务费用、管理费用等。在这里需要强调的是，企业在进行年度支出预算的时候，还必须考虑战略投入预算，即公司为了达成未来战略目标必须在当年进行的投入，这些投入可能与当年经营目标的实现关系不大，如新厂房的建设投资、新品研发储备投入、人力资源储备投入、潜在目标市场的培育投入、新业务培育投入等。

The Annual Business Plan Formulation and Management | 第一节

谋定而后动：编制年度业务计划

年度业务计划一方面可以帮助各部门明确努力的方向以及确定具体的行动步骤，另一方面还可以为企业进行年度资源配置和投入指明方向。换句话说，对于每家企业而言，自身拥有的资源一定是有限的，那么企业需要权衡如何才能让有限的资源发挥其最大的价值，从而保证年度经营目标的实现。

正如彼得·德鲁克所说的，没有一家企业可以做所有的事。即便有足够的钱，它也永远不会有足够的人才，它必须分清轻重缓急。企业最糟糕的是，什么都做但都只做一点点，每件事情只做到60分，但没有一件事能做到100分。

为了帮助企业有效地解决这一问题，我们的经验是，企业在编制年度业务计划和经营预算之前，需要结合年度经营目标进行价值链分析，通过价值链分析明确资源投入的方向及重点。

一、年度市场营销计划

企业存在的唯一理由是客户还需要它，因此，企业在编制年度业务计划的时候，年度营销计划是首要任务。

年度营销计划必须以洞察客户需求为起点，以客户满意为终点，不同企业面对的客户不同，不同的客户其核心需求也会存在很大的差异。制订年度营销计划时传统的做法是基于4P或者4C理论进行，自从唐·舒尔茨提出整合营销传播理论后，越来越多的企业开始关注整合营销。

唐·舒尔茨认为，传统的以4P为核心的营销框架，更加重视产品导向，而非真正的消费者导向，企业的经营哲学是“消费者请注意”。面对20世纪90年代以来市场环境的新变化，企业应在营销观念上逐渐淡化4P，经营哲学应调整为“注意消费者”。

整合营销要求企业以消费者为核心重组企业行为和市场行为，然后综合协调各种资源进行传播，以统一的目标和统一的传播形象，传递一致的产品信息，实现企业与消费者的双向沟通，迅速树立产品品牌在消费者心目中的地位，建立产品品牌与消费者长期密切的关系，更有效地达到广告传播和产品营销的目的。

通常情况下，整合营销包括两个层面的整合，即横向整合和纵向整合。其中，横向整合包括品牌及营销信息整合、品牌及营销信息传播工具整合、品牌及营销传播要素整合；纵向整合包括市场定位整合、传播目标整合、4P 及 4C 整合等。企业年度营销计划见表 5－1。

表 5－1　企业年度营销计划一览表

计划类型	子计划	包含内容	责任部门
年度品牌建设计划	年度品牌调研计划	品牌知名度、美誉度、忠诚度调查	品牌管理部
	年度品牌传播计划	传播渠道、传播策略、媒介策略	品牌管理部
	年度品牌形象提升计划	品牌 VI 设计、品牌 VI 使用与监督	品牌管理部
	年度广告设计及制作计划	平面广告、网络广告、电视广告等	品牌管理部
年度市场管理计划	年度消费者调研计划	消费者群体定义、消费者核心需求调研、调研区域与调研方式规划	市场部
	年度产品包装计划	包装设计、包装制作、包装使用监督	市场部
	年度市场活动计划	活动规划、活动策划与实施、活动效果评估	市场部
	年度市场秩序管理计划	窜货管理、乱价管理	市场部
	年度市场物料管理计划	市场物料设计、市场物料制作、市场物料使用监督	市场部
年度渠道管理计划	年度渠道开发计划	目标渠道定义、渠道模式选择、渠道开发策略、渠道开发实施	销售管理部
	年度渠道管理计划	年度渠道政策、年度渠道升级规划、渠道关系维护	销售管理部
年度销售计划	年度销售预测计划	客户销售预测、区域销售预测、公司销售预测	销售部
	滚动销售计划	销售计划编制、销售计划变更	销售部
年度政策管理计划	年度销售政策计划	渠道政策、返利政策、贴息政策、市场费用政策、窜货政策、乱价政策	市场部
	年度销售价格计划	定价管理、调价管理	市场部
	销售货款计划	客户信用管理、销售货款回收、呆坏账处理	销售部
年度客户服务计划	客户投诉管理计划	客诉收集渠道规划、客诉受理、客诉处理结果跟踪	客户服务部
	客户服务计划	安装及维护服务、技术支持、配件管理	客户服务部

二、年度新产品研发计划

俗话说，“兵马未动，粮草先行”。企业要想在市场上获得成功，开发和设计具有竞争力的产品至关重要。

任何一家企业都是围绕满足顾客某种至关重要的需求而存在的，也就是说，不管这家企业是卖运动服饰（如 Nike、Adidas、LINING），还是卖手机（如 iPhone、华为、OPPO、VIVO），都离不开产品（服务）的设计与开发，大家都知道苹果公司的成功源于乔布斯对产品的精益求精，中国有句老话“酒香不怕巷子深”，好的产品（服务）是企业成功的关键因素。

罗伯特·G. 库珀教授提出的以市场为驱动的新产品开发流程为我们提供了很好的思路。库珀认为，全世界的企业都在参与一场前所未有的新产品战，而且战场遍及全世界的各个角落，无论是家用电器，还是工程用新型树脂，从软件到硬件，甚至电子商务领域，新产品战愈演愈烈。战争的最终结局是那些在新产品上取得成功的企业，必将取得持续的竞争优势，进而获得客户，赢得市场。

与库珀的核心思想相似，目前国际、国内比较常用的产品开发方法主要以 IBM 提出的 IPD 为主。1992 年 IBM 在激烈的市场竞争下，遭遇到了严重的财政困难，公司销售收入停止增长，利润急剧下降。经过分析，IBM 发现其在研发费用、研发损失费用和产品上市时间等几个方面远远落后于业界最佳。为了重新获得市场竞争优势，IBM 提出了将产品上市时间压缩一半，在不影响产品开发结果的前提下，将研发费用减少一半的目标。为了实现这个目标，IBM 公司率先应用了集成产品开发（IPD）的方法，在综合了许多业界最佳实践要素的框架指导下，从流程重整和产品重整两个方面来达到缩短产品上市时间、提高产品利润、有效进行产品开发、为顾客和股东提供更大价值的目的。

结合年度经营目标和规划，年度新产品研发计划主要包括产品市场调研计划、需求管理计划、新产品路线图计划、新品开发计划、新品上市计划及产品生命周期管理计划等（见表5－2）。

表5－2　年度新产品研发计划一览表

计划类型	子计划	包含内容	责任部门
产品市场调研计划	—	理解市场、市场细分、业务计划	产品市场部
需求管理计划	—	洞察顾客、需求识别、需求整理、开发需求提出与确认	产品市场部

续表

计划类型	子计划	包含内容	责任部门
新产品路线图计划	—	新产品开发路线图、新品开发路线图升级	产品部
新品开发计划	新品开发进度计划	开发进度控制、开发进度调整	研发部
	新品开发成本计划	新品开发标准化、新品标准成本	研发部
	新品开发资源计划	新品开发资源开发、新品开发资源评估与管理	研发资源管理部
	新品开发品质计划	新品品质检验、新品品质异常处理	研发品质管理部
	新品验证计划	新品可靠性实验、新品硬件测试、新品软件测试	研发实验室
	新品量产计划	第一次试产（PR1）、第二次试产（PR2）、中批（PIR）、量产（PR）	生产管理部
	新品工艺计划	新品工艺开发、新品工艺维护、ECN、ECR	工程部
新品上市计划	新品策划计划	新品命名、新品卖点提炼、新品培训	产品部
	新品推广计划	新品包装、新品推广、新品传播	市场部、品牌管理部
产品生命周期管理计划	—	产品上市管理、产品退市管理、尾货处理	产品部

三、年度供应链运营计划

彼得·德鲁克曾经说过，现代企业的竞争不再是企业个体之间的竞争，而是企业供应链之间的竞争。

随着企业经营微利时代的到来和竞争格局的加剧，企业就如夹心饼干，受到来自市场和供应商的双重压力，一方面供应价格不断上涨，另一方面销售价格越来越低。在这种情况下，越来越多的企业开始关注并重视供应链体系的整合，因为对于企业而言，供应链整合能力的提升，意味着可以缩短交期、提升品质、降低成本、增加利润。

面对残酷的市场竞争，企业之间，特别是上下游之间究竟是竞争还是合作，已经成为摆在很多中国企业面前的现实问题了。企业如果选择竞争，势必会导致供应链上下游企业之间的不断博弈和敌对；如果选择合作，则有可能变得更加强大，强强联合，从而给整个供应链上的各个企业都带来丰厚的利润和回报。

如此一来，集成供应链（integrated supply chain，ISC）便应运而生。集成供应链是指同一供应链的成员企业通过信息的协调和共享、紧密合作、优化供应链的整体绩效，提升成员企业整体的市场竞争力。

根据我们的经验，年度供应链运营计划包括供应商管理计划、物料供应计划、生产计划、工厂管理计划、品质控制计划、工程管理计划、仓储计划、物流计划与安全、环保、职业健康管理计划等（见表5－3）。

表5－3　年度供应链运营计划一览表

计划类型	子计划	包含内容	责任部门
供应商管理计划	供应商开发计划	供应商开发策略、供应商搜索、供应商开发	供应商管理部
	供应商评估计划	供应商评估模型、供应商评估组织	供应商管理部
	供应商管理计划	合格供应商名录、供应商动态评估与分级、核心供应商战略联盟计划、供应商淘汰	供应商管理部
物料供应计划	物料需求计划	物料需求预测、物料需求计划	采购部
	采购计划执行	采购策略、采购执行、采购过程管理、采购货款管理	采购部
生产计划	生产作业计划	生产预测、生产月计划、生产周计划、生产日计划	生产管理部
	生产计划执行	产能及产线规划、制程管理、生产异常管理	生产管理部
工厂管理计划	—	工厂资源开发计划、工厂资源评估计划、工厂资源战略合作计划	生产管理部
品质控制计划	品质标准	品质标准制订及优化、品质标准培训、品质体系建设	品质管理部
	品质检测	IPQC、OQC	品质管理部
	品质提升	品质异常管理、逆向品质管理	品质管理部
工程管理计划	工艺管理	工艺文件、工艺优化	工程部
	设备管理	设备升级、设备维护、设备报废	工程部
仓储计划	仓储规划	仓储模式、仓储规则	仓储部
	仓储管理	入库管理、出库管理、仓储防护	仓储部
物流计划	物流管理	物流方选择与评估、物流计划、逆向物流管理	物流部
安全、环保、职业健康管理计划	—	体系建设计划、体系认证计划、体系评审计划	体系部

四、年度财务及投资计划

随着资本在企业经营中所起的作用越来越大，企业对财务管理的依赖度也越来越高。大家都知道，传统的企业财务管理其实就是会计核算和资金管理，但近年来，很多企业开始关注并越来越重视投资、融资、成本控制、资产保值增值、全面预算管理、财务分析、风险控制、EVA（经济增加值）、财务管理信息化等领域，这正是企业财务管理价值和作用不断提升的具体表现。

根据我们的经验，年度财务及投资计划主要包括年度投资计划、年度融资计划、年度税务规划、年度成本控制计划、年度费用控制计划、年度风险管控计划等（见表5－4）。

表5－4　年度财务及投资计划一览表

计划类型	子计划	包含内容	责任部门
年度投资计划	投资项目计划	投资可行性分析、尽职调查、投资过程管理、投资收益评审	投资管理部
年度融资计划	融资渠道开拓计划	融资渠道规划、融资渠道开发、融资渠道关系管理	融资管理部
	资金需求计划	资金需求、资金平衡、资金净需求	融资管理部
	融资计划	融资模式、融资实施	融资管理部
年度税务规划	—	税务筹划、税务缴纳、退税申报	财务管理部
年度成本控制计划	成本核算计划	核算科目设置、核算模式优化、核算报表	财务管理部
	成本控制计划	制造成本控制、人工成本控制	财务管理部
年度费用控制计划	—	营销费用控制、财务费用控制、管理费用控制	财务管理部
年度风险管控计划	—	年度经营风险识别、财务分析、风险控制	财务管理部

五、年度人力资源计划

再完美的目标、流程和组织，如果离开了员工承接和执行，都将变得毫无意义。因此，做好年度人力资源规划，用好“合适的人”并激励到位才能保证年度经营计划的顺利实施。

年度人力资源计划（human resource planning，HRP）是一项系统的战略工程，它以企业年度经营计划为指导，以全面核查现有人力资源、分析企业内外部条件为基础，以预测组织对人员的未来供需为切入点，内容包括人力资源总量规划、岗位编制规划、人员配置规划、人员需求规划、人员供给规划、人员补充规划、人员素质提升规划、人员考核规划、薪酬规划、人力资源管理政策规划等，基本涵盖了人力资源的各项管理工作，人力资源规划还通过人事政策的制定对人力资源管理活动产生持续和重要的影响（见图5－1、表5－5）。

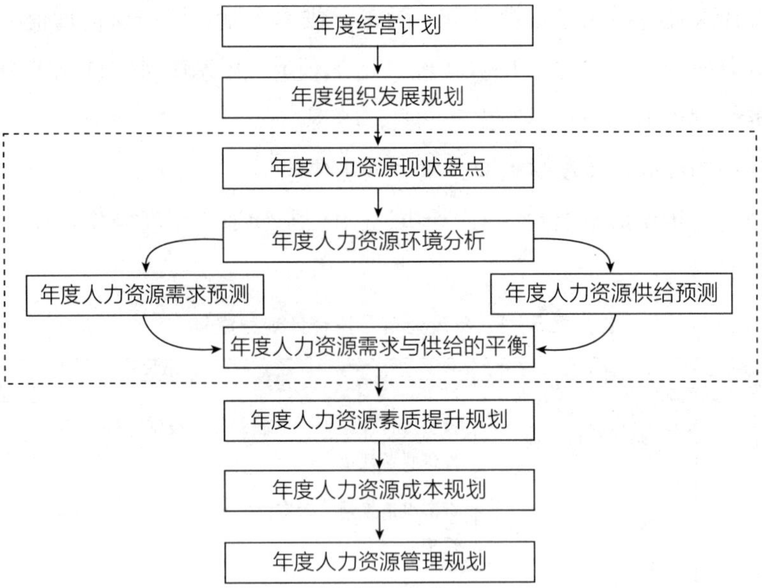

图 5-1　年度人力资源计划

（1）年度组织发展规划是对企业整体框架的设计，主要包括组织信息的采集、处理和应用，组织结构图的绘制，组织调查、诊断和评价，组织设计与调整，以及组织机构的设置、岗位编制及人员配置等。

（2）年度人力资源数量规划是对企业人力资源总量、结构、流动性等的整体规划，包括人力资源现状分析、人力资源需求和供给预测、人力资源补充计划、人力资源退休计划、人力资源供需平衡等。

（3）年度人力资源成长与发展规划包括职位发展通路设计、人力资源培训计划、人才选拔和任用计划、职位轮换及晋升计划等。

（4）年度人力资源成本规划是对企业人工成本、人力资源管理费用的整体规划，包括人力资源费用的预算、核算、结算以及人力资源费用控制等。

（5）年度人力资源政策规划是人力资源总规划目标实现的重要保证，包括人力资源管理制度体系建设的程序、制度化管理等内容。

表 5-5　年度人力资源计划一览表

计划类型	子计划	包含内容	责任部门
年度人力资源规划	—	总量规划、质量规划、素质提升规划、人力资源政策规划、人力成本规划、需求规划、供给规划、淘汰规划	人力资源部

续表

计划类型	子计划	包含内容	责任部门
组织职位计划	—	一级结构、二级结构、部门职能调整与优化，定岗、定编、定员计划，工作饱和度分析计划，岗位说明书优化计划	各部门
招聘计划	外部招聘计划	招聘渠道开发、招聘实施、面试及入职、试用期管理	人力资源部
	内部招聘计划	内部招聘实施、试用期管理	人力资源部
培训计划	课程开发计划	任职资格评估、培训课程设计与开发	人力资源部
	讲师队伍建设计划	讲师队伍培养与认证	人力资源部
	培训实施计划	课程安排计划、培训效果衡量计划	人力资源部
激励计划	薪酬计划	薪酬水平调整计划、薪酬层级调整计划、薪酬制度优化计划、年度薪酬总额预算	人力资源部
	福利计划	福利体系优化计划、福利项目实施计划	人力资源部
	奖金计划	员工奖金体系优化计划	人力资源部
	长期激励计划	中长期激励对象识别、中长期激励体系设计与实施	人力资源部
企业文化建设计划	理念文化建设计划	理念文化识别、理念文化教育	人力资源部
	行为文化建设计划	行为文化监督	人力资源部
	标识文化建设计划	标识文化更新与维护	人力资源部
劳资关系管理计划	劳动合同管理计划	劳动合同、保密协议、竞业协议、员工劳资法务教育	人力资源部
	劳资纠纷预防及处理计划	劳资纠纷协调与处理	人力资源部

六、战略性新业务拓展计划

企业在确定年度业务计划的时候，除了前面提到的年度营销计划、年度研发计划、年度供应链运营计划及年度财务及投资计划、年度人力资源计划之外，还需要根据公司发展战略及业务战略定位对战略性新业务拓展编制相应的计划。如新厂房投资与建设计划、海外市场拓展计划、新业务投资计划、多元化发展计划、一体化发展计划等。

战略性新业务拓展计划来源于企业的战略规划，由于每家企业的战略规划不同，因此，战略性新业务拓展计划也会存在很大的差异。

七、业务计划履历表

大家都知道，业务计划是由各业务部门根据自己的目标责任书及资源配置情况来单独编制的，在这个过程中很有可能会出现计划之间的不匹配以及时间上的不协调，比如说销售部门计划8月要实现新品销售，但市场部门的计划当中9月才进行新产品推广，而产品研发部门的计划当中10月新产品开发才能完成等类似的现象。因此，当所有部门业务计划编制完成后，还需要在公司层面进行统一评审，并编制成公司统一的业务计划履历表，在编制业务计划履历表的时候企业可以将每项业务计划项目分解到周或者月，这样便于发现计划之间的协同性问题，也便于跟踪与检讨（见表5-6）。

表5-6 业务计划履历表

计划名称	计划项目	责任人	完成标志	计划项目完成时间					
				W1	W2	W3	W4	…	W52

【案例5-1】 浙江智达汽车零部件科技有限公司2018年业务计划一览表

智达科技2018年业务计划见表5-7。

表5-7 智达科技2018年业务计划一览表

业务计划名称	事业部		技术中心				公共资源中心			财务中心		管理中心		
	营销部	生产部	工艺部	项目部	中试部	产品部	设备部	市场部	质量部	财务部	投资部	人力资源部	采购部	信息与流程部
年度品牌宣传计划								√						
年度市场推广计划								√						
年度客户开发计划	√													
年度销售计划	√													
年度新产品开发计划						√								
年度设备改造计划							√							
年度工艺提升计划			√											
年度产品试制计划					√									
年度产能规划		√												

续表

业务计划名称	事业部		技术中心				公共资源中心			财务中心		管理中心		
	营销部	生产部	工艺部	项目部	中试部	产品部	设备部	市场部	质量部	财务部	投资部	人力资源部	采购部	信息与流程部
年度采购计划													√	
年度品质提升计划									√					
年度招聘计划												√		
年度培训计划												√		
年度流程优化计划														√
年度投资计划											√			
年度融资计划											√			
年度成本控制计划										√				
年度经营预算	√	√	√	√	√	√	√	√	√	√	√	√	√	√
备注：	智达科技有轴承事业部、汽车零部件事业部，两个事业部的业务计划是相同的													

The Annual Business Plan Formulation and Management | **第二节**

内部摘牌：推进公司级专项工作

在对年度战略主题量化和编制平衡计分卡的过程中，我们往往会发现很多战略主题只是一项独立的工作，如果用某项 KPI 来量化其实很难，同时这些专项工作又很可能涉及多个部门，如果没有切实可行的方法，那么这些工作就很有可能没办法得到有效推进。

很多专项工作都是由两个或多个部门完成的，那么如何才能保证这些工作得到有效推进呢？根据我们的经验，在企业实行“内部摘牌”是一项非常有效的制度。

换言之，内部摘牌就是将年度由多个部门参与和共同协作的专项工作拿出来，在公司范围内进行内部挂牌，鼓励全体员工来摘牌，参与摘牌的员工可以是部门经理，也可以是部门主管甚至更基层的员工，还可以是其他部门的员工。

企业实施内部摘牌制度有以下好处。

(1) 培养人才。大家都知道，每个部门都有一把手，公司的目标也是通过层层分解的方式推进，企业内部的员工，特别是基层员工很少有机会主导一下跨部门的工作，那么企业推行内部摘牌制度之后就可以为这些员工提供展示自己才华的机会和舞台。

(2) 明确责任。由多个部门共同负责的专项工作往往由于每个部门都不负责而不了了之，有了内部摘牌制度之后，企业可以明确责任，让这些专项工作有专门的人盯着。

(3) 赛马机制。很多企业推行赛马制度，但如果没有具体的工作来展示员工的才华，也就很难推行，但企业对年度专项工作实施摘牌制度之后，每个员工都能够通过摘牌展示自己。

当员工通过摘牌获得某项专项工作的负责权后，企业可以按照专项工作的重要性、工作量大小委任这些员工为项目总经理、项目经理，然后让这些员工完全站在总经理的立场去思考如何推进这些工作，项目总经理或项目经理甚至可以建立项目团队，明确项目成员的工作职责、工作计划、组织原则、汇报机制、奖惩机制等。专项工作摘牌计划见表5-8。

表5-8 专项工作摘牌计划

专项工作名称					
项目经理			项目目标		
项目组织结构及成员					
专项工作推进计划					
计划项目	开始时间	截止时间	负责人	完成标志	资源需求
项目运作细则					
项目预算					
收入预算			支出预算		
项目	金额	备注	项目	金额	备注
项目团队奖惩细则					

The Annual Business Plan Formulation and Management 第三节

小投入，大产出：编制年度经营预算

经营预算是企业根据年度经营目标及业务计划，通过对全年收入及支出的预测，对企业年度经营结果做出的预测。

年度经营预算是指在战略及年度经营目标的指导下，对未来的经营活动和相应财务结果进行充分、全面的预测和筹划。企业通过对执行过程的监控，将实际完成情况与预算目标不断对照和分析，从而及时指导经营活动的改善和调整。年度经营预算能够帮助管理者更加有效地管理企业和最大限度地实现战略目标。

一、年度经营预算编制

企业通过编制年度经营预算，既可以帮助管理者系统地思考业务计划实施的经济性及可行性，也可以进行业绩评价，通过对预算管理各项目标的预测及组织实施，促进企业各项目标的实现，还可以帮助企业预先识别经营风险，避免盲目行为。

企业年度经营预算主要包括：

（1）营业收入预算，包括主营业务收入预算、其他业务收入预算。

（2）营业成本预算，包括主营业务成本预算（含制造成本、研发成本等）、其他业务成本预算。

（3）营业税税金及附加预算，包括营业税及附加预算、增值税及附加预算。

（4）期间费用预算，包括营销费用预算（含员工薪酬、办公费、通信费、品牌宣传费、市场推广费、市场物料费、市场培训费、营销会议费、业务招待费、促销费、销售物流费、装卸费、仓储费、销售佣金、销售返利、差旅费、水电费、其他销售费用等）、管理费用预算（含员工薪酬、办公费、通信费、差旅费、业务招待费、会议费、劳保费、招聘费、培训费、法务费、折旧费、低值易耗品摊销、无形资产摊销、长期待摊费用、各项税费、存货盘亏损失、其他管理费用等)、财务费用预算（含利息支出、利息收入、财务手续费、其他财务费用等)。

(5) 资产损失预算，包括应收款项减值损失、库存商品减值损失、发出商品减值损失、固定资产减值损失、无形资产减值损失等。

(6) 营业外支出预算。

(7) 净利润预算，包括投资收益预算、营业利润预算、利润总额预算、所得税预算、净利润预算。

(8) 战略性投入预算，包括新厂房的建设投资、新品研发储备投入、人力资源储备投入、潜在目标市场的培育投入、新业务培育投入等。

年度经营预算编制流程见图 5－2。

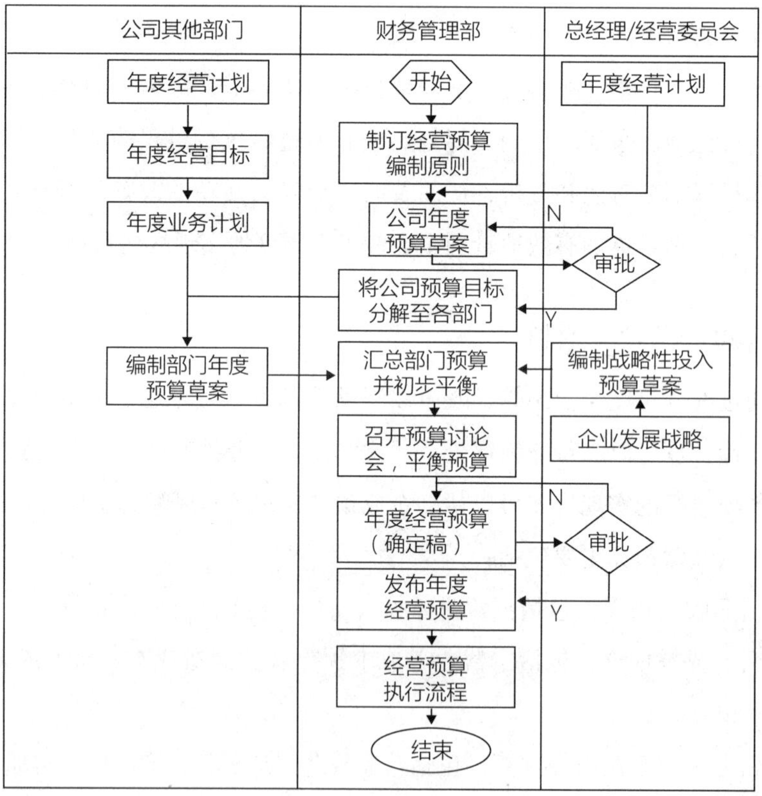

图 5－2　年度经营预算编制流程

需要指出的是，年度经营预算不同于年度财务预算，经营预算是在财务部门的组织下，由各个业务部门根据自身的年度业务计划编制的，其编制的核心在于业务部门，而财务预算则是由财务部门主导完成的。另外，在年度经营预算中，还需要根据公司的发展战略对战略性投资进行单独预算。企业年度经营预算一览表见表5－9。

表5－9　企业年度经营预算表单一览

预算领域	表单名称	责任部门（示意）												
		公司	财务	人力	行政	品牌	市场	销售	采购	生产	工程	品质	产品	研发
收入预算	销售数量预算表							√						
	销售金额预算表							√						
	投资收入预算表		√											
	营业外收入预算表		√											
费用及成本预算	营业费用预算表					√	√	√						
	管理费用预算表		√	√	√	√	√	√	√	√	√	√	√	√
	制造成本预算表									√	√	√		
	财务费用预算表		√											
	研发成本预算表												√	√
	人工费用预算表		√	√	√	√	√	√	√	√	√	√	√	√
资金预算	采购资金预算表								√					
投资预算	固定资产投资预算表		√											
	对外投资预算表		√											
财务预算	损益预算表		√											
	现金流量预算表		√											
	资产负债预算表		√											
战略性投入预算	战略性资产投入预算表	√												
	战略性资本投入预算表	√												
	战略性人力资源投入预算表	√												

二、年度经营预算实施与控制

年度经营预算经各部门提报、财务汇总，公司经营委员会审批通过后就可以正式实施了，但在实施的过程中肯定会存在由于目标变化而导致的超预算、预算外项目，这就需要企业建立动态的经营预算实施及控制机制。年度经营预算执行与调整流程见图5-3。

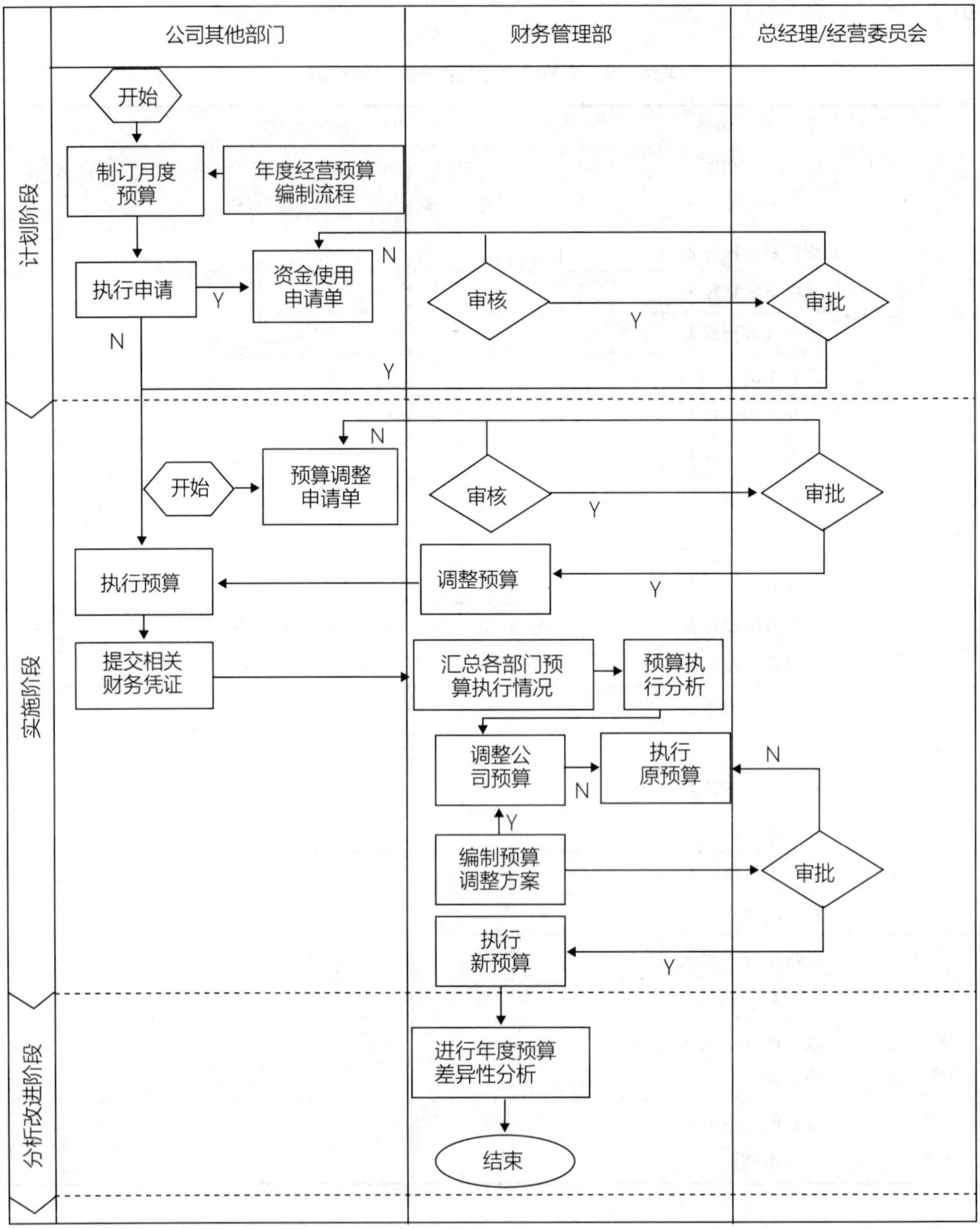

图5-3 年度经营预算执行与调整流程

第六章

深挖洞，广积粮：

年度经营计划实施平台构建

彼得·德鲁克说过，组织的目的在于使平凡的人做出不平凡的事。组织要想办法让每一个人的长处得到发挥，用人之长，纳人之短，方能使组织做出不平凡的事。

企业年度经营目标、年度业务计划及年度经营预算确定后，如何才能让每个员工发挥个人的主观能动性，让平凡的人做出不平凡的事情，最终保证年度经营目标的顺利实现？这就需要企业思考搭建年度经营计划实施平台。

我们根据多年企业辅导经验，把年度经营计划实施平台构建归结为四个方面：基于年度经营计划的流程体系、基于年度经营计划的组织体系、基于年度经营计划的员工成长与发展体系、基于年度经营计划的员工激励体系。

The Annual Business Plan Formulation and Management **第一节**

力出一孔，利出一孔：基于年度经营计划的流程体系

任正非先生曾经说过："水和空气是世界上最温柔的东西，因此人们常常赞美水性、轻风。但大家又都知道，同样是温柔的东西，火箭是空气推动的，火箭燃烧后的高速气体，通过一个叫拉法尔喷管的小孔，扩散出来的气流，产生巨大的推力，可以把人类推向宇宙。水也是一样的，一旦在高压下从一个小孔中喷出来，就可以用于切割钢板。可见力出一孔，其威力之大。十五万人的能量如果在一个单孔里去努力，大家的利益都在这个单孔里去获取。如果华为能坚持力出一孔，利出一孔，下一个倒下的就不会是华为。"

任正非先生的这段话可以说是华为这么多年的经营哲学，经营企业需要全体员工力出一孔，同样，所有员工的利益也需要利出一孔，这才是王道。

在拙著《互联网时代业务流程再造》（中国经济出版社2015年版）中，笔者将企业流程优化与再造总结为"五步法"，基于年度经营计划的流程优化同样也可以按照"五步法"进行，即业务蓝图与业务流程规划、业务流程现状描述与问题分析、业务流程再造、业务流程配套设计、业务流程信息化与信息系统集成（见图6-1）。

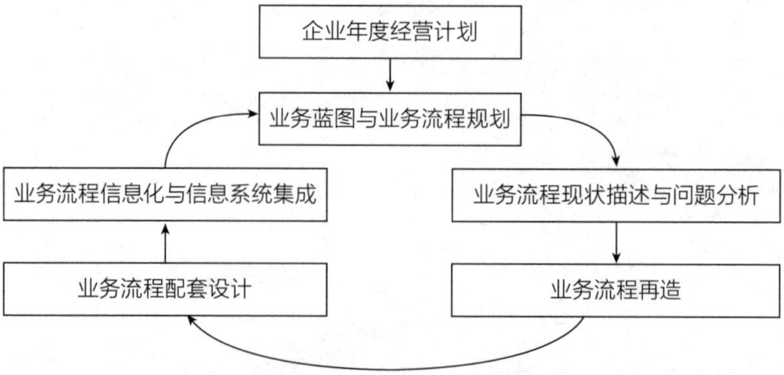

图6-1　流程优化五步法

一、业务蓝图与业务流程规划

“互联网＋”时代企业运营的核心是客户，企业必须首先明确客户是谁、客户的核心价值主张是什么。在弄清楚了客户以及客户价值主张之后，企业的所有基本活动、支持活动都围绕客户展开，对那些不能满足客户需求或者对提升客户满意度没有贡献的活动进行弱化，并在此基础上对企业业务蓝图进行重新规划。

业务流程规划是在对业务蓝图和业务逻辑进行分析的基础上，对企业核心业务运作需要的业务流程、管理流程和辅助流程进行识别，同时还需要对公司级流程、部门级流程和岗位级流程进行规划。

前面介绍的这种方法是一种标准的企业业务流程规划的方法，基于年度经营计划的流程优化并不主张企业每年都对所有流程进行全面梳理和优化，而是一定要找到影响当年目标实现的关键环节，进而从这些环节入手，找到需要优化和再造的核心业务流程，我们把这种流程优化的方法称为 P2P（the annual business plan to process）。

二、业务流程现状描述与问题分析

年度优化流程清单确定后，就要利用多种工具和方法（如流程作业现场调查、文档调查、研讨会、流程主人及流程相关方访谈、问卷调查、现有解决方案的跟踪与调查、典型案例调查与分析、测时等）对流程的现状进行客观描述。

1. 客观描述流程现状

这项工作对于企业进行流程优化而言至关重要，主要体现在以下几个方面。

（1）帮助企业识别流程的改进节点。通过调研流程现状、掌握真实资料、收集相关信息并进行分析，我们可以发现现有流程存在的不合理之处，建立流程改进和分析的基础，识别出相关流程改进的节点和机会。

（2）透过现象分析本质。“眼见为实，耳听为虚”，如果没有认真开展流程现状调研和摸底，我们很可能会凭借主观感受或他人的看法，贸然对流程存在的问题下一个草率的结论，最终在错误的道路上越走越远。通过对流程现状进行梳理，可以发现流程运作的真实绩效和情况。

（3）识别流程绩效提升的基点。许多企业对其流程运作感到不满意，认为效率低、质量差，但流程到底差在哪些方面、哪些方面需要改进、哪些方面需要提升却无从回答。原因就在于我们没有对流程绩效进行衡量，因此无法有效管理。通过分析与研究流程现状，我们可以明确流程的绩效要求和标准，真实表达流程客户的期望，从而开展流程的设计与优化工作。

(4) 显示流程利益相关者。在企业日常经营运作中，有的流程可能有一个客户，有的可能有多个客户，有的可能客户并不明确。对企业来讲，需要将不同的流程利益相关者进行有效识别，并对其需求进行科学分析，这样才能将企业有限的资源合理地配置到流程中去，从而在不同利益相关者之间取得均衡，达到客户的期望。

(5) 识别与其他流程及系统的关系。通过流程现状调研与分析，我们可以发现流程管理与其他管理系统之间的接口及存在的矛盾和冲突，从而进行调整、优化和改善，使企业的整体管理系统内部能够协调、有效地运作，提高企业效率和质量，避免顾此失彼。

2. 流程现状问诊

流程现状描述清楚后，可以通过“望闻问切”等多种手段进行流程现状分析，发现问题，找到流程优化方向，具体体现在以下方面。

(1) “望”。通过流程绩效分析发现流程存在的问题。中医云：“视其外应，以知其内脏，则知所病矣。”对于流程问题的分析，流程绩效分析就是一种非常理想的“望诊”方法。流程绩效分析首先需要识别与流程相关的绩效指标，然后通过分析绩效数据，发现流程存在的问题。

(2) “闻”。通过流程文档调查、流程管理成熟度分析等手段发现流程存在的问题。“闻诊”在中医里面是指通过听声音和嗅气味两个方面，以分辨病情的虚实寒热。我们在对流程问题进行分析的时候也可以通过文档调查、研讨会、流程成熟度分析等方法，对流程进行“闻诊”。

(3) “问”。通过访谈、问卷调查等方法发现流程存在的问题。“问诊”是中医中常见的一种方法。《素问・三部九候论》中写道：“必审问其所始病，与今之所方病，而后各切循其脉。”流程问题的分析，可以通过访谈、问题收集与反馈等多种方式进行。

(4) “切”。通过测时法、标杆法、现场模拟、实际参与等方式发现流程存在的问题。“切诊”是指医者用手指按患者腕后桡动脉搏动处，借以体察脉象变化、辨别脏腑功能盛衰、气血津精虚滞的一种方法。在流程管理中，我们可以通过测时、现场模拟、实际参与等多种手段对流程存在的问题进行系统分析。

总之，企业可以通过“望闻问切”等多种手段对影响年度经营目标实现的关键流程问题进行逐个分析。

3. 流程问题分析

我们多年的实践证明，流程问题的分析可以从以下几个方面进行思考。

（1）流程效率。首先分析流程在效率提升方面是否还存在空间，因为企业进行流程管理的终极目的就是要提升运营效率。

（2）风险控制。一个合理、健全的流程，一定是可以做到对流程涉及的相关风险进行预警和控制的。大家试想一下，如果没有流程规范，企业任何的风险控制都要靠人去实现，而人又存在流动性、忠诚度等诸多方面的限制，那么情况该有多么失控！因此，企业进行流程管理的另一个主要目的就在于风险控制。

（3）知识传承。没有知识传承的企业是很可怕的，因为企业管理的成熟度以及经营能力的提升一定要通过不断积累和传承企业在过往经营过程中的知识来实现。在很多企业，知识只是存放在员工个人电脑中，甚至存放在员工大脑中，是零散的，这些没有经过流程链接的知识体系不能为企业提升经营和管理能力带来任何帮助，所以，企业在进行流程问题分析的时候，也可以从这个维度着手。

（4）有效分权。绝大多数的中国企业都存在这样一个现象：企业高层非常想放权给总监甚至经理，但下属总是不敢甚至不愿意接受。为什么呢？因为在大多数企业，企业老板有着“神”一般的权威，老板“一支笔”在很多企业都是非常普遍的现象，那么在这种情况下，如果缺乏流程体系的合理分工和对权限的划分，事实上，老板所谓的授权也就只能是空谈了。

（5）绩效管理。很多企业在推行绩效管理的时候，最头痛的一件事情就是绩效数据难以收集，最终导致绩效管理只能停留在纸面上。其实企业做绩效管理的另一个目的就是要通过流程客观记录每个环节的相关数据流和信息流。

三、业务流程再造

业务流程再造概念最早由美国管理学家迈克尔·哈默于 1990 年提出，他认为：“企业业务流程重组就是对企业的业务流程做根本性的思考和彻底的再设计，从而使企业在成本、质量、服务和速度等方面获得巨大的改善，并能最大限度地适应以顾客（customer）、竞争（competition）、变化（change）为特征的现代企业环境。”这种流程再造是对企业脱胎换骨式的变化，目标是让企业获得重生。

所谓流程再造，就是根据公司的战略调整及商业模式变化，从根本上重新考虑产品或服务的提供方式，再造新流程。流程再造的核心步骤包括：战略愿景、标杆确定、流程诊断、新流程设计、新流程实施、流程评估、持续改善。

特别是“互联网 +”时代，不论是集成研发、集成供应链，还是整合营销业务流程，都需要彻底颠覆和再造。我们把“互联网 +”时代的企业流程再造的关键总结为四个词：平台、用户、产品和速度。

（1）平台、平台，还是平台。

在“互联网+”时代，每家企业都需要把自己当成一个平台来看待，要把企业的所有利益相关者整合到同一平台上来经营。那么如何才能实现平台战略呢？唯有开放、集成、共享和去中心化。

（2）用户、用户，还是用户。

这是“互联网+”时代企业业务流程再造的关键，我们认为，任何离开用户（包括外部客户、终端用户、内部客户）满意的所谓业务流程再造都是在“耍流氓”。

◎用户是神。与传统企业“顾客是上帝”的提法不同，在“互联网+”时代我们更愿意讲“用户是神”。“顾客是上帝”是传统的经营思维，是对顾客被动地、无底线地迎合；而“用户是神”是一种全新的互联网思维，它要求主动地、有选择地满足顾客某种至关重要的需求。

◎得“草根”者赢天下。从崔健的“蓝色骨头”手机到罗永浩的“锤子手机”，再到小米手机，这些产品的成功无一不说明“草根”的重要性。在“互联网+”时代，关注“草根”的企业必将获得成功。

（3）产品、产品，还是产品。

“酒香不怕巷子深”，在任何时代，产品为王的定律始终不会改变。只不过在“互联网+”时代，企业在做产品的时候与之前相比发生了根本性的变化。如传统企业强调性价比，而现在更加强调极致；传统企业强调多功能、一体化，而现在更加强调简约；传统企业做产品是企业内部的事，现在转为让用户参与产品研发与生产、销售全过程，这叫客户体验；传统企业强调“推”（即企业通过声嘶力竭的广告、促销等手段让客户选择购买），“互联网+”时代主张“拉”（即得“草根”者赢天下，好产品会说话）；等等。以上这些改变，足以说明在“互联网+”时代产品的重要性。

（4）速度、速度，还是速度。

在“互联网+”时代，天下没有新鲜事。海尔张瑞敏曾经说过：“现在企业的竞争不是大鱼吃小鱼，而是快鱼吃慢鱼，精鱼吃傻鱼。”这句话用在“互联网+”时代更加切合，这是“互联网+”时代的特征，因此，企业在进行业务流程再造的时候一定要记得：速度、速度，还是速度！因为有了速度，小鱼也可以吃大鱼，有了速度，傻鱼也可以吃精鱼。在这方面江小白是一个很好的例子，小米科技、海尔、杜蕾斯、ZARA……都是值得学习和借鉴的。

前面提到“互联网＋”时代业务流程再造的核心归结为四个关键词，即平台、用户、产品和速度，那么如何才能体现在具体的业务流程当中呢？

1. “互联网＋”时代集成研发流程再造的核心

在“互联网＋”时代，企业要想进行集成研发核心业务流程再造也需要思考和融入时代的特征，比如关注用户、关注平台、关注速度。

（1）不仅仅只有功能赚钱。传统企业在进行集成研发业务流程再造的时候，更多关注的是产品本身，也就是产品功能方面的开发和实现，但在互联网时代，需要彻头彻尾地改变这种狭隘的思维模式，产品部门和产品开发部门一定要用互联网的思维模式去思考产品赚钱的途径。大家都知道小米手机的硬件是不赚钱的，那么小米科技在哪里赚钱？同理，苹果手机的硬件赚钱也不会太多，那为什么苹果公司能够在中国市场份额只占20%左右的情况下，利润达到全国市场总利润的80%以上？

请记住，单靠产品功能赚钱已经很难，而且未来会更难！

（2）把不需要的功能统统减掉。在互联网思维当中有三个思维对产品开发至关重要，即简约思维、极致思维、迭代思维。传统企业为了迎合更多消费者的需求，通常的做法是不断增加新功能。这种做法违背了基本的简约思维。要知道在互联网时代，能做加法不算牛，能做减法才是高手。另外，传统企业做产品很难按照极致思维去思考和开发，很多企业更喜欢用多产品线，全品类参与竞争。殊不知在互联网时代，这种做法只能无限制地加大企业库存，增加经营风险。

在互联网时代，企业研发部门一定要记得：少即是多；选择不做什么，比选择做什么更重要。

（3）好产品会说话。互联网时代做产品，不需要整天琢磨标新立异，在嘴上下功夫；要真想做成事情，应把更多的时间、精力和资源投入产品中去，让好产品自己去说话，留住用户。

在“各领风骚三五月”的互联网时代，企业一定要懂得产品的重要性，新浪微博、腾讯微信等依靠产品良好的客户体验赢得了市场；淘宝、百度在给客户带来便利的同时，也在不断优化和丰富服务内容；众多的App（如抖音）和游戏依托内容或平台得到了一批又一批用户的簇拥……这些公司的成功不仅在于理念好，还在于产品也足够牛。

（4）兜售参与感。说到兜售参与感就不得不提到小米科技，有人问小米手机成功的三大因素是什么？黎万强（小米科技联合创始人之一）的答案是：第一是参与感，第二是参与感，第三是参与感。小米科技是一家把参与感做到极致的公司，它让用户参与到产品设计和开发甚至公测的各个环节，让用户充分参与的过程，其实也是一种全新的集成研发流程再造的过程。

2. “互联网+”时代集成供应链流程再造的核心

与互联网时代企业整合营销核心业务流程和集成研发核心业务流程再造一样，在互联网时代，企业供应链业务流程再造也必须考虑结合互联网时代供应链的特征进行思考。

（1）订单碎片化将是一种趋势。随着B2B、B2C、C2B2C、O2O等新兴营销模式的出现，小额订单化、个性定制化、服务嵌入化已经成为不可阻挡的三股潮流。可以预测，在不久的将来，这种碎片化的订单将会成为企业供应链必须面对的常态。

（2）生产柔性化考验传统规模生产模式。订单碎片化直接带来的挑战就是企业生产模式的改变，因此小单生产、柔性生产就变得越来越重要。

柔性生产是针对大规模生产的弊端而提出的新型生产模式。所谓柔性生产，即通过系统结构、人员组织、运作方式和市场营销等方面的改革，使生产系统能对市场需求变化做出快速反应，同时消除冗余无用的损耗，力求企业获得更大的效益。

（3）供应链也要做减法，这是一种全新的思维模式。传统企业的供应链构建，在供应商选择、代工厂选择、物流及仓储的选择、固定资产的投入等方面都是用做加法的思想进行的。但在互联网时代，企业要想实现柔性化，面对碎片化订单的挑战，只有两条路：其一，做减法，即选择优质少数供应商、代工厂和物流、仓储公司达成战略合作联盟；其二，用平台思维重构供应链，即把所有利益相关者纳入同一平台进行管理。

3. “互联网+”时代整合营销流程再造的核心

“互联网+”时代企业要想进行整合营销业务流程再造，必然离不开时代主旋律，因此，掌握和导入互联网思维模式（用户思维、草根经济、服务即营销、免费模式、流量思维等）就显得非常重要。

（1）把用户当成神，把自己当成人。在前面的章节中我们反复强调这一观点，因为我们认为只有把用户当成神才能真正做到整合营销。整合营销不是从企业有了产品后从做广告、做促销、做推广开始的，整合营销应该从企业连产品还没有或者说产品还处在概念阶段、预研阶段时就开始。整合营销应该贯穿产品设想、概念、预研、正式立项、开发、开发验证、量产、市场体验、上市管理、生命周期管理等各个环节，而且在每个环节上都应该有用户的充分参与，让其发挥“神”的作用。

（2）粉丝经济。“互联网+”时代是粉丝经济的时代，得粉丝者得天下。每个企业都需要挖掘和培养一批忠于品牌的死忠粉丝，就如苹果公司的“果粉”、小米科技的“米粉”等。从当年素有“天下第一博”之称的徐静蕾，到大眼李承鹏，到微博女王姚晨，再到拥有超过 800 万粉丝的雷军，皆深谙粉丝的重要性。

（3）产品即媒体。好产品会说话，好产品就是最好的宣传媒体。传统营销采用电视、广播、平面、杂志等作为产品推广的重要媒介，这种宣传模式只是简单的说教和推销；而在“互联网 +”时代，这种推销模式似乎已经很难打动“草根”，他们更加关注产品体验，因此，传统企业在进行营销业务流程再造的时候一定要明白“产品即媒体”的道理。

（4）服务即营销。服务就是一种增加产品本身价值的体验，通过体验提升产品价值。如餐饮企业，若客户订了一份菜，这份菜是产品，而把这道菜完美地呈现出来则是服务的过程；又如，可口可乐是产品，可口可乐包装上面印的那些好玩的词语就是一种服务，给客户情感上的体验；再如，iPhone 是产品，但 App Store 中海量的应用则是服务，给客户带来便捷的同时送上高科技的服务；等等。这种服务的形成在“互联网 +”时代会变得更加多样化，移动终端让企业了解到客户不同的偏好，然后再去设计出更吸引客户的场景，即“用户个体偏好 + 移动中的场景 = 满足用户需求的个性化服务”。

（5）免费背后的“阴谋”。免费是“互联网 +”时代的特征之一。传统企业通过简单的买卖关系赚取差价而获得利润，因此企业要想赚到更多的钱，只能想办法将差价拉大。拉大差价有两种办法：其一提高售价；其二降低成本。这是一种传统的企业经营模式，在这种经营模式下并不是每家企业都能够自如地加价或降低成本的，只有那些处于垄断或寡头地位的企业才能做到，对于绝大多数企业而言，可能两头都得不到改善，最终的结果是自己的利润越来越低。而在互联时代，很多企业在不降低成本的前提下还频繁打出“免费”招数，这种模式对于很多传统企业而言简直是想都不敢想，那么为什么互联网企业能够做到这一点呢？

其实道理很简单，它们是通过产业链的整合，利用整体产业链的力量提升自身盈利能力。因此，传统企业在营销创新和营销业务流程再造的时候，有必要思考按照互联网企业的模式设计“免费”环节，让粉丝们得到实惠，也让整个价值链实现共赢。

四、业务流程配套设计

流程配套设计和验证是流程顺利实施的基础和保障，因此，企业还需要进行流程配套设计，如基于流程进行组织体系优化、基于流程进行职位体系优化、建立基于流程的 KPI、建立基于流程的制度体系、建立基于流程的表单体系、建立基于流程的知识管理体系、基于流程进行信息化建设、用流程管理流程等。

五、业务流程信息化与信息系统集成

基于年度经营计划的流程优化工作完成后，企业在流程实施环节还会存在两个难点，即流程的固化和流程自动化。

华为任正非曾经指出，华为进行流程固化的基本理念是：先固化、后僵化、再优化。其实华为的经验告诉我们，企业优化流程并不难，但真正把优化后的流程执行到位则需要花费很大的精力。

根据我们的经验，企业进行流程固化的一个有效办法就是进行流程自动化（business process automation，BPA），即通过信息系统对流程进行固化的过程。在企业内部，为了实现业务的高效运营，越来越多的企业重视并实施相应的信息系统，如 OA、ERP、DRP、SCM、CRM、PDM 等，不同的系统有助于企业对不同领域的流程进行有效的自动化管理。

【案例 6－1】 浙江智达汽车零部件科技有限公司 2018 年流程优化规划

智达科技 2018 年流程优化规划见表 6－1。

表 6－1 智达科技 2018 年流程优化规划表

业务计划名称	事业部		技术中心				公共资源中心			财务中心		管理中心		
	营销部	生产部	工艺部	项目部	中试部	产品部	设备部	市场部	质量部	财务部	投资部	人力资源部	采购部	信息与流程部
客户开发流程	√													
新产品开发流程						√								
质量管理流程									√					
成本控制流程										√				
工艺改善流程			√											
订单评审流程				√										
产前准备流程		√												
供应商开发流程													√	
采购管理流程													√	
预算管理流程										√				
风险控制流程										√				
投资管理流程											√			

续表

业务计划名称	事业部		技术中心				公共资源中心			财务中心		管理中心		
	营销部	生产部	工艺部	项目部	中试部	产品部	设备部	市场部	质量部	财务部	投资部	人力资源部	采购部	信息与流程部
融资管理流程											√			
年度经营计划管理流程												√		

The Annual Business Plan Formulation and Management | **第二节**

横向到边，纵向到底：基于年度经营计划的组织体系

战略决定流程，流程决定组织，这是对公司战略、流程和组织体系之间关系的精辟阐述。可见，组织是战略实现的基础。企业战略和年度经营计划不同，流程就不同，企业的组织体系也要进行相应的调整和变化。基于年度经营计划的业务流程优化完成之后，接下来的工作就是要根据业务流程对组织体系进行优化。

一、组织模式发展趋势

与“互联网＋”时代业务流程的变化一样，企业组织模式在“互联网＋”时代也发生了翻天覆地的变化，企业常用的金字塔式的组织模式也遇到了前所未有的挑战。

（1）职能式组织模式已死。职能式组织模式具有管理层级多、响应速度慢、组织灵活性不够等诸多先天性的弱点，同时，职能式组织模式强调管控，而在“互联网＋”时代，企业组织模式更加强调失控、去中心化等。因此，企业必须对传统的职能式组织模式进行改造和升级。

（2）推倒“部门墙”。前文我们提到“互联网＋”时代的四个关键词：平台、用户、产品和速度，可以看得出来，不论是平台、速度，还是用户和产品，都需要

在公司内部建立没有任何部门界限的组织模式，因此拆掉“部门墙”，建立扁平化、柔性化、流程化的组织体系将是“互联网+”时代组织发展的一个明显特征。

（3）干掉中层。这两年以海尔率先提出“干掉中层”为首的企业组织变革可以说是屡见不鲜，张瑞敏提出要压缩掉中层管理干部10000人，然后彻底颠覆“金字塔”层级结构向“扁平化”变革。现在海尔内部只有三种人：平台组、小微组、小微成员，不再存在上下级的关系。平台组主要是快速配置资源，小微组即海尔内部小的创业团队，小微成员是由小微组决定招募进组的成员。

（4）让听得到炮声的人去决策。传统组织的决策模式往往是由最高管理者决定的，但信息在层层向上传递的过程中一定会存在失真、减速的问题，这与“互联网+”时代的商业逻辑和业务流程的需求格格不入，这就需要企业优化组织模式，让听得到炮声的人去做决策。

时代在发展，理念在更新，管理方法和手段也在发生巨变，如图6-2所示，企业组织发展已经从传统的任务型、职能式组织运营模式，发展到今天的流程中心型、战略中心型以及柔性化、扁平化、去中心化、阿米巴组织运营模式……

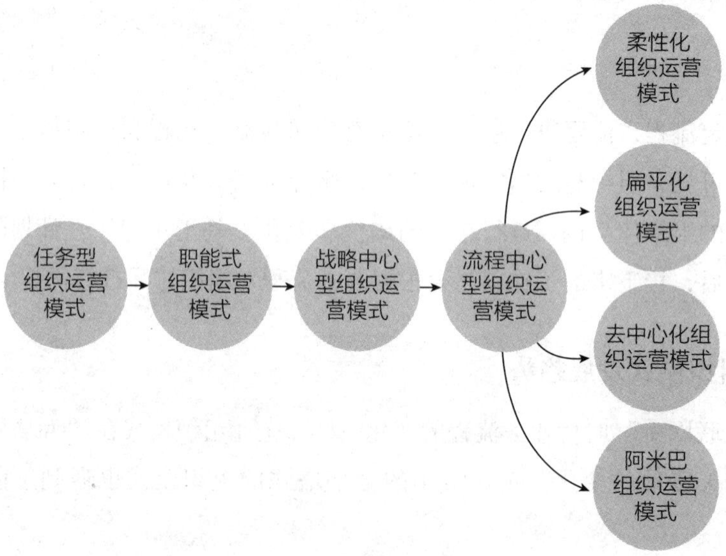

图6-2 “互联网+”时代组织发展趋势

二、基于年度经营计划的组织体系优化

通常而言，基于年度经营计划的组织体系建设主要包括组织模式选择、企业一级组织结构优化、部门使命与职能定位、部门二级组织结构优化等。

（一）组织模式选择

大家都知道，传统的企业一般都会选择职能中心型组织作为企业组织体系运作的核心，但随着企业经营环境的变化、行业竞争的加剧、实现企业发展战略及达成年度经营目标的需要，只强调分工的传统组织模式已经不能适应全新经营环境的需求。为了满足这一需求，很多管理学家和企业开始探讨和尝试使用基于流程的组织模式，这种尝试极大地推动了矩阵式组织模式的进步，同时也让很多企业开始关注组织协作和流程。

但很快人们又发现，脱离了企业的战略去强调分工和协作的组织模式也会存在诸多问题，由此，战略中心型组织便应运而生。罗伯特·S. 卡普兰和戴维·P. 诺顿在《战略中心型组织》中提出了战略中心型组织的概念，他们强调企业的组织体系必须面向战略，由此形成了职能中心型组织、流程中心型组织和战略中心型组织三种组织形态（见表6－2）。

表6－2　职能中心型组织、流程中心型组织和战略中心型组织比较

组织类型	职能中心型组织	流程中心型组织	战略中心型组织
关注重点	以职能为导向，强调分工	以流程为导向，强调协作	以战略为导向，强调目标
组织特征	直线式、职能式	扁平化、网络型	混合型
适应环境	稳定、变化慢	不稳定、变化快	不稳定、变化快
管理方式	行政命令	相互协调	强调协同
权力结构	集权	分权	分权，员工自主管理
职位设计	个人化职位	以团队为基础	个人与团队相结合
管理制度	严密	有较大的灵活性	灵活性极强
工作目标	领导、职位要求	客户需求	目标导向
员工素质	一般要求	较高要求	极高要求
文化特征	单一文化	多元文化	混合文化

1. 职能中心型组织

职能中心型组织强调各项职能的有效履行，侧重于组织内部的分工，要求组织分工必须做到“横向到边，纵向到底”，同时为了保证职能的履行，职能中心型组织又会设置诸多监督职位。很明显，在“互联网＋”时代，职能中心型组织已经受到了极大的挑战，这种组织模式必将会被淘汰。

2. 流程中心型组织

流程中心型组织是相对于职能中心型组织而言的，它强调以流程为导向，以提升组织效率和顾客满意为宗旨。流程中心型组织的兴起和快速发展并不是偶然的，促使它产生的驱动力来自以下三个方面。

(1)组织外部的环境发生了变化、全球经济一体化、技术更新加快、顾客需求多样化，这些外部的变化都推动着组织的改变。

(2)传统的职能中心型组织的缺点直接导致组织的内驱力不足，机构臃肿，部门之间互相推诿，存在“部门墙”，组织效率低下，不能满足激烈的市场竞争需要。

(3)管理理论的发展，如流程再造、价值链、价值环、核心竞争力等理论为流程中心型组织的诞生和发展奠定了坚实的理论基础。

3. 战略中心型组织

战略中心型组织最早是由美国著名管理学家罗伯特·S. 卡普兰和戴维·P. 诺顿提出的，在《战略中心型组织》一书中他们对其进行了详细的阐释，战略中心型组织最大的特点就是它可以系统地描述、衡量和管理战略。

我们不妨先回顾一下，职能中心型组织强调职能的履行，以“领导为核心”，领导的指令和意愿就是工作的方向，久而久之，就形成了各种各样的“山头文化”“部门墙”，导致组织效率低下，部门之间的协作性也越来越差。流程中心型组织打破了职能中心型组织的弊端，保证单个流程效率提升，让处于同一个流程体系内员工的工作指向性更加明确(指向流程绩效)，但它同样存在问题，即如何解决流程之间的协同？如何保证企业整体运营效率的最大化？这就需要企业建立战略中心型组织，因为对于任何一家企业而言，必须以实现特定的经营目标为前提，经营目标的分解首先要考虑流程之间的协同，然后再考虑部门职能的正常履行。

通过对以上三种组织模式的对比分析，大家可以看到，要想使企业年度经营目标顺利实现，流程中心型组织和战略中心型组织已经成为企业组织变革的趋势和重点。

(二)企业一级组织结构优化

根据组织设计原则，企业组织结构一定要以战略实现为导向，因此，年度组织结构的优化也一定要围绕年度经营目标及战略地图，保证在流程指引下，以最简化的组织体系有效促成年度经营目标的实现。

企业一级组织结构优化主要包括管理层级设计、管理幅度设计、部门设置。

(三)部门使命与职能定位

部门使命与职能定位是组织设计过程中需要重点思考和解决的问题，而且部门职能的划分跟公司流程设计和企业年度经营目标密切相关，不同的年度经营计划、不同的流程、不同的企业经营模式，企业部门职能定位会有很大差异。

（1）部门使命描述。部门定位也就是我们通常所说的部门使命，部门定位通常用言简意赅的语言清晰表达部门所承担的使命和所要追求的终极目标。企业部门使命是部门全体成员共同努力和奋斗的方向，因此，在进行部门使命描述的时候一定要求语言精练，富有激情。

（2）部门职能树规划。清晰界定了部门使命之后，企业需要做的就是按照使命定位，将公司的一级职能进行分解，并形成部门职能树。

（3）部门三级职能描述。确定了每个部门的使命和职能树之后，为了保证组织分工的充分性，企业还需要对各部门的职能进行三级描述。

（四）部门二级组织结构优化

部门使命与职能定位清晰后，企业还需要对各部门内部组织结构进行优化和再设计，主要包括部门内部管理层次、岗位设置、部门职能分解及岗位说明书、岗位任职资格、岗位编制等。

The Annual Business Plan Formulation and Management | 第三节

路线确定后，员工是关键：基于年度经营计划的员工成长与发展体系

毛主席曾经说过："政治路线确定后，干部是关键因素。"这句话同样用于企业内部，即年度经营计划确定后，员工是关键。

一、"当官"不再是员工唯一的发展途径

在很多公司都普遍存在职位发展通路过窄，千军万马过独木桥的现象，这是企业没有建立多通道的员工职位发展通路所导致的。职位发展通路设计犹如修路一样，是企业进行员工成长与发展体系设计的基础工作。图6－3告诉我们，很多企业都存在严重的"管理独木桥"现象，缺乏多通道的员工发展通路造成了诸如"技而优则管""营而优则管"的局面，这种现象不论是对企业留人还是对员工的个人成长都是不利。这就需要企业根据自身实际设计多通道的员工发展通路。

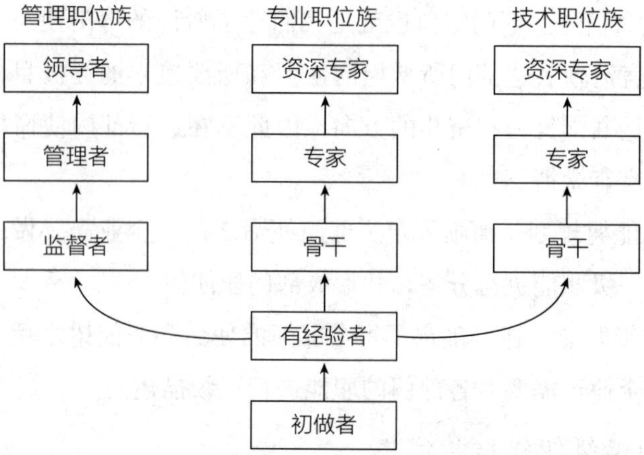

图 6－3　职位发展通路（示意）

一般情况下，技术和专业职位族都可以分为初做者、有经验者、骨干、专家和资深专家 5 个职级，由于管理职位族的特殊性，管理职位族一般会分为 3 个职级，即监督者、管理者、领导者，但有些集团公司对管理职位族也可以分为 5 个职级。

（1）专业、技术职位族职位发展通路设计。专业、技术职位族职级的规划来自两个维度，即专业与技术的广度、专业与技术的深度，如图 6－4 所示。

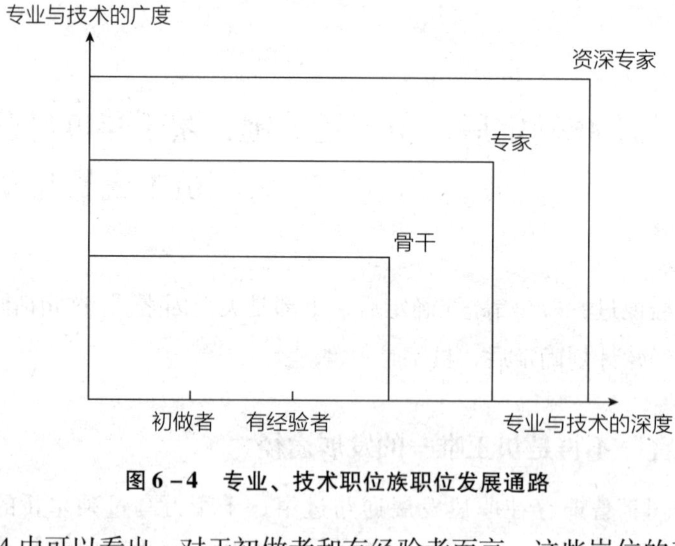

图 6－4　专业、技术职位族职位发展通路

从图 6－4 中可以看出，对于初做者和有经验者而言，这些岗位的工作只是沿着一定工作量的深度的增加有递进的要求，但从骨干开始，包括专家、资深专家，除了有深度的要求外，同时还有对专业与技术广度的要求。专业、技术职位族职级对比见表 6－3。

表 6-3　专业、技术职位族职级对比

级别	基本特征
资深专家	（1）具有博大精深的专业知识和技能 （2）本专业领域内业务流程的建立者或重大流程变革的发起者 （3）可以指导整个体系的有效运行 （4）能够洞悉和把握本专业领域的发展趋势，并提出有前瞻性的变革思路 （5）被视为本专业领域理论、技术、技巧等方面的专家
专家	（1）精通本专业领域内的所有知识、技能 （2）对本专业领域内的流程有全面深刻的理解，能够洞察其深层次的问题并给出相应的解决方案 （3）能够以缜密的分析在专业领域给他人施加有效影响，从而推动和实施本专业领域内重大的变革 （4）对于本专业领域内复杂的、重大的问题，能够通过改革现有的流程和方法加以解决 （5）可以指导本专业领域的一个子系统有效运行 （6）能够把握本专业的发展趋势，并保证本专业领域的规划与发展趋势相吻合
骨干	（1）能够负责小型项目开发设计，或负责大中项目的模块开发设计 （2）具有全面的业务知识和技能，在主要领域是精通的，并对相关领域的知识也有一定的了解 （3）能够发现本专业领域业务流程中存在的重大问题，并提出合理有效的解决方案 （4）能够预见工作中的问题并能及时解决 （5）对体系有全面的了解，并能准确把握各组成部分之间的相关性 （6）能够对现有的流程、方法进行优化 （7）可以独立、熟练地完成大多数工作任务，并能够有效指导他人工作 （8）被视为是本领域内经验丰富的骨干力量
有经验者	（1）具有必要的基础知识、技能，这些知识和技能集中于本专业的某一个领域 （2）能够运用现有的流程和方法解决问题，但这种问题不需要进行深入分析 （3）在适当的指导下，能够完成工作，对于例行性工作，有多次独立完成工作的经验 （4）能够理解本专业领域中的发展趋势 （5）工作在他人监督下进行，工作的进度也是他人确定的 （6）能够发现流程中存在的一般问题 （7）被认为业务实施的基层主体
初做者	（1）能够做好被安排的一般性工作 （2）能够根据基本的工作准则和要求完成有限范围内的工作任务 （3）能够运用在培训和学习中学到的专业知识和流程 （4）在本专业领域有较少的工作经验，且这种经验是不够全面的，不能为独立开展工作提供支持 （5）对整个体系还只是局部的理解，对体系之间的相互关系还不能完全把握 （6）只能在指导下从事一些单一的、局部的工作

（2）管理职位族职位发展通路设计。管理职位族的职级规划不同于专业、技术职位族从两个维度进行区分，而是从战略管理、组织管理和人力资源管理三个维度进行规划，简称“管理三叶草”（见图 6－5）。

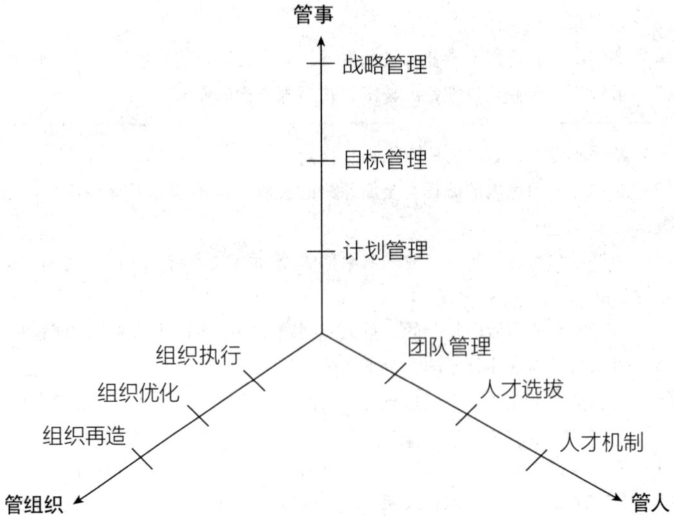

图 6－5　管理职位族职位发展通路

从图 6－5 中可以看出，每个维度各自又分为 3 个级别，分别对应管理职位族的 3 个职级，具体见表 6－4。

表 6－4　管理职位族职级对比

	监督者	管理者	领导者
管人	团队管理：带领一个团队完成工作，并能够对每个团队成员进行必要的激励	人才选拔：能够根据团队成员的特长及喜好建立团队内部的选拔机制	人才机制：帮助企业建立“公平、合理”的人才选、用、育、留机制
管事	任务管理：按照既定的工作任务目标，带领团队成员按计划完成任务	目标管理：需要确定团队目标，并能够将目标进行分解，组织团队成员完成	战略管理：根据内外部环境，明确组织发展战略，并通过资源合理配置，完成组织战略
管组织	组织执行：组织运营程序明确，只需要按既定的流程执行便可完成任务	组织优化：需要不断优化和完善组织既定的运营规则，提升运行效率	组织再造：需要打破既定的组织运行规则，建立全新的运营流程和制度体系

【案例6－2】 浙江智达汽车零部件科技有限公司职位发展规划

相关内容见表6－5至表6－7。

表6－5　智达科技职位族/职系规划

<table>
<tr><th colspan="2">职位族/职系</th><th>定义</th><th>典型职位</th></tr>
<tr><td colspan="2">管理职位族</td><td>主管及主管以上，专门从事管理工作的职位</td><td>集团总经理、集团副总、集团总经理助理、下属公司（事业部）总经理/副总、集团部门经理、下属公司（事业部）部门经理、主管</td></tr>
<tr><td colspan="2">营销职位族</td><td>专门从事产品直接销售和市场管理的职位</td><td>集团营销副总（副总/总助分管营销）、下属公司（事业部）营销副总经理、下属公司（事业部）营销经理、下属公司（事业部）营销主管、下属公司业务员</td></tr>
<tr><td rowspan="2">生产职位族</td><td>生产管理类</td><td>专门从事产品生产制造工作的职位</td><td rowspan="2">集团生产副总（副总/总助分管生产）、下属公司（事业部）生产副总、下属公司（事业部）生产经理、下属公司（事业部）生产主管、下属公司（事业部）生产管理专员</td></tr>
<tr><td>品质管理类</td><td>专门从事品质检验、化验工作的职位</td></tr>
<tr><td rowspan="4">技术职位族</td><td>设备技术类</td><td>专门从事设备选型、改造、工艺等技术工作的职位</td><td rowspan="4">集团公司技术副总/总工（副总/总助分管技术）、下属公司（事业部）技术副总/总工、下属公司（事业部）技术经理、高级工程师/首席工程师、下属公司技术主管、工程师、下属公司（事业部）助工、技术员</td></tr>
<tr><td>工艺技术类</td><td>专门从事工艺技术设计、优化、执行状况监督等技术工作的职位</td></tr>
<tr><td>研发/设计类</td><td>专门从事产品设计或研发等技术工作的职位</td></tr>
<tr><td>品质技术类</td><td>专门从事品质检测技术、品质技术管理等职位</td></tr>
<tr><td colspan="2">专业事务职位族</td><td>从事各项专业事务性工作的职位，包括人力资源、财务、法律、物流、采购等</td><td>集团总经济师、总会计师（副总/总助分管专业事务）、下属公司（事业部）副总（分管财务、人力资源等）、集团总部专业事务经理、下属公司（事业部）专业事务经理、集团总部/下属公司（事业部）专业事务主管、集团总部/下属公司（事业部）专业事务专员</td></tr>
<tr><td colspan="2">辅助职位族</td><td>为公司日常经营活动提供后勤支持的岗位，如物业、食堂、绿化等</td><td>集团行政副总（副总/总助分管行政）、商务公司总经理/副总、辅助经理（物业、安保等）、辅助主管、辅助专员</td></tr>
</table>

表6-6　智达科技管理职位族职位发展规划

职级/职等																职位名称
一级				二级				三级				四级				
预备等	基础等	普通等	职业等	预备等	基础等	普通等	职业等	预备等	基础等	普通等	职业等	预备等	基础等	普通等	职业等	
																集团总裁、集团副总裁
																事业部总经理、集团中心总监
																部门（副）经理
																部门主管

表6-7　智达科技营销职位族职位发展规划

职级/职等																职位名称
一级				二级				三级				四级				
预备等	基础等	普通等	职业等	预备等	基础等	普通等	职业等	预备等	基础等	普通等	职业等	预备等	基础等	普通等	职业等	
																集团公司营销副总
																事业部营销副总
																营销部经理
																区域经理

二、实施优才计划

企业可以为全体员工实施职业生涯管理，但对于一些特殊的岗位（如核心管理人才、核心技术人才、核心营销人才）除了实施职业生涯管理之外，还需要对这些岗位实施优才计划。

优才计划就是通过制订有效的关键岗位继任者和后备人才甄选计划，合理地挖掘、开发、培养优才队伍，给优秀员工提供职业发展机会，留住关键岗位员工，解决这些职位空缺时给公司正常开展工作带来的影响。

（1）全面人才盘点。在实施优才计划之前，企业需要对内部人力资源进行全面盘点，并结合职位发展矩阵和员工职业生涯规划，确定需要实施优才计划的岗位。

一般情况下，人才盘点包括素质及业绩评价、员工优势及不足分析、内外部可替代性评估、发展潜力和职业发展方向评估、现有培养及培训措施评估等。

（2）建立优才库。根据人才盘点结果，企业需要建立优才库，对于纳入优才库的员工，企业需要提供必要的辅导和培训，并每年进行一次复盘，对于不合格的及时从优才库中剔除，同时，对于通过优才培养达到更高级别职位任职要求的，根据需要考核合格后予以晋升。

（3）实施优才培养计划。对于已经纳入优才库的员工，企业可以结合员工职业生涯规划及岗位任职资格为其量身定制培训和辅导计划，帮助员工快速成长。

（4）建立人才选拔机制。在完成优才培养计划之后，企业还需要根据培养考核结果，结合员工职业发展目标及组织需要，建立完善的人才选拔机制，让员工及时得到重用与发展。

三、员工职业生涯规划

职业生涯规划是指针对员工个人职业选择的主观和客观因素进行分析和测定，确定员工的职业发展目标并努力实现这一目标的过程。换句话说，职业生涯规划要求根据自身的兴趣、特点，将自己定位在一个最能发挥自己特长的位置，选择最适合自己能力的事业。职业定位是决定职业生涯成败的最关键的一步，同时也是职业生涯规划的起点。

职位发展通路和职位发展矩阵为员工职业生涯规划指明了方向，接下来企业要做的就是根据员工个人特征及职业发展定位进行系统规划，保证员工快速成长。

四、量体裁衣，制订有效的员工培训规划

企业在进行内部经营环境分析的时候已经对关键岗位员工适岗率进行了评估，同时根据公司年度经营策略也可以非常容易地识别出影响当年业绩目标达成的关键岗位，为了能够保证这些员工满足岗位任职要求，企业需要每年针对关键岗位进行有针对性的培训课程设计，帮助这些员工成长与提升。

The Annual Business Plan Formulation and Management | 第四节

激励到位，黄牛也会吹口哨：基于年度经营计划的员工激励体系

赫茨伯格认为，使员工感到满意的都是属于工作本身或工作内容方面的；使员工感到不满的，都是属于工作环境或工作关系方面的。他将前者称为激励因素，后者称为保健因素。

激励因素是指能为员工带来积极态度、满意和激励作用的因素，激励因素包括成就、赏识、挑战性的工作、增加的工作责任，以及成长和发展的机会。而保健因素的满足对员工产生的效果类似于卫生保健对身体健康所起的作用，保健因素包括公司政策、管理措施、监督、人际关系、物质工作条件、工资、福利等。

正如赫茨伯格的双因素理论所言，在企业内部不同类型的员工由于工作内容和性质的不同，其对年度经营目标实现的贡献也会不同，除了针对全员的基本薪酬体系之外，企业还需要设计一些补充的激励体系，只有这样，才能使薪酬的激励作用最大化。基于年度经营计划的员工激励体系既包括激励因素的建设，也包括保健因素的建设。

在《吹口哨的黄牛：以薪酬留住人才》（京华出版社 2003 年版）一书中，我们提到，只要公司的薪酬、奖金、福利体系设置科学、合理，员工就会迸发出无穷无尽的动力，恰如耕地的黄牛也会愉悦地吹着口哨干活。

常见的员工激励计划包括中高层员工的中长期激励计划、销售人员的激励计划、研发人员的激励计划、生产制造人员激励计划、中后台员工激励计划等。企业每年经营目标不同，实现经营目标的路径也会有异，导致年度经营目标实现的关键岗位也会不同。因此，针对年度经营目标及目标实现路径，识别关键员工并制订针对性的激励计划对于年度目标的实现至关重要。

一、物质激励与精神激励两手抓

在员工激励方面，正如赫茨伯格所提出的双因素理论一样，企业既要关注员工对物质利益的追求，同时也要关注员工对精神利益的追求，只有将两者完美地结合起来才是最理想的激励模式。其中，物质激励又分为三部分，即基本年薪、业绩奖金和福利。

（1）基本薪酬体系优化。薪酬体系优化的核心工作包括岗位价值重新评估、公司薪酬水平调整、基于员工年度绩效进行薪酬层级调整等，一般来讲，基本薪酬体系优化可以不作为公司年度经营计划实施平台建设中的重点工作。

（2）业绩奖金体系优化。业绩奖金体系优化是年度员工激励体系建设的重点，通常而言，随着每年公司经营策略调整、部门目标变化、部门实现目标的计划调整等，企业必须对员工业绩奖金体系进行系统优化和改造，以便让员工对目标的实现更加充满信心。

（3）福利体系优化。福利是员工的间接报酬，一般包括健康保险、带薪假期、过节礼物或退休金等。在中国绝大多数企业经常会面临这样的困惑，企业每年在员工福利方面投入很大，但很多员工并没有感受到，甚至有些员工认为企业根本就没有什么福利，最终导致企业不满意，员工也不满意，造成这种结果的主要原因在于企业没有对福利体系进行系统规划和实施。常见的福利类型见表6－8。

表6－8　常见的福利类型

福利类型	福利内容
健康管理	体检、预约挂号、医疗门诊、健齿、心理咨询
商业保险	人身意外、子女教育、大病医疗
员工关爱	生日会、旅游、部门活动
文体活动	健身、员工运动会、企业联谊球赛
学习	企业大学、在线学习、培训课程、拓展、企业图书馆
节假日福利	春节、端午、中秋、司庆等节假日福利
生活服务	电影票、机票、火车票、购物优惠、费用代缴、移民服务
员工家庭福利	家庭理财、员工子女教育

二、短期激励、中期激励与长期激励一个都不能少

除了前面提到的基本薪酬、业绩奖金、福利体系之外，企业在制订年度员工激励体系的时候需要同步考虑员工中期激励、长期激励的问题。

(1) 股权激励。股权激励是对员工进行长期激励的一种方法，是一种给予核心员工一定的经济权利，使他们能够以股东的身份参与企业决策、分享利润、承担风险，从而勤勉尽责地为公司的长期发展服务的激励方法。

(2) 期权激励。期权激励也是一种常见的对员工中长期激励的方法，是企业给予核心员工一定的分红权力，期望能够更好地激励他们。

【案例6-3】 浙江智达汽车零部件科技有限公司2018年员工激励体系规划

智达科技2018年员工激励体系规划见表6-9。

表6-9 智达科技2018年员工激励体系规划表

激励方案	适用群体	备注
业务人员激励方案	事业部业务人员	
研发人员激励方案	产品部研发人员	
精益降本激励方案	工艺部、设备部、生产部、中试部、质量部员工	
宽带薪酬体系	非提成制员工	
年度福利方案	全体员工	
年度积分管理办法	全体员工	
年终奖金管理办法	全体员工	
骨干员工期权激励办法	骨干员工	
核心员工持股管理办法	核心员工	

【案例6-4】 浙江智达汽车零部件科技有限公司2018年积分管理办法

1. 目的

为了鼓励员工关注公司重点工作事项落实，在公司建立和倡导正激励文化，特制定本办法。

2. 范围

本办法适用于公司年度关键工作事项激励。

3. 职责

3.1 人力资源部为公司积分管理归口部门，负责各关键事项积分评定及员工积分档案建立、积分兑换实施。

3.2 各部门负责部门归口关键事项实施，并根据参与人员的贡献进行积分分配。

4. **工作程序和要求**

4.1　积分标准：公司根据关键事项重要及难易程度确定对应积分标准，具体见表6－10。

表6－10　积分标准

难易程度	公司级	事业部级	部门级
难	3500	2500	1500
较难	3000	2000	1000
简易	2500	1500	—

4.2　个人积分获取：个人主要通过承担年度经营计划关键事项，或承接关键事项的某个或某一些工作任务而获得积分。

4.3　积分分配。

4.3.1　分管领导根据部门年度目标责任书中关键事项对应标准积分及达成状况确定实得积分。

4.3.2　关键事项的主要负责人获得30%积分，即30%×实得积分，其余70%由该关键事项的主要负责人组织参与人员进行工作量评估，并按工作量计算参与人员获取的相应积分，即工作量×70%×实得积分，此部分分配的主要原则是向项目成员倾斜为主的原则。

4.3.3　关键工作事项完成后，关键工作事项的主要负责人需要组织成员进行工作量的评估，并填报《个人积分分配表》，需要获得超过2/3的成员同意方可有效；如果项目成员投诉，投诉第一次，项目积分扣减30%，投诉第二次，项目积分扣减为零。

5. **积分应用**

5.1　员工个人积分管理：由人力资源部建立个人积分卡，每月初统计积分增加明细经管理副总经理批准后计入个人积分卡。

5.2　员工个人积分每月10日前对外公布，如员工有异议，可要求人力资源部复查数据，复查需在5个工作日内完毕并经人力资源部部长审核后进行调整。

5.3　员工个人积分应用：由人力资源部每年年底申请下年度积分激励奖励基金额度，依据积分总数计算每个积分对应的金额。

5.4　员工个人积分累积到一定分数后，每月可以换取相应的公司实物福利，兑现实物由公司采购部统一采购，人力资源部统一确定换取积分。

5.5　员工个人积分使用时，每月10日前需要向人力资源部提交《个人积分使用申请表》，在履行相关程序审批后，个人获取相应福利后，人力资源部扣除已使用个人积分。

5.6 员工个人积分从积分获取到使用不得超过12个月，可跨年使用，但超过12个月则被清零处理。员工无论以任何形式离职，福利积分将清零；再入职时，福利积分重新开始计算。

5.7 人力资源部在公司内部设立“福利站”，每月28日开放（节假日顺延），依员工申请进行相应福利发放，并做详细登记与领取签名。

6. 附件

6.1 《部门年度目标责任书》。

7. 附加说明

7.1 本办法由人力资源部起草，并负责解释。

7.2 本办法自2018年1月1日起实施。

【案例6-5】 浙江智达汽车零部件科技有限公司2018年年终奖金管理办法

1. 目的

为了鼓励员工关注公司经营，体现利益分享原则，根据公司《薪酬管理制度》相关规定，特制定本办法。

2. 适用范围

本办法适用于年薪制、结构工资制员工。

3. 年终奖金管理办法

3.1 年终奖金与公司整体年度经营目标达成挂钩，具体计算公式为：

综合目标达成率=收入目标达成率×60%+利润目标达成率×40%

3.2 年终奖金标准（见表6-11）。

表6-11 年终奖金标准

综合目标达成率	90%以下	90%(含)~100%	100%(含)~110%	110%(含)以上
A层级	0×岗位工资	0.8×岗位工资	3×岗位工资+X	[5+(实际完成率-110%)×20]×岗位工资+X
B层级	0×岗位工资	0.8×岗位工资	2.5×岗位工资+X	[4+(实际完成率-110%)×15]×岗位工资+X

续表

综合目标达成率	90%以下	90%（含）~100%	100%（含）~110%	110%（含）以上
C层级	0×岗位工资	0.8×岗位工资	2×岗位工资	[3+（实际完成率−110%）×10]×岗位工资
D层级	0×岗位工资	0.8×岗位工资	1×岗位工资	[1.5+（实际完成率−110%）×5]×岗位工资
E层级	0×岗位工资	0.8×岗位工资	1×岗位工资	[1.5+（实际完成率−110%）×5]×岗位工资

3.3　年终奖金计算。

3.3.1　A层级员工实得年终奖金＝年终奖金标准×A层级员工年度绩效系数。

3.3.2　部门负责人实得年终奖金＝年终奖金标准×部门年度绩效系数。

3.3.3　部门内部员工年终奖金。

（1）部门年终奖金实得总额＝∑（转正员工应得年终奖金×转正后工作月数/12）×部门绩效系数。

（2）员工个人实得年终奖金以员工岗位工资为基准，结合绩效状况及综合素质由部门负责人进行分配，报公司总经理审批。

4. 其他

4.1　年终奖金发放在每年春节前发放，无论基于何种原因，员工在发放年终奖金之日前离职的，均不得享受年终奖金。

4.2　本办法由人力资源部制订，经总经理审批后执行，自公布之日起生效。

【案例6-6】 浙江智达汽车零部件科技有限公司核心员工持股管理办法

1. 目的

1.1　为了充分调动员工的积极性，体现核心员工在公司经营中的价值，强化企业内部的激励机制和约束机制，体现利益共享的分配原则，特制定本办法。

1.2　核心员工持股是指公司内部核心员工本着“入股自愿、收益共享、风险共担”的原则，由员工个人出资认购公司股票，并享有相应的权利。

2. 适用范围

本办法适用于公司核心员工。

3. 股票来源

以智达科技2017年12月31日净资产作为股票来源。

4. **股价**

4.1 以2017年12月31日每股净资产为准计算首次认购股价。

4.2 每年1月为内部股票认购发起时间段，发布的每股认购价格一年内保持不变，以后年度若继续发起内部认购，则每股价格均以上一年度会计报表中12月31日每股净资产的股价进行认购。

5. **享受范围及认购额度**

5.1 内部股票首次享受人员为试用合格转正并经公司评估通过的核心员工，具体见《核心员工评价细则》。

5.2 以后年度若继续发起内部认购，享受人员为截至当年12月31日必须在公司工作满12个月且经公司评估通过的核心员工。

5.3 认购额度。

5.3.1 以后年度若继续发起内部认购，公司根据核心员工的价值贡献确定认购额度。

5.3.2 对于在公司工作5年以上的核心员工，公司根据实际情况额外奖励认购额度。

6. **核心员工认购**

6.1 每年11月由公司根据本办法相关规定对已认购的核心员工进行资格审查。

6.2 由公司根据本办法相关规定确定核心员工个人认购额度，员工填写《核心员工内部股认购书》并签订《内部股认购协议》。

6.3 员工在签订《核心员工内部股认购书》后的45天内缴付购股资金，否则视为自动放弃。

6.4 员工根据持股额度采取自愿原则确定认购额度，未认购部分认购权不予保留。

6.5 股票的认购以千股为单位。

6.6 公司根据员工认购情况建立台账。

7. **持股核心员工的权利**

7.1 核心员工持股由公司董事长代持，在公司上市之前，持股员工的姓名及其他信息资料不出现在公司的工商登记、公司章程及其他公开披露的材料上。在公司上市之前，未经公司董事会同意，核心员工不得将其拥有的股票进行转让，也不得要求将其股东地位从隐名变更为显名。

7.2 内部持股的核心员工，享有每年分红及股票增值的权利，除此之外的股东权利由公司董事会统一享有。

7.3　上述股票的名义代表人为董事长，根据公司章程，在公司的经营活动过程中以及根据有关政府部门的要求提交各种资料时，根据董事会的决定，同时在名义上和实质上代表持股核心员工行使上述分红权利之外的股东权利。公司在行使本条之股东权利时无须获得员工的另外授权。

7.4　若将来公司股票激励扩大到基层骨干层面时，为保证公司具备上市的条件，公司保留以当年对等的经济权益的方式把股票份额转换为基金份额的权利。

7.5　如公司因上市需要，成立“公司员工持股会”或者“公司员工股票信托机构”等，持股员工身份自动转入“公司员工持股会”或者“公司员工股票信托机构”，持股权利不受任何影响。

8. **增资扩股及股权分配**

8.1　经公司董事会同意，公司可启动增资扩股。

8.2　外部资金注入的增资扩股，不影响本财年持股员工的权益享受，仍按增资前的股本份额计算本财年的每股净利润。增资扩股后的配股权益自下个财年开始确认份额并认购和享受权益。

9. **分红**

9.1　董事会根据公司经营需要确定是否分红及分红比例，分红时间为3月。

9.2　分红所产生的税费由公司统一代扣代缴。

10. **退出**

10.1　根据每年核心员工评估结果，公司有权对不符合条件的核心员工强制其退出。

10.2　员工可以自愿申请退出。

10.3　员工离职时必须退出。

11. **回购**

11.1　员工不得把其拥有的股票转让给包括其他内部员工在内的任何第三方，员工申请退出、离职或强制退出时将不再享受内部股票，由公司统一回购。

11.2　若回购行为发生在当年1月公司发布每股净资产股值之前的，则以上年度公司公示的每股价格计算；若回购行为发生在当年1月公司发布每股净资产股值之后的，则以公示后的最新每股价格计算。

11.3　回购工作每季度操作一次。

11.4　以上各类回购行为，双方各自承担因此产生的相应税费。

12. 其他

12.1 每财年公司会根据实际情况出台附加的股票认购权奖励政策，对公司业绩或发展有重大贡献的人员给予一定的认购权奖励，奖励细则另定。

12.2 公司上市时，员工所持股份可全额转化为公司上市原始股。

13. 附件

13.1 《核心员工评价细则》。

13.2 《核心员工内部股认购书》。

13.3 《内部股认购协议》。

14. 附加说明

14.1 本办法解释权归公司董事会所有。

14.2 本办法自2018年1月1日起正式实施。

第七章

论功过，明奖罚：

年度经营计划实施管理

根据第二章至第六章的介绍，企业可以系统地建立年度经营计划及实施平台，但这只是企业年度经营计划管理的第一步，因为年度经营目标的实现还需要企业在年度经营过程中不断组织实施和检讨，本章将重点介绍企业年度经营计划实施衡量及评价机制，保证计划执行不走样、目标达成不打折。

通常而言，企业年度经营计划实施衡量及评价体系主要包括企业年度经营决策组织、年度经营报表体系、年度经营会议体系、年度经营计划实施检讨与评价、年度经营风险管理、年度经营计划动态管理等。

The Annual Business Plan Formulation and Management | 第一节

万事俱备，只欠东风：如何召开誓师大会

商场如战场，当企业年度战略地图、平衡计分卡、业务计划、经营预算以及年度经营计划实施平台建设等工作完成后，企业还需要组织召开全体员工誓师大会，正式吹响年度经营计划实施的号角。

根据我们的经验，年度誓师大会最好在 12 月底或者 1 月上旬召开，誓师大会的标准议程有 5 项，即企业领导人向全体员工宣讲年度经营计划、年度干部任命、部门负责人带头签订目标责任书、年度员工激励方案说明、部门负责人带领部门全体成员宣誓。当然，除以上 5 项议程外，企业还可以将年度优秀员工表彰放在年度誓师大会上。

一、年度誓师大会准备

开好年度经营誓师大会，需要做好以下 6 个方面的准备工作。

（1）年度经营誓师大会主题准备，包括年度誓师大会主题、主题背景墙设计与制作。

（2）年度经营计划宣讲准备，包括宣讲人（一般为公司总经理）、年度誓师大会主题报告 PPT 制作。

（3）年度干部任命准备，包括年度公司一级组织结构确认、年度干部任命文件起草。

（4）目标责任书签订准备，包括年度经营计划白皮书印刷、年度目标责任书红皮书印刷、目标签订人指定。

（5）年度激励方案说明准备。

（6）宣誓誓词准备，誓词要求简明扼要、铿锵有力、振奋人心、朗朗上口。

【案例7－1】浙江智达汽车零部件科技有限公司2018年誓师大会誓词

全体员工誓词：我宣誓，作为智达科技一员，我们牢记2018经营目标，坚决履行目标责任，以超额完成目标为荣，团结拼搏、高效务实、恪尽职守、敢为担当，共创智达科技新辉煌。

二、年度誓师大会召开

（1）年度经营计划宣讲。年度经营计划宣讲作为誓师大会的第一个环节非常重要，由公司总经理全面、系统地为全体员工传达公司年度经营策略及目标的关键环节，要求简单、明确，时间一般控制在1小时之内。

（2）年度干部任命。毛主席说过："政治路线确定后，干部是关键因素。"企业经营也是同样的道理，公司总经理全面阐述了公司年度经营计划之后，必须要将公司经营责任明确到每位管理者、每个部门，因此，企业必须在此环节公布年度组织结构及任命相关人员。

（3）签订目标责任书。干部任命完成后，先由总经理与每位副总签订目标责任书，然后由总经理、分管副总与各部门负责人签订目标责任书。

（4）年度激励方案说明。目标责任书签订完成后，由人力资源总监或者人力资源部经理向全体员工说明公司年度激励方案，在这个环节一定要讲清楚，让员工明白公司目标、中心目标、部门目标达成后与自身的利益关系。

（5）核心团队宣誓。誓师大会的最后一个环节就是由总经理带领全体管理干部先进行宣誓，表达对完成公司目标的决心与信心，然后由各副总带领分管团队分别宣誓。

第二节　决策看"三会"：年度经营决策组织

企业在年度经营的过程中，可能会存在经营环境变化、目标调整、流程优化、组织调整、目标达成跟踪与评价、突发事件处理等情况，因此，建立必要的经营决策组织可以有效帮助企业进行年度经营管理、提升经营效率和质量。

常见的经营决策组织有3个，分别为经营委员会、薪酬与绩效委员会、总经理办公会（见图7－1）。

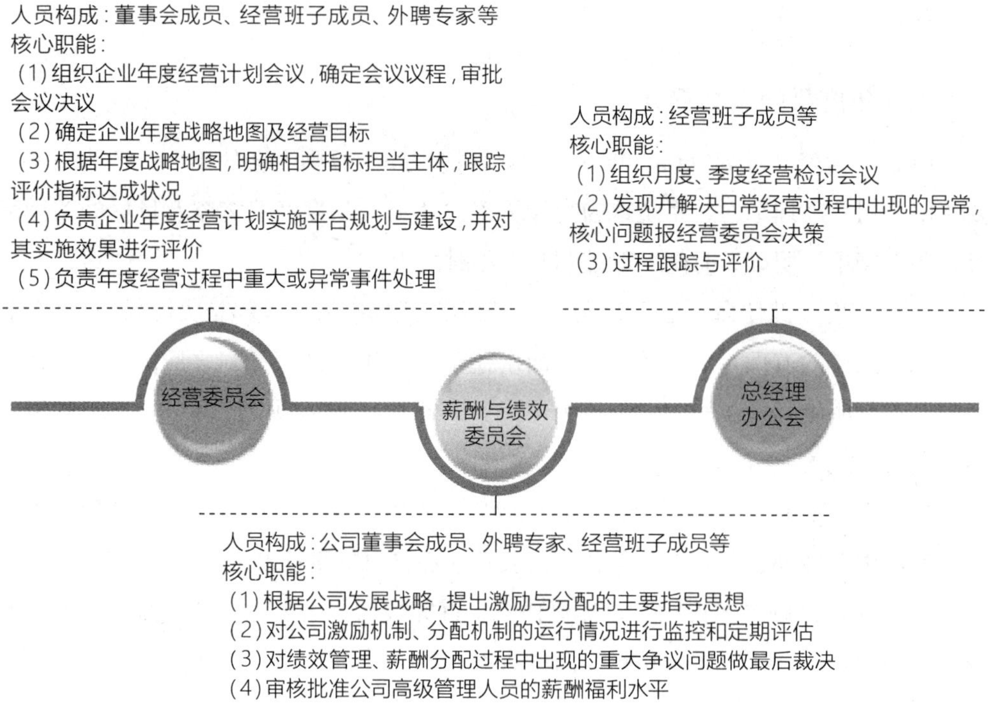

图7－1　决策看“三会”

一、经营委员会

经营委员会是企业年度经营计划管理的最高权力机构，通常由董事会成员、经营班子成员、外聘专家等组成，主要职责包括：

（1）组织企业年度经营计划会议，确定会议议程，审批会议决议。

（2）确定企业年度战略地图及经营目标。

（3）根据年度战略地图，建立平衡计分卡，明确相关指标担当主体。

（4）负责企业年度经营计划实施平台规划与建设，并对其实施效果进行评价。

（5）负责年度经营过程中重大或异常事件处理。

通常情况下，经营委员会每年召开3次会议，分别在年初、年中和年底召开。其中，年初会议主要工作内容包括决定年度经营目标、任命核心经营层、签署年度经营目标责任书、审批年度经营预算、审批年度经营计划实施平台建设结果；年中会议主要工作内容包括检讨上半年经营结果、规划与调整下半年经营计划；年底会议主要工作内容包括检讨全年经营结果、对经营层实施年度绩效评价、审核核心员工激励兑现等。

二、薪酬与绩效委员会

薪酬与绩效委员会在企业年度经营计划实施的过程中起着举足轻重的作用，因为年度经营衡量与评价、年度员工激励都需要该委员会去执行。

通常情况下，薪酬与绩效委员会由董事会成员、经营班子成员、外聘专家等组成，其核心工作职责包括：

（1）根据公司年度经营目标，提出激励与分配的主要指导思想。

（2）组织对员工激励体系进行完善和优化。

（3）负责年度人力资源成本预算的审批。

（4）负责年度绩效合同的签订。

（5）定期组织绩效评价，跟踪目标达成状况。

（6）负责高管年度绩效评估。

【案例7－2】 浙江智达汽车零部件科技有限公司薪酬与绩效委员会议事规则

第一条　为保证公司年度经营目标顺利实现，进一步建立健全公司员工的考核和薪酬管理制度，完善公司治理结构，公司特设立薪酬与绩效委员会，并制定本实施细则。

第二条　薪酬与绩效委员会是公司设立的专门工作机构，主要负责制定公司员工的考核标准并进行考核；负责制定、审查公司员工的薪酬政策与方案，对经营委员会负责。

第三条　薪酬与绩效委员会主要作用是体现公司绩效薪酬体系运作的有效性与公正性，促进公司年度经营目标顺利实现。

第四条　薪酬与绩效委员会成员由公司董事会成员、高管、综合部经理、人事行政主管、员工代表等5～7人组成，必要时聘请外部人力资源专家加入。

第五条　员工代表由公司每季度优秀员工组成，季（年）度优秀员工由综合部每季度组织员工评选，设季度、年度优秀员工资金。

第六条　薪酬与绩效委员会设组长1名，由公司总经理担任，负责主持委员会工作；综合部人事行政主管协助总经理收集、发放、整理资料等工作。

第七条　本委员会常设委员岗位不变动，员工代表任期为一季度，随着季度优秀员工的变动而变动。

第八条　薪酬与绩效委员会的主要权限：

（一）审议公司的薪酬福利制度；

（二）审议公司的绩效管理制度；

（三）审议部门绩效执行状况，员工月度、年度绩效薪酬分配；

（四）对公司高层人员薪酬分配监督；

（五）审议对员工的奖惩；

（六）审议对年度薪酬水平的确定，以及员工薪酬层级的调整。

第九条　薪酬与绩效委员会提出的公司高管的薪酬计划，须报经经营委员会审议通过后方可实施。

第十条　薪酬与绩效委员会主要工作：

（一）提供公司主要财务指标和经营目标完成情况；

（二）公司各部门的绩效指标完成情况；

（三）公司各岗位的绩效指标完成情况；

（四）提供按公司业绩拟订公司薪酬分配规划和分配方式的有关测算依据；

（五）其他经营委员会认为必要讨论的议题。

第十一条　薪酬与绩效委员会对董事和高级管理人员的考评程序：

（一）综合部经理向委员会报告本周期内财务状况；

（二）人事行政主管向委员会报告绩效考核情况；

（三）总经理向委员会汇报公司整体经营状况与管理状况；

（四）总经理向委员会提报调整薪酬层级情况；

（五）委员会讨论、表决以上项目；

（六）总经理总结本次会议内容，交审批相关事宜。

第十二条　薪酬与绩效委员会每年 6 月（第 4 周末）、12 月（第 1 周末）进行半年绩效检讨与年终绩效检讨。

第十三条　薪酬与绩效委员会会议应由 2/3 以上的委员出席方可举行；每一名委员有一票的表决权；会议做出的决议，必须经全体委员的 2/3 通过。

第十四条　薪酬与绩效委员会会议表决方式为举手表决或投票表决；临时会议可以采取通信表决的方式召开。

第十五条 薪酬与绩效委员会会议必要时可以邀请公司董事及人力资源专家列席会议。

第十六条 薪酬与绩效委员会会议的召开程序、表决方式和会议通过的薪酬政策与分配方案必须遵循有关法律、法规、公司章程及本办法的规定。

第十七条 薪酬与绩效委员会会议应当有记录，出席会议的委员应当在会议记录上签名；会议记录由公司综合部经理保存。

第十八条 出席会议的委员均对会议所议事项有保密义务，不得擅自披露有关信息。

第十九条 本细则解释权归属公司经营委员会。

第二十条 本实施细则未尽事宜，按国家有关法律、法规和公司章程的规定执行；本细则如与国家日后颁布的法律、法规或经合法程序修改后的公司章程相抵触时，按国家有关法律、法规和公司章程的规定执行，并立即修订，报董事会审议通过。

第二十一条 本实施细则自经营委员会决议通过后生效。

三、总经理办公会

总经理办公会是公司日常经营管理的常设会议体系，每月召开一次，由公司总经理主持，副总经理及部门负责人参加，核心工作职责包括：

（1）负责对公司月度目标达成状况进行检讨和评价。

（2）负责对目标达成异常情况进行分析及改进。

（3）负责年度经营风险评估。

（4）负责对年度经营过程中突发及例外事件进行处理。

年度经营决策组织构成、管理对象及工作模式见表7－1。

表7－1 年度经营决策组织构成、管理对象及工作模式

决策组织	年度经营委员会	薪酬与绩效委员会	总经理办公会
构成	董事会成员、经营班子成员、外聘专家等	董事会成员、经营班子成员、外聘专家等	经营班子成员：总经理、副总经理、部门负责人
管理对象	年度经营计划、年度经营目标衡量指标体系	年度经营目标、年度员工激励	例外事件、突发事件、经营风险管理
工作模式	定期：3次/年	定期：2次/年	定期：1次/月

The Annual Business Plan Formulation and Management | 第三节

经营读“三表”：年度经营报表体系

决策看“三会”、经营读“三表”、管理抓“十会”。这句话通俗地概括了企业经营管理所要关注的重点，那么作为企业经营者应该关注哪些报表呢？通常情况，我们将企业经营者需要关注的报表分为三类：财务分析报表，业务分析报表，人力效能分析报表。

一、财务分析报表

说到财务报表，一定是企业经营者最关注的内容，每到月底或年底，财务部门在完成结账后，都会提交财务三大基本报表（损益表、资产负债表、现金流量表）给企业经营者们，但是显然企业经营者们都不满足这点，有一定规模企业的财务部门同时也会提供一些财务分析报告，如上市公司的季报、半年报、年报等。那么问题来了，企业财务总监、财务经理到底应该提交什么样的财务报表，才能让企业经营者们满意？

1. 企业所处阶段不同，财务报表分析的重点不同

企业在不同的阶段应该用不同的财务分析报表来反映、揭示企业实际的财务现状、盈利、运营、风险等状况（见表7-2）。

表7-2　不同发展阶段财务分析报表

经营者对财务分析报表关注重点	企业所处发展阶段			
	初创阶段	成长阶段	成熟阶段	衰退阶段
盈利能力分析	√	√	√	√
内控能力分析			√	√
营运周转分析	√	√	√	√
发展能力分析		√	√	

续表

经营者对财务分析报表关注重点	企业所处发展阶段			
	初创阶段	成长阶段	成熟阶段	衰退阶段
偿债能力分析			√	√
经营风险分析	√	√	√	√

2. 财务报表分析从财务管理到财经管理

2018 年 1 月 18 日，华为创始人任正非先生签发了 13 号文，提出了对财经管理部和财经管理体系的转型要求："从财务管理走向名副其实的财经管理，融入项目，融入业务；要建立对业务作战最实用的财务能力；所有不熟悉业务的财务人员必须抽时间去学习业务，所有业务人员都要知晓财经。"实际上早在 2007 年华为就已经聘请 IBM 帮助其完善财务管理体系的改造，启动了 IFS（集成财务转型）项目。IFS 为华为培养了数千名合格的财务总监，他们深入华为各个业务部门（包括销售、Marketing、研发、供应链等），把规范的财务流程植入华为公司的整个运营流程，实现了收入与利润的平衡发展，那几年，华为虽然销售收入增长放缓，但是利润的增长仍然很好。

华为公司在财经管理体系上的变革，笔者深有同感，在十多年的咨询服务经历过程中，接触过不下几百位财务总监、财务经理，他们都知道自己应该更多地掌握和了解企业的战略意图、运营业务，以便更好地基于战略和业务运营规律进行财务分析，支持企业经营者们决策。

【案例 7－3】 浙江智达汽车零部件科技有限公司财务分析报表规划

智达科技财务分析报表规划见表 7－3。

表 7－3　智达科技财务分析报表规划

一级维度	二级维度
盈利能力分析	（1）销售收入、利润、税负分析 （2）事业部、产品、客户毛利率和成本分析 （3）费用分析（销售费用、管理费用、财务费用） （4）非主营业务收入分析（资金理财分析）
内控能力分析	（1）年度经营预算主要盈利指标分析 （2）年度主营业务计划分析 （3）客户收入结构分析 （4）产品（服务）收入结构分析

续表

一级维度	二级维度
营运周转分析	(1) 总体应收账周转、平均账龄分析 (2) 十大客户应收账周转分析 (3) 净现金流分析（流入、流出） (4) 存货周转分析
发展能力分析	(1) 销售、客户增长分析 (2) 产品发展分析 (3) 收入、利润增长分析
偿债能力分析	(1) 资产负债变化分析 (2) 短期偿债结构分析 (3) 长期偿债结构分析
经营风险分析	(1) 公司运营风险分析 (2) 投资风险分析 (3) 融资风险分析

二、业务分析报表

如果说财务分析报表反映企业经营的效果和效益，业务分析报表则衡量企业运营过程是否稳定、高效，越来越多的企业经营者们发现业务分析报表体系的重要性，因为通过业务报表能够更及时、更动态地发现企业在运营方面存在的问题，并容易找到解决方案。

由于不同公司的业务模式存在较大差异，本书还是以智达科技为例跟大家做个说明。

【案例 7－4】 浙江智达汽车零部件科技有限公司业务分析报表规划

智达科技业务分析报表规划见表 7－4。

表 7－4 智达科技业务分析报表规划

业务类型	一级维度	二级维度
生产运营类	产能运行分析	产能利用率分析
		产量目标达成分析
	成本费用分析	单位人工成本分析
		单位能耗分析
		单位材料损耗分析
		材料周转率分析
		设备维修费用分析

续表

业务类型	一级维度	二级维度
生产运营类	交期分析	生产平均周期分析
		订单准时交付率分析
		材料交付准时率
	安全及环保分析	安全事故分析
		环境因素分析
营销类	客户开发分析	客户开发分析（分品类、分级别）
		新开发客户销售分析
		下半年客户开发预测
	销售结构分析	总体销售收入/销量分析
		前十大客户销量与毛利率分析
		产品销量和毛利率分析
		销售回款分析
		下半年销售预测
	销售费用	销售费用分析
产品类	产品规划分析	产品生命周期分析
	产品运营分析	产品销量分析、产品毛利分析、产品竞争力分析
	产品知识分析	产品标准化、技术专利积累分析

三、人力效能分析报表

人才是企业经营和发展的核心要素，过去企业经营者比较关注员工的敬业度、员工的满意度，近年来，随着社会用人成本增加，关键性人才稀缺，如何提升人均效能是经营者非常关注的问题，尤其是对于制造型企业而言。因此，建立完整的反映公司人力效能的报表来指导、推动企业业务顺利开展显得非常有必要。人力效能分析规划见表7－5。

表7－5　人力效能分析规划

维度	分析内容
人力效能分析	单位人工成本分析、人均产值分析、人均利润分析
人力存量分析	人力资源盘点与分析、人力资源数量分析、人力资源质量分析、人力资源结构分析、人力资源成本分析
人力变化分析	员工平均工龄分析、员工流失率分析、员工满意度分析、员工敬业度分析

The Annual Business Plan Formulation and Management | 第四节

管理抓“十会”：年度经营会议体系

年度经营会议体系贯穿了年度经营目标规划、分解、达成跟踪及评价的全过程，因此，合理规划年度经营会议体系将为企业提高经营能力起到重要的作用。年度经营会议体系规划如表7－6所示。

表7－6　年度经营会议体系规划表

会议名称	10月	11月	12月	1月	2月	3月	4月	5月	6月	7月	8月	9月	10月	11月	12月
年度经营规划会议	√	√											√	√	
年度经营行动规划会议	√	√											√	√	
年度经营目标分解会议			√												√
年度业务计划会议			√												√
年度经营预算会议			√												√
年度经营检讨会议	√	√	√	√	√	√	√	√	√	√	√	√	√	√	√
年度经营评价会议				√			√			√			√		
新产品研发协调会	√	√	√	√	√	√	√	√	√	√	√	√	√	√	√
销售计划协调会	√	√	√	√	√	√	√	√	√	√	√	√	√	√	√
生产计划协调会	√	√	√	√	√	√	√	√	√	√	√	√	√	√	√

【案例7-5】 浙江智达汽车零部件科技有限公司经营会议模型

智达科技经营会议模型见表7-7。

表7-7　智达科技经营会议模型

会议名称	参加人员	会议时间	核心议程
年度经营规划会议	经营委员会成员、公司B层级及以上员工	10月10日至11月20日（分4次）	（1）经营环境分析 （2）竞争策略规划 （3）年度战略地图、目标分解 （4）年度业务计划及经营预算
月度经营检讨会议	经营委员会、一级部门负责人	每月8日	（1）公司经营业绩情况检讨 （2）销售目标达成状况检讨 （3）新产品研发进度检讨 （4）供应链运营状况检讨 （5）人力资源效能数据分析 （6）月度各部门关键事项推进状况检讨
月度产销协调会议	PMC、生产部、采购部、工程部、研发部、销售部	每月25日	（1）本月销售计划执行情况说明 （2）本月生产运行情况总结 （3）关键物料供应检讨 （4）新产品研发进度检讨
月度销售会议	销售总监、销售部大区	每月5日	本月检讨： （1）渠道销售结构分析（按月，区域，客户、产品等，同期目标及预算目标对比等） （2）客户收款总结 （3）主要市场活动费用、效果总结 （4）库存分析（按月对库存进行清算） （5）重点项目进度和新客户开发、客户沟通计划执行动态信息汇报 （6）客户投诉和质量问题反馈 下月计划： （1）下月销售业绩目标规划 （2）主要市场活动投入计划、方案 （3）下月重点项目、新客户开发、重点客户沟通计划 （4）库存产品处理措施

The Annual Business Plan Formulation and Management | 第五节

业绩说了算：年度经营计划实施检讨与评价

年度经营计划在实施过程中，企业还需要定期对各项目标达成状况进行检讨和评价，这种评价既包括对公司的评价，也包括对部门的评价，还包括对员工个人的评价，不同层面的评价，其评价内容和评价周期可能会存在差异，如表7－8所示。

表7－8　年度经营计划实施评价规划表

评价层次类别		评价周期	评价工具	评价内容	评价者	评价结果运用
一级考核	集团	年度	公司年度绩效指标（KPI）	公司经营目标	经营委员会	公司年度绩效工资总额
	中心	年度	公司年度绩效指标（KPI）	公司经营目标	薪酬与绩效委员会	高管年度绩效工资
二级考核	部门	季度	部门季度考核表结果输出表	KPI、绩效计划	战略发展部	部门季度绩效工资
		年度	Σ季度考核结果/4	KPI、绩效计划	战略发展部	部门年度绩效工资
三级考核	员工	季度	B层级： 部门季度考核表	KPI、绩效计划	战略发展部	季度绩效工资分配
			C层级： 季度绩效考核表	KPI、工作计划	各部门经理	季度绩效工资分配
			D、E层级： 季度绩效考核表	KPI、工作标准/能力/态度	各部门经理	季度绩效工资分配
		年度	A层级： 高管年度绩效考核表	公司级KPI	薪酬与绩效委员会	年度绩效工资分配
			B层级： Σ季度考核结果/4 素质考核表	部门季度考核结果	战略发展部	年度绩效工资分配、薪酬调整
				素质考核	人力资源部	
			C、D、E层级： Σ个人季度考核结果/4 素质考核表	员工季度考核结果	各部门负责人	年度绩效工资分配、薪酬调整
				素质考核	人力资源部	

【案例7-6】浙江智达汽车零部件科技有限公司年度经营计划实施考核模型

智达科技年度经营计划实施考核模型见表7-9。

表7-9　智达科技年度经营计划实施考核模型

考核类别		考核周期	考核内容	考核结果应用	考核主体	备注
公司考核		年度考核	公司利润、收入	计算公司年终奖金总额	薪酬与绩效委员会	
事业部考核		季度考核	事业部经营指标	计算事业部年终奖金总额 计算事业部季度绩效工资总额	薪酬与绩效委员会	
一级部门考核		季度考核	一级部门KPI	计算一级部门年终奖金总额 计算一级部门季度绩效工资总额	薪酬与绩效委员会	
员工考核	事业部负责人	季度考核	事业部经营指标	计算事业部负责人年终奖金 计算事业部负责人季度绩效工资	薪酬与绩效委员会	考核内容同事业部考核
	一级部门负责人	季度考核	一级部门KPI	计算一级部门负责人年终奖金 计算一级部门负责人季度绩效工资	薪酬与绩效委员会	考核内容同一级部门考核
	二级部门负责人	季度考核	部门KPI	计算二级部门负责人年终奖金 计算二级部门负责人季度绩效工资	一级部门负责人	
	其他员工	季度考核	KPI、KCI	计算员工年终奖金 计算员工季度绩效工资	一级部门负责人	

The Annual Business Plan Formulation and Management | 第六节

防患于未然：年度经营风险管理

企业在年度经营的过程中，始终会处于一个动态的经营环境当中，因此企业会面临各种各样的经营风险。这些经营风险有来自企业内部的，如人力资源风险、技术风险、财务风险、管理风险、法律风险、持续经营风险，也有可能来自企业外部的，如自然灾害风险、经济环境风险、技术风险、政治环境风险等（见图7-2），因此，建立经营风险管理机制对于保障企业正常经营至关重要。

企业经营风险管理是指企业以合理的风险成本投入，通过对风险的确认、选择和控制，达到最大的经营安全度。

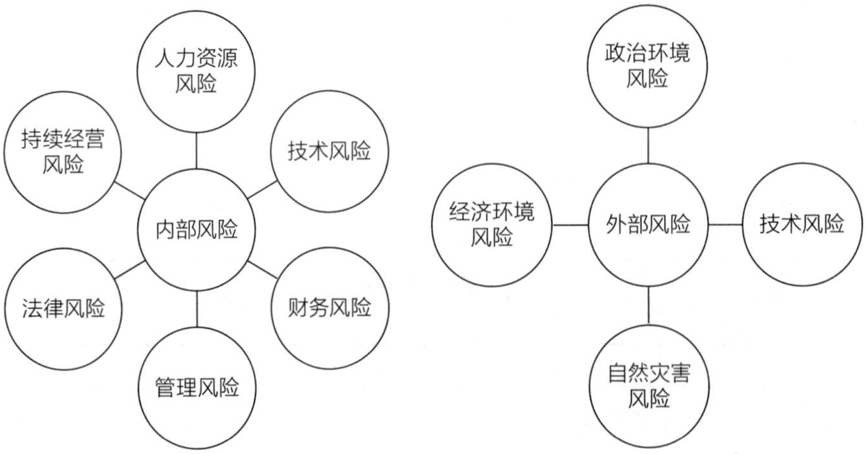

图7-2　企业常见的经营风险

一、内部年度经营风险管理

企业内部经营风险通常包括人力资源风险、技术风险、财务风险、管理风险、法律风险、持续经营风险等。

（1）人力资源风险。包括核心人力资源对企业经营目标不认同，核心人才流失，人力资源激励不到位造成怠工，人员供给不足导致关键岗位长期空缺，劳动力成本大幅上涨导致企业支付能力下降，员工技能不足造成岗位不适，违法用工风险，等等。企业一方面要在确定年度经营目标的时候考虑人力资源现状，另一方面也要为达成年度经营目标对人力资源政策做出优化与调整。

（2）技术风险。包括企业对新技术、新工艺、新材料的发展趋势理解及应用不足，产品升级换代滞后，新产品研发投入不足等。

（3）财务风险。包括现金风险、投资风险、融资风险、税务风险等。

（4）管理风险。包括管理变革失败、管理理念陈旧、流程创新不足、管理制度及规范墨守成规等。

（5）法律风险。包括经济合同风险、用工风险等。

（6）持续经营风险。包括企业接班人风险、家族传承风险、竞争能力衰退风险、产业或产品生命周期风险等。

二、外部年度经营风险管理

企业外部经营风险一般包括自然灾害风险、经济环境风险、技术风险、政治环境风险等。

（1）自然灾害风险。包括地震、海啸、台风、暴雪等自然灾害造成的企业经营损失，如每年台风天气对东南沿海企业的影响。

（2）经济环境风险。包括经济危机、财政紧缩、税务改革、通货膨胀、国家经济制度调整、经济结构调整、产业布局调整等对企业经营造成的影响。

（3）技术风险。包括新技术更替、新工艺导入、新材料应用、新产品迭代等对企业经营造成的影响。

（4）政治环境风险。是指对企业经营活动具有实际与潜在影响的政治力量和有关的法律法规等因素造成的危险，这些因素包括政局稳定性、政府对外来企业的态度、国家的政治制度与体制等。

三、有效防范与控制年度经营风险

企业经营会面临各种各样的风险，所以建立健全企业经营风险管理机制就显得非常有必要，因为任何企业的经营都不可能顺风顺水。企业防范经营风险一般需遵循以下几项原则。

(1) 客观分析。企业经营风险具有客观性，在分析风险时要尽量客观、全面。对风险事件、风险损益不能一厢情愿、过于乐观，决不能在信息不全面、缺乏统计分析、对风险茫然无知的情况下，对获利做过高估计，对损失做过小评价。

(2) 谨慎对待。对待风险需要谨慎从事。认真考虑潜在损害发生的机会、规模，研究得失关系。既要规避不能承担的风险，也不要为了小利去冒大风险。要认清风险处理后是否会带来更大风险，特别是在后期会否给企业带来难以避免的风险、造成更大的损失。

(3) 控制合理。经营风险管理的根本要求是以最小的风险成本投入获得最大的安全保障。企业在风险管理中需认真考虑风险投入成本的合理性，企业要能够承受得住。

另外，企业在控制经营风险的时候，一定要掌握基本的风险应对策略，通常情况下，应对企业经营风险有以下五种策略。

(1) 转嫁。转嫁风险并不是逃避责任，如企业可以通过购买人身意外伤害险、财产安全险等将可保风险转嫁给保险公司，也可以通过与第三方联盟将长期投资风险、营销风险、财务风险等不可保风险降到最低。

(2) 回避。企业可以通过与供应商、经销商形成战略联盟，共同抵御和回避面临的风险。

(3) 降低。对于既无法转嫁又无法回避的经营风险，可采用积极的预防性措施，降低风险发生的可能性或减少发生后的损失。如对低赊销中的坏账风险，可加强对赊账客户的管理，调查和甄别客户的信用，对应收账的账龄进行分析，建立赊销责任制度等。

(4) 组合。运用大数法则，增加承担风险个体的数量，降低损失发生的比例。如为降低长期投资项目的投资风险，可采用合资、合伙或股份化的组织形式来筹资组建。

(5) 承担。对于通过以上四种方式都无法规避的风险，企业也要勇于面对与承担，提前做好预防措施，如对库存产品和样机提前提取跌价准备等。

The Annual Business Plan Formulation and Management | **第七节**

唯一不变的是变化：年度经营计划动态管理

正如前文提到的，中国企业年度经营计划管理存在的其中一个问题是计划不能得到有效执行，原因有二：一是计划不准确；二是计划没有得到及时调整和动态管理。第二个原因是导致年度经营计划不能有效执行的主要原因。

那么如何才能保证年度经营计划始终在正确的路上，这就需要企业建立年度经营计划动态管理机制。根据我们的实践，把年度经营计划动态管理机制分为两种：N/（4－N）、N/（12－N）。

N/（4－N）是指企业在每个季度进行经营检讨的时候，需要对未来几个季度的经营策略、目标及计划进行调整和优化。假设分子N为1（1代表第一季度），那么分母就为3（代表未来3个季度），也就是说，企业在进行第一季度经营检讨的时候，需要对未来3个季度的策略、目标、计划进行修正和优化。

同理，N/（12－N）是指企业在每个月进行经营检讨的时候，需要对未来几个月的经营策略、目标及计划进行调整和优化。假设分子N为3（3代表第3个月），那么分母就为9（代表未来9个月），也就是说，企业在进行第3个月经营检讨的时候，需要对未来9个月的策略、目标、计划进行修正和优化。年度经营计划动态管理见图7－3。

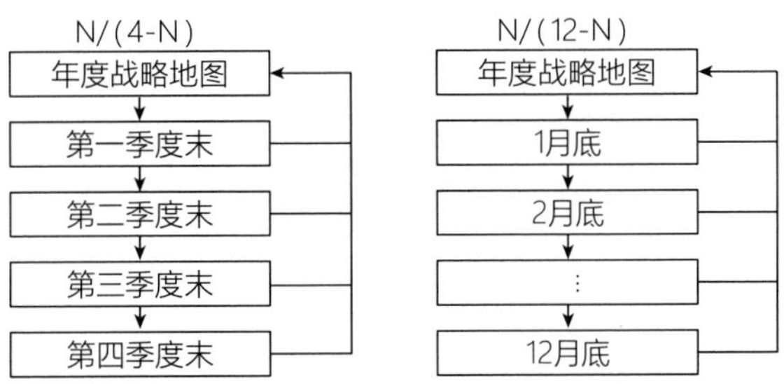

图7－3 年度经营计划动态管理（示意）

第八章

他山之石，可以攻玉：

年度经营计划经典案例分享

通过前七章的系统介绍，读者朋友对如何进行年度经营计划制订与管理，从经营环境分析、竞争态势及竞争策略规划、年度经营策略及目标确定、年度业务计划与经营预算、年度经营计划实施平台规划与建设、年度经营计划实施评价与衡量六个方面有了全面详尽的了解，为了更加有利于读者朋友消化和吸收，本书选取了五个典型案例进行剖析，期望能够对大家掌握年度经营计划相关工具和方法有所帮助。

The Annual Business Plan Formulation and Management

第一节 制造型企业年度经营计划展示

一、南粤智能装备简介

广东南粤智能装备科技有限公司（以下简称“南粤智能装备”）是一家专门从事自动化设备研发、生产及销售的公司，公司产品线丰富，再加上进入行业比较早，经过近20年的发展，已经成为国内自动化设备行业最具影响力的企业之一，特别是自正式登陆A股之后，随着国家“一带一路”倡议的落地与实施，该公司遇到了前所未有的发展机遇。

以下是我们帮助南粤智能装备进行2018年度经营计划制订全过程展示。

二、南粤智能装备经营环境分析

（一）南粤智能装备外部经营环境分析

1. 南粤智能装备外部宏观环境分析

表8-1 南粤智能装备2018年宏观环境分析

宏观环境因素	宏观环境子因素	因素权重/%	评分结果	最终得分
政治法律环境（35%）	随着国家“蓝天保卫战”政策持续推进，政府环保政策执法力度加大，供应商面临巨大的环保压力，物料供应仍然紧张	15	1	0.15
	新环保要求造成中小竞争对手受损，让出其原有市场份额	5	3	0.15
	各级政府在智能制造等方面持续政策性扶持	15	3	0.45
经济环境（25%）	国产化、自动化设备市场占有率持续提高	15	4	0.6
	随着市场的不断整合，受价格、产能限制，部分供应商供货向中高端客户倾斜	10	1	0.1

续表

宏观环境因素	宏观环境子因素	因素权重/%	评分结果	最终得分
社会文化环境（10%）	房价、物价上涨，部分员工对薪资期望提高，影响企业整体用工成本	4	2	0.08
	智能制造的推进，对员工的综合能力要求逐步提高，符合企业要求的专业型人才（工艺、开发、一线保障）招聘难度增大，同时传统手工作业人员逐步稀缺	6	2	0.12
技术环境（30%）	自动化设备与物联网相结合开始起步，实现自动化设备的智能化	4	3	0.12
	自动化设备向高精度、高可靠、机电一体化方向发展	8	3	0.24
	产品设计向标准化，零件向高度模块化、通用化方向发展	8	4	0.32
	生产向精益化发展	10	3	0.3
合计		100		2.6

注：1 分代表重要威胁；2 分代表次要威胁；3 分代表次要机会；4 分代表重要机会。

从表 8－1 中可以看出，在宏观环境方面，南粤智能装备面临的主要威胁有：①环保政策执法力度持续加大，供应商面临巨大的环保压力，物料（铸件）供应仍然紧张；②随着市场的不断整合，受价格、产能限制，部分供应商供货向中高端客户倾斜。

同时，南粤智能装备也会面临很好的市场机遇：①国产化、自动化设备市场占有率持续提高；②产品设计向标准化，零件向高度模块化、通用化方向发展；③各级政府在智能制造等方面持续政策性扶持。

2. 南粤智能装备外部利益相关者分析

表 8－2　南粤智能装备 2018 年外部利益相关者分析

外部利益相关者	利益诉求	核心诉求实际满足状况	利益相关者所属区域	利益诉求满足标准得分	差额（标准－实际）
客户（经销商）	价差	4.5	D1 区	4.5	0.0
	交期	3.0			1.5
客户（配套客户）	服务	3.5	D2 区	4.0	0.5
	质量	4.0			0.0
客户（终端客户）	交期	3.0	D3 区	4.0	1.0
	质量	4.5			－0.5
供应商（外购）	价格及定价机制	2.5	E 区	3.5	1.0
	订单量	3.5			0.0

续表

外部利益相关者	利益诉求	核心诉求实际满足状况	利益相关者所属区域	利益诉求满足标准得分	差额（标准-实际）
供应商（外协）	订单量	4.0	C区	3.5	-0.5
	价格	2.5			1.0
政府	环保	3.0	C区	3.5	0.5
	安全	4.0	C区	3.5	-0.5
	职业健康	3.0	C区	3.5	0.5
	税务合理性	3.5	A3区	3.0	-0.5
	劳动关系	3.0	A3区	3.0	0.0

由表8-2可以看出，南粤智能装备在经销商对交期的诉求、配套客户对服务的诉求、终端客户对交期的诉求、外购供应商对价格及定价机制的诉求、外协供应商对价格的诉求及政府对环保、职业健康的诉求等方面都没有满足相关外部利益相关者需求，这些因素对南粤智能装备2018年经营来讲都是威胁。同时，终端客户对质量的诉求，外协供应商对订单量的诉求，政府对安全、税务合理性的诉求等方面都已经满足了相关利益相关者的诉求，这些因素对南粤智能装备2018年经营来讲都是机会。

3. **南粤智能装备**2018**年外部机会与威胁识别**

表8-3　南粤智能装备2018年外部机会与威胁识别

序号	机会	序号	威胁
O1	产品设计向标准化，零件向高度模块化、通用化方向发展	T1	环保政策执法力度持续加大，供应商面临巨大的环保压力，物料供应仍然紧张
O2	国产自动化设备市场占有率持续提高	T2	随着市场的不断整合，受价格、产能限制，部分供应商供货向中高端客户倾斜
O3	各级政府在智能制造等方面持续政策性扶持	T3	外部客户核心利益诉求（交期、服务）不能有效满足，存在核心客户流失的风险
		T4	环保、职业健康要求趋紧，带来政策性风险

由表8-3可知，南粤智能装备2018年面临的机会O1、O2、O3及威胁T1、T2都来自外部宏观环境分析，威胁T3、T4则来自外部利益相关者分析。

（二）南粤智能装备内部经营环境分析

1. 南粤智能装备业务蓝图分析

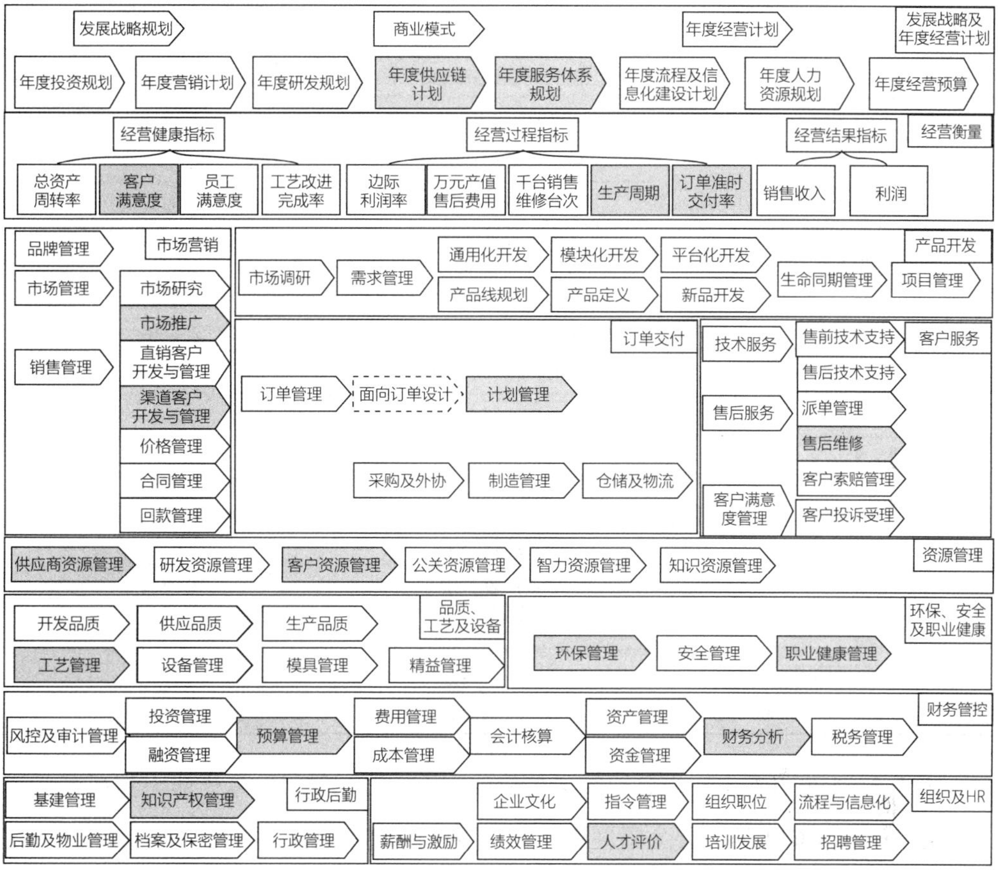

图 8－1　南粤智能装备业务蓝图分析

在南粤智能装备业务蓝图中（见图 8－1），底色为灰色部分包括年度供应链计划、年度服务体系规划、客户满意度、生产周期、订单准时交付率、市场推广、渠道客户开发与管理、计划管理、售后维修、供应商资源管理、客户资源管理、工艺管理、环保管理、职业健康管理、预算管理、财务分析、知识产权管理、人才评价等均为未有效运行的业务单元，也可以理解为企业内部存在的问题。

2. 南粤智能装备 2017 年杜邦财务模型分析

表 8－4　南粤智能装备 2017 年杜邦财务分析

核心能力	主要指标	具体数值
偿债能力	流动比率	222.32%
	速动比率	136.64%

续表

核心能力	主要指标	具体数值
偿债能力	资产负债率	35.05%
	产权比率	53.97%
	已获利息保障倍数	-84.09
营运能力	应收账款周转率	6.83%
	应收账款周转天数	52.74
	存货周转率	2.78%
	存货周转天数	129.72
	流动资产周转率	1.28%
	流动资产周转天数	280.86
	固定资产周转率	3.04%
	总资产周转率	0.8%
盈利能力	主营业务利润率	21.06%
	成本费用利润率	10.89%
	总资产报酬率	7.63%
	净资产收益率	10.49%
发展能力	营业收入增长率	-5.42%
	总资产增长率	8.97%
	固定资产成新率	60.59%

由表8-4可以看出，南粤智能装备偿债能力、盈利能力及发展能力都存在明显的优势，而营运能力还需要大幅度提升，是该企业的劣势。

3. 南粤智能装备经营“三度”分析

(1) 管理成熟度分析。

表8-5 南粤智能装备管理成熟度分析

项目	项目说明	评价得分
系统观念	将企业视同一个系统，责权明确，分工合理，协作高效，企业整体战斗力极强，并通过组织的各种功能，将它们转化为产品和服务	2.76
应对变化	企业具备高度敏感的系统来吸取系统内所有部门及相互作用的信息以及外部信息，可以迅速应对外部环境、内部环境的变化	3.15
目标意识	具有强烈的战略意识、目标意识、竞争意识，同时全体员工为了目标的实现全力以赴	3.25
服从功能	遵循“形式服从功能”的模式运行。需要完成的工作决定其运作执行结构及机制。因此，它运用多种结构：正规的金字塔结构，水平结构和团队、项目结构及临时结构	3.38

续表

项目	项目说明	评价得分
团队管理	以团队管理为主要模式，每一个团队都符合优秀团队特征，工作效率很高	3.49
顾客导向	以尊重顾客服务为原则——包括企业外部客户及组织内部其他客户	3.58
信息共享	其管理依信息而行，大量信息能被及时获得和处理，获取信息由不同地域、功能的部门和组织所共享，保证企业在做任何决策时，参考的信息都是一致的	3.59
基层决策	企业鼓励并允许能取得所有必要信息和贴近顾客的基层进行决策	3.67
沟通功能	保持系统上下开放式沟通交流，在企业内部不存在任何沟通障碍	3.67
激励发展	企业的奖惩机制紧密结合工作成绩，并支持个人发展。管理层和工作团队根据其工作绩效和目标实现情况获得相应的回报	3.8
学习功能	组织已充分认识到学习的重要性，鼓励组织的成员参与学习，提高技能，努力建设并实现“学习型组织”	3.85
创新功能	能明辨革新和创造活动的作用，已经在企业内部建立了完善的创新管理机制，鼓励创新，并从创新过程中获益	3.95
质量安全	企业日常经营过程中对质量和安全给予充分关注，以实现公司愿景和美好未来	4.03
平均		3.57

由表8－5可知，南粤智能装备在系统观念、应对变化、目标意识方面的管理成熟度明显处于劣势，而在学习功能、创新功能、质量安全方面的管理成熟度具有明显优势。3.57分的平均分则代表南粤智能装备科技有限公司的管理成熟度处于整合级。

（2）客户满意度分析。

表8－6　南粤智能装备客户满意度分析

一级维度	二级维度	三级维度	评价得分
产品质量	外观形象	油漆质量、色彩满意度	3.25
	外包装形象	包装材料、包装箱抗压能力	2.78
	运输保障	运输时间、运输送货及时性、运输损坏情况	2.5
	使用性能	产品通用性、性能满足状况	4.1
	产品可靠性	使用年限、产品抗疲劳能力	3.6
订单交付	供货周期	订单评审失效、订单交付准时、平均货期	2.7
	产品改进	技术创新、产品改进需求响应	3.1

续表

一级维度	二级维度	三级维度	评价得分
营销服务	销售人员能力	对产品的熟悉程度、产品选型、快速响应能力	3.5
	技术对接能力	选型精准度、技术人员服务态度	3.8
	客诉受理	客诉受理态度、客诉处理及时性、客诉处理有效性	2.8
售后服务	售后反馈	维修及时性、维修回访	2.6
	售后处理及时性	维修及时性	2.8
	现场服务质量	维修质量、维修现场维护	3.3
品牌形象	品牌知名度及宣传	品牌知名度、品牌宣传力度	3.9
企业管理	企业管理规范化	流程效率、流程规范性、内部廉洁、对公司发展的看法	3.1

如表8-6所示，南粤智能装备在物流运输保障、供货周期、售后反馈、客诉受理、外包装形象、售后处理及时性等方面明显处于劣势。

（3）员工满意度分析。

表8-7　南粤智能装备员工满意度分析

一级维度	二级维度	管理人员	科室人员	一线人员	整体平均
工作回报	福利待遇、薪酬系统合理性、尊重与关怀、成就感与乐趣、表扬与鼓励、能力发挥、培训、能力提升、职位发展、奖惩制度	3.0	2.4	2.1	2.5
工作背景	食堂环境、作息时间、工作环境、工作资源配备、资源配置效率、新技术与新方法应用、工作内容与职责、厂区交通	2.9	2.7	2.5	2.7
工作群体	部门间沟通与交流、信息分享、人际关系、舆论导向、团队协作、同事观念及学识、同事工作职责及内容、健康、工作质量及效率、同事支持与帮助	3.0	3.0	2.9	2.97
企业管理	管理创新、管理的持续性与稳定性、组织设置、基础与流程建设、文体文娱活动、企划宣传、合理化建议、认同感与归属感、上级管理艺术、领导关怀	2.8	2.7	2.6	2.7
企业经营	企业发展速度与规模及前景、重大决策实施、风险管理、市场拓展、体系建设、质量目标、供应商合作关系、地方经济贡献、经济指标达成、客户信心与满意度	3.1	2.8	2.8	2.9
平均		2.9	2.49	2.3	2.56

如表 8－7 所示，可以看得出来，“管理人员”员工满意度“短板”为企业管理，“科室人员”和“一线员工”员工满意度“短板”均为工作回报。

4. 南粤智能装备管理干部素质测评

南粤智能装备管理干部胜任力模型如图 8－2 所示。

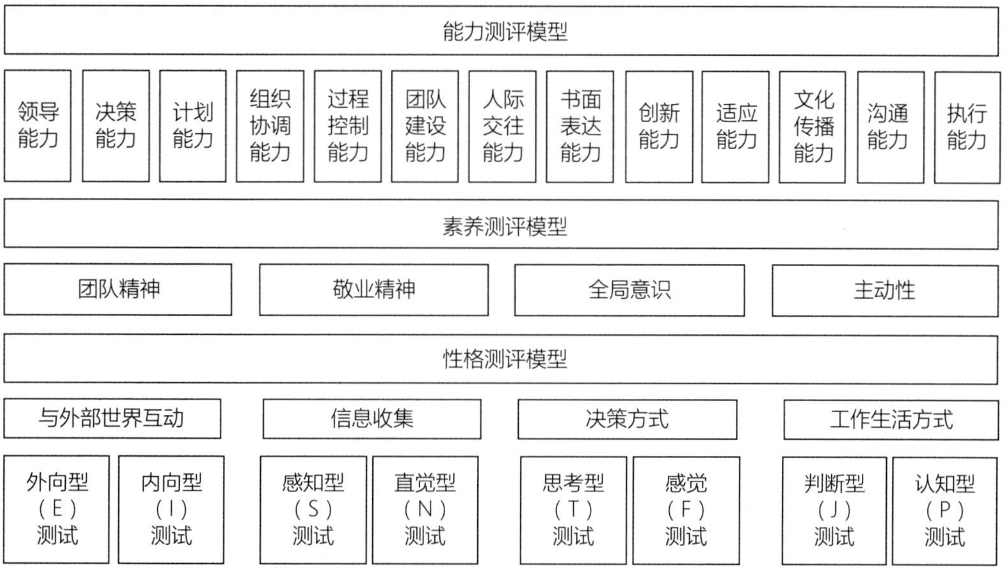

图 8－2　南粤智能装备管理干部胜任力模型

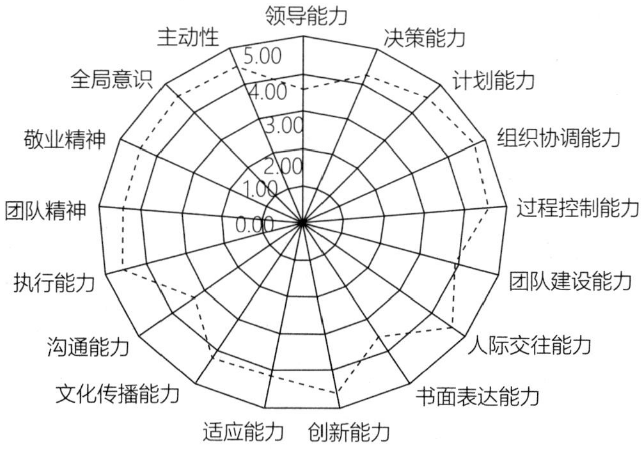

图 8－3　南粤智能装备管理干部胜任力测评结果

如图 8－3 所示，南粤智能装备管理干部整体素质“短板”为沟通能力、书面表达能力、领导能力及团队建设能力。

5. **南粤智能装备内部问题检讨**

南粤智能装备2018年内部问题检讨如表8－8所示。

表8－8　南粤智能装备2018年内部问题检讨

职能领域	问题描述	问题归属					
		营销	研发	供应链	财务	HR	企管
品牌管理	品牌宣传力度不强,行业推广及高端品牌宣传较少	√					
市场管理	区域性管理规范执行力度不强,存在区域恶意竞争	√					
	缺乏开发新市场的各部门协作的项目管理机制	√					
销售管理	销售人员个人综合能力参差不齐,订单没有标准化导致订单质量不高	√					
	对客户资源的档案管理不足	√					
售后服务	客户售后服务诉求响应不及时	√					
	涉及客户索赔的售后服务事件延期结案严重	√					
	售后人员能力参差不齐,对故障描述、分析能力不足,处理故障能力有待提高	√					
	缺少有效的客户回访机制	√					
客户满意度管理	客户需求反馈滞后,缺少客户反馈的有效渠道和有效处理	√					
	缺少对客户满意度的专人管理	√					
产品定义	产品定义主要根据相关标准执行,还未形成公司自有的企业标准		√				
新品开发	缺乏新品开发立项管理,新品开发缺乏评估,随意性较强		√				
生命周期管理	产品生命周期缺少中长期的升级切换计划		√				
订单管理	缺少订单交货周期评估	√					
	K3销售订单有效性管理不到位,如变更程序、无效订单等处理	√					
	订单预测不精准,造成排产困难	√					
	紧急状况下,缺乏优质客户的订单评估及保护机制	√					

续表

职能领域	问题描述	问题归属					
		营销	研发	供应链	财务	HR	企管
计划管理	产能计划不精准			√			
	二级计划职能不健全			√			
采购外协	采购定价、调价机制不利于供应商准时交货，急需优化			√			
	对供应商实际产能调查不详，采购规划难以执行			√			
	针对供应商交期管理推进力度不足			√			
制程管理	内制规划不精准、执行度不高			√			
	生产现场管理混乱			√			
仓储及物流	仓位规划不合理，物流效率低			√			
	仓位标识识别系统缺失，物料进出效率低			√			
供应品质	供应商检验能力不足，多数供货产品不存在配套检验手段			√			
	供应商工序加工能力无法满足本公司精度、材质、外观等要求			√			
生产品质	设备加工精度不足，需要添置一些必要的设备		√				
	缺少必须的便携式检测设备和配套的检验手段			√			
工艺管理	工艺文件缺失过多，缺乏工艺检查机制		√				
	工程技术人员配置不足，工艺任务过重，顾此失彼		√				
设备管理	设备维护、保养制度执行力度不足，细节控制不严格			√			
	全员改善意识不足			√			
环保管理	现场环保意识薄弱			√			
	供应商环保资质不明，未有强制要求			√			
安全管理	安全意识不足			√			
	危险源识别不足			√			

续表

职能领域	问题描述	问题归属					
		营销	研发	供应链	财务	HR	企管
风险及审计管理	审计工作没有正常开展				√		
预算管理	预算数据提交后，各预算部门未及时对预算执行情况分析和信息反馈				√		
费用管理	因纸质单据需人工传递及签字，导致报销流程节点耗时较长						√
成本管理	发现成本数据异常后，无法追踪改善结果				√		
	全员成本意识理解片面，各部门降本内容不全面				√		
会计核算	某些产品成本分摊缺少合理性				√		
招聘管理	专业技术人员和技工难招					√	
	招聘人员专业化水平、用人部门面试技巧有待提升					√	
	需求岗位的岗位任职要求模糊					√	
	用人需求随意，缺乏中、长期人力资源规划					√	
培训发展	专业培训较少，且培训内容与参训人员工作需求结合度不高					√	
	缺乏员工自主学习激励机制					√	
人才评价	缺乏明确的人才评价标准					√	
	负责人才评价人员的专业水平有待提高					√	
绩效管理	部分量化绩效指标难以精确统计，指标及目标的合理性还需进一步商榷						√
	绩效宣贯不全面、绩效面谈缺失，员工不清楚自己的欠缺在哪里，管理者无法提供有效的辅导与帮助					√	
薪酬与激励	C层级以上人员激励不足；一线工人的额外奖励项目少					√	
	针对公司级项目，内部激励机制不完善，无法最大化激发员工工作潜能						√

续表

职能领域	问题描述	问题归属					
		营销	研发	供应链	财务	HR	企管
流程与信息化	流程负责人不清晰，管理层信息化意识不强						√
	流程信息化覆盖率低，流于形式，各流程节点没有时效限制，导致工作效率太低						√
	部分 IT 设备老化，关键设备没有备机，没有持续改进，系统支撑不够						√
组织职位	组织结构变动过于频繁，部分人员调整太随意，影响财务数据归集					√	
企业文化	公司级及跨部门活动太少					√	
	企业文化宣传不到位，工人并不知情					√	

6. 南粤智能装备 2018 年内部机会与威胁识别

南粤智能装备 2018 年内部优势、劣势识别如表 8－9 所示。

表 8－9　南粤智能装备 2018 年内部优势、劣势识别

序号	优势	序号	劣势
S1	完善的销售渠道	W1	供应链稳定性不强，交货期准时性不够
S2	产品线丰富	W2	市场推广不足，市场对销售的促进价值不大
S3	偿债能力、盈利能力及发展能力较强	W3	环保体系不健全，环保压力很大
S4	学习、创新能力强	W4	对环境变化不敏感
S5	质量安全体系建设全面	W5	目标意识不明确，系统观念不强
		W6	售后服务意识及客诉处理有效性亟须提升
		W7	员工激励体系不健全

综合对南粤智能装备内部经营环境的分析，南粤智能装备内部存在的优势中 S1、S2 来源于业务蓝图分析，S3 来源于杜邦财务分析，S4、S5 来源于管理成熟度分析。另外，南粤智能装备内部存在的劣势中 W1、W2、W3 来源于业务蓝图分析，W4、W5 来源于管理成熟度分析，W6 来源于客户满意度分析，W7 来源于员工满意度分析。

（三）南粤智能装备经营环境综合分析

南粤智能装备经营环境 SWOT 分析如表 8－10 所示。

表 8－10　南粤智能装备经营环境 SWOT 分析（示意）

	S（优势）	W（劣势）
	S1：完善的销售渠道 S2：产品线丰富 S3：偿债能力、盈利能力及发展能力较强 S4：学习、创新能力强 S5：质量安全体系建设全面	W1：供应链稳定性不强，交货期准时性不够 W2：市场推广不足，市场对销售的促进价值不大 W3：环保体系不健全，环保压力很大 W4：对环境变化不敏感 W5：目标意识不明确，系统观念不强 W6：售后服务意识及客诉处理有效性亟须提升 W7：员工激励体系不健全

续表

O（机会）	SO（增长型策略）	WO（扭转型策略）
O1：产品设计向标准化，零件向高度模块化、通用化方向发展 O2：国产自动化设备市场占有率持续提高 O3：各级政府在智能制造等方面持续政策性扶持	S2S3O1：集中研发力量开发物流、机器人、环境治理行业自动化设备研发	W1O1：重新梳理产品线，并有针对性地开发供应商 W2O2：强化市场推广，利用公司自身的渠道优势，开发替代进口自动化设备市场
T（威胁）	**ST（多元化策略）**	**WT（防御型策略）**
T1：环保政策执法力度持续加大，供应商面临巨大的环保压力，物料供应仍然紧张 T2：随着市场的不断整合，受价格、产能限制，部分供应商供货向中高端客户倾斜 T3：外部客户核心利益诉求（交期、服务）不能有效满足，存在核心客户流失的风险 T4：环保、职业健康要求趋紧，带来政策性风险	S1T1T2：销售与采购联动，开发高质量供应商 S2T3：导入客户订单分类管理机制 S3T4：加大环保基础设备投入	略

三、南粤智能装备竞争态势分析及竞争策略、职能战略规划

（一）南粤智能装备关键成功因素识别及竞争态势分析

表8－11　南粤智能装备KSF识别

重要性	关键成功因素	因素定义
1	产品性价比	成本控制、销售定价、满足客户需求的品质
2	新品开发	产品线规划、产品定义、新产品开发
3	营销渠道	渠道规划、渠道策略（激励政策）、渠道覆盖
4	品牌效应	市场推广、品牌知名度、新产品市场策略
5	订单交期	完善的供应链体系、成品库存管理

如表8－11所示，南粤智能装备识别的自动化设备行业关键成功因素分为产品性价比、新品开发、营销渠道、品牌效应及订单交期。

表8－12　南粤智能装备2018年竞争态势分析

重要性	关键成功因素	南粤智能装备	竞争对手	差额	竞争态势				竞争策略
					SS	SW	WS	WW	
1	产品性价比	2.5	3.5	－1.0			√		跟随
2	新品开发	3.5	2.7	0.8		√			领先
3	营销渠道	3.5	3	0.5	√				领先
4	品牌效应	3	3	0	√				维持
5	订单交期	2.5	3.5	－1.0			√		跟随

与竞争对手相比，南粤智能装备在产品性价比、订单交期方面处于我弱敌强的竞争态势，新品开发方面处于我强敌弱的态势，同时在营销渠道、品牌效应方面处于我强敌强的态势（见表8－12）。结合关键成功因素排序，我们认为南粤智能装备在2018年与竞争对手相比整体处于微弱的劣势地位。

为了能在2018年的竞争中缩小与竞争对手的差距，南粤智能装备采用“农村包围城市”的竞争手法，即先从排序第2位、第3位的关键成功因素领先对手，而对排名第1位的关键成功因素采用跟随策略，当双方差距进一步缩小时瞅准机会一举超越对手。

（二）南粤智能装备竞争策略规划

为了确保竞争策略落地实施，我们帮助南粤智能装备又对每项关键成功因素竞争策略实施计划进行了详细规划（见表8－13）。

表8－13　南粤智能装备2018年竞争策略规划

重要性	关键成功因素	竞争策略	竞争策略实施计划
1	产品性价比	跟随	（1）引进新材料，降低产品成本 （2）重新核定工艺余量，缩短加工时间 （3）在达到客户设计需求时优化设计，降低耗材 （4）大型机座转为加工中心制作，提高精度
2	新品开发	领先	（1）输出未来5年产品研发路线图 （2）完成物流、机器人、环境治理行业自动化设备研发，并实现量产
3	营销渠道	领先	（1）强化自动化设备行业研究力度，按月输出行业动态 （2）增加分销商的覆盖率，并分级授权，同时提供技能培训 （3）优化业务人员激励体系
4	品牌效应	维持	（1）参加全球专业性展会 （2）通过行业性的媒体（杂志、期刊、报纸等）进行品牌推广
5	订单交期	跟随	（1）全面优化及实施EPB项目，实现订单交付全过程监控 （2）建立客户订单负责人制度

（三）南粤智能装备职能战略规划

俗话说，“兵马未动，粮草先行”。为了确保竞争策略有效实施，南粤智能装备对2018年各个职能管理领域需要提前完善的工作也同步进行了规划（见表8－14）。

表8－14　南粤智能装备2018年职能战略规划

职能战略	职能战略实施规划
市场营销	（1）按月出具行业及地域分析报告
	（2）增加分销商的覆盖率，并分级授权
	（3）客户资源信息收集、反馈、分析，如个性化需求
	（4）通过行业性的媒体（杂志、期刊、报纸等）进行品牌推广
产品研发	（1）对产品图纸进行进一步优化，以及选用性价比高的材料
	（2）加大行业性专业定制产品开发
	（3）导入研发人员任职资格体系
供应链	（1）添置相关设备，提高自制力，降低制造成本
	（2）考察标杆企业供应商，总结双方采购差距并进行改进
	（3）持续跟踪产品供应链成本
财务管理	（1）强化预算管理
	（2）强化财务分析及风险控制体系
人力资源	（1）组织员工进行工作技能培训，提高产品质量
	（2）优化员工激励体系
企业管理	（1）强化目标绩效管理体系建设
	（2）优化核心业务流程，实现业务流程信息化

四、南粤智能装备战略地图输入识别

根据前面我们对南粤智能装备外部经营环境、内部经营环境、经营环境综合分析、竞争态势及竞争策略规划、职能战略规划等环节发现的问题或者年度经营策略共计115项，通过合并同类项最终南粤智能装备在2018年需要实施的所有关键事项共计55项，其中按照重要程度由公司层面负责的有24项，部门层面负责的有31项，具体如表8－15所示。

表 8-15 南粤智能装备 2018 年关键事项分析

关键事项来源	问题及年度经营策略	完成时间	完成标志	紧急程度			重要程度		责任部门											
				特别紧急	紧急	一般紧急	公司	部门	市场部	销售部	客服部	研发部	计划部	采购部	生产部	工程部	质量部	财务部	人资部	企管部
经营环境分析	企业运营能力(存货周转率、流动资产周转率)	2018 年 6 月	输出公司运营流程		√		√													√
	沟通能力、书面表达能力、领导能力及团队建设能力	2018 年 12 月	实施管理干部年度素质提升计划			√	√												√	
	区域性管理规范执行力度不强,存在区域恶意竞争	2018 年 5 月	输出市场秩序管理办法		√			√		√										
	销售人员个人综合能力参差不齐,订单没有标准化导致订单质量不高	2018 年 12 月	实施销售团队年度素质提升计划			√	√												√	
	客户售后服务诉求响应不及时,缺少有效的客户回访机制	2018 年 1 月	输出客户回访流程	√			√				√									
	涉及客户索赔的售后服务事件延期结案严重	2018 年 4 月	输出客户索赔处理流程		√			√			√								√	
	售后人员能力参差不齐,对故障描述、分析能力不足,处理故障能力有待提高	2018 年 8 月	实施售后人员年度素质提升计划			√	√												√	

续表

关键事项来源	问题及年度经营策略	完成时间	完成标志	紧急程度			重要程度		责任部门											
				特别紧急	紧急	一般紧急	公司	部门	市场部	销售部	客服部	研发部	计划部	采购部	生产部	工程部	质量部	财务部	人资部	企管部
经营环境分析	产品定义主要根据相关标准执行，还未形成公司自有的企业标准	2018 年 3 月	输出公司产品定义书模板		√		√					√								
	缺乏新品开发立项管理，新品开发缺乏评估，随意性较强	2017 年 12 月	输出公司新产品立项流程	√			√					√								
	产品生命周期缺少中长期的升级切换计划	2018 年 9 月	输出公司产品迭代规划			√		√				√								
	K3 销售订单有效性管理不到位，如变更程序、无效订单等处理	2018 年 2 月	K3 系统优化订单管理模块		√			√		√										
	订单预测不精准，造成排产困难	2018 年 2 月	按月输出订单预测计划		√			√	√											
	紧急状况下，缺失优质客户的订单评估及保护机制	2018 年 4 月	制定《特殊订单评审流程》		√			√		√										
	产能计划不精准，二级计划职能不健全	2018 年 3 月	输出公司《计划管理流程》		√		√						√							

续表

关键事项来源	问题及年度经营策略	完成时间	完成标志	紧急程度			重要程度		责任部门											
				特别紧急	紧急	一般紧急	公司	部门	市场部	销售部	客服部	研发部	计划部	采购部	生产部	工程部	质量部	财务部	人资部	企管部
经营环境分析	采购定价、调价机制不利于供应商准时交货，急需优化	2018年2月	明确公司采购定价、调价规则		√			√						√						
	生产现场管理混乱	2018年10月	导入精益生产项目			√		√							√					
	仓位规划不合理，仓位标识识别系统缺失，物料进出效率低	2018年3月	输出仓储规划		√			√					√							
	供应商检验能力不足，多数供货产品不存在配套检验手段	2018年2月	派专人到供应商现场检验		√			√									√			
	设备加工精度不足，需要添置一些必要的设备	2018年3月	编制年度加工设备增加预算及方案		√			√								√				
	缺少必需的便携式检测设备和配套的检验手段	2018年7月	编制年度检测设备增加预算及方案			√		√								√				

续表

关键事项来源	问题及年度经营策略	完成时间	完成标志	紧急程度			重要程度		责任部门											
				特别紧急	紧急	一般紧急	公司	部门	市场部	销售部	客服部	研发部	计划部	采购部	生产部	工程部	质量部	财务部	人资部	企管部
经营环境分析	工艺文件缺失过多，缺乏工艺检查机制	2018 年 5 月	完成工艺文件编制，确保工艺文件缺失率小于 5%		√			√								√				
	工程技术人员配置不足，工艺任务过重，顾此失彼	2018 年 7 月	输出工程技术人员需求，并督促 HR 招聘到岗			√		√								√				
	设备维护、保养制度执行力度不足，细节控制不严格	2018 年 3 月	建立设备维护保养奖惩细则		√			√								√				
	安全意识不足，危险源识别不足	(1)2017 年 12 月 (2)2018 年 1 月	(1)实施年度安全教育 (2)按月进行危险源识别	√				√							√					

续表

关键事项来源	问题及年度经营策略	完成时间	完成标志	紧急程度			重要程度		责任部门											
				特别紧急	紧急	一般紧急	公司	部门	市场部	销售部	客服部	研发部	计划部	采购部	生产部	工程部	质量部	财务部	人资部	企管部
经营环境分析	预算数据提交后，各预算部门未及时对预算执行情况分析和信息反馈	2017年12月	输出2018年度经营预算	√			√											√		
	因纸质单据需人工传递及签字，导致报销流程节点耗时较长	2018年4月	优化并输出《费用报销流程》		√			√										√		
	发现成本数据异常后，无法追踪改善结果	2018年5月	建立财务分析流程		√			√										√		
	用人需求随意，缺乏中、长期人力资源规划	2018年10月	输出公司人力资源规划			√		√											√	
	专业培训较少，且培训内容与参训人员工作需求结合度不高	2018年12月	编制并实施2018年度员工培训计划			√		√											√	
	缺乏员工自主学习激励机制	2018年4月	输出培训激励制度		√			√											√	
	缺乏明确的人才评价标准	2018年10月	输出关键岗位任职资格及评价机制			√	√												√	

续表

关键事项来源	问题及年度经营策略	完成时间	完成标志	紧急程度			重要程度		责任部门											
				特别紧急	紧急	一般紧急	公司	部门	市场部	销售部	客服部	研发部	计划部	采购部	生产部	工程部	质量部	财务部	人资部	企管部
经营环境分析	部分量化绩效指标难以精确统计，指标及目标的合理性还需进一步商榷	2017年12月	输出部门2018年度目标责任书	√				√												√
	绩效宣贯不全面、绩效面谈缺失，员工不清楚自己的欠缺在哪里，管理者无法提供有效的辅导与帮助	2017年12月	输出2018年度绩效体系优化计划	√			√													√
	组织结构变动过于频繁，部分人员调整太随意，影响财务数据归集	2017年11月	输出2018年度组织手册	√				√											√	
	公司级及跨部门活动太少	2018年12月	编制年度文化活动计划并按计划实施			√		√											√	

续表

关键事项来源	问题及年度经营策略	完成时间	完成标志	紧急程度			重要程度		责任部门											
				特别紧急	紧急	一般紧急	公司	部门	市场部	销售部	客服部	研发部	计划部	采购部	生产部	工程部	质量部	财务部	人资部	企管部
SWOT 分析	集中研发力量开发物流、机器人、环境治理行业自动化设备研发	2018 年 4 月	输出年度新产品开发计划并实施		√		√					√								
	重新梳理产品线，并有针对性地开发供应商	2018 年 1 月	输出年度供应商开发计划		√			√						√						
	导入客户订单分类管理机制，建立客户订单负责人制度，确保订单准时交付	2017 年 12 月	建立客户订单分类管理机制	√			√			√										
	加大环保基础设备投入	2018 年 3 月	完成环保设施改造		√			√								√				
年度竞争策略	引进新材料，降低产品成本	2018 年 6 月	完成 2～3 项新材料导入		√		√					√								
	重新核定工艺余量，缩短加工时间	2018 年 5 月	输出 2018 版工艺定额标准		√			√								√				

续表

关键事项来源	问题及年度经营策略	完成时间	完成标志	紧急程度			重要程度		责任部门											
				特别紧急	紧急	一般紧急	公司	部门	市场部	销售部	客服部	研发部	计划部	采购部	生产部	工程部	质量部	财务部	人资部	企管部
年度竞争策略	在达到客户设计需求时优化设计，降低耗材	2018 年 6 月	输出年度降耗计划		√			√				√								
	大型机座转为加工中心制作，提高精度	2018 年 5 月	完成加工中心改造		√			√								√				
	输出未来 5 年产品研发路线图	2018 年 4 月	输出产品研发路线图		√		√					√								
	增加分销商的覆盖率，并分级授权，同时提供技能培训	2017 年 12 月	输出年度分销商开发计划	√			√			√										
	参加全球专业性展会	2018 年 3 月	输出年度全球展会参展计划		√			√	√											
	全面优化及实施 EPB 项目，实现订单交付全过程监控	2018 年 5 月	实现 EPB 项目上线		√		√													√

续表

关键事项来源	问题及年度经营策略	完成时间	完成标志	紧急程度			重要程度		责任部门											
				特别紧急	紧急	一般紧急	公司	部门	市场部	销售部	客服部	研发部	计划部	采购部	生产部	工程部	质量部	财务部	人资部	企管部
年度职能战略	按月出具行业及地域分析报告	2018年4月	按月输出市场分析报告		√			√	√											
	加大行业性专业定制产品开发	2018年7月	建立定制产品开发流程			√	√					√								
	导入研发人员任职资格体系	2018年6月	建立研发人员任职资格标准		√		√												√	
	持续跟踪产品供应链成本	2018年3月	输出供应链成本控制计划		√		√											√		
	强化财务分析及风险控制体系	2018年8月	导入财务风险控制机制			√	√											√		
	优化员工激励体系	2017年12月	输出2018年员工激励方案	√			√												√	
	强化目标绩效管理体系建设	2017年12月	输出年度绩效体系优化档案	√			√													√

续表

关键事项来源	问题及年度经营策略	完成时间	完成标志	紧急程度			重要程度		责任部门											
				特别紧急	紧急	一般紧急	公司	部门	市场部	销售部	客服部	研发部	计划部	采购部	生产部	工程部	质量部	财务部	人资部	企管部
年度职能战略	优化核心业务流程，实现业务流程信息化	2017年12月	输出年度业务流程优化计划	√			√													√

注：①紧急程度分为三类：特别紧急（要求在2017年12月底之前完成）、紧急（要求在2018年6月31日之前完成）、一般紧急（要求在2018年12月31日前完成）。②重要程度分为两类：公司（指由公司负责解决的问题或落实的年度关键策略，公司年度战略地图中的关键策略均来源于此）、部门（指由各部门负责解决的问题或落实的年度关键策略，各部门年度目标责任书中的关键事项均来源于此）。

表 8－15 中重要程度为“公司”的“问题及年度经营策略”作为年度战略地图的关键策略，在正式导入战略地图之前，还需要将其转化为“战略主题”，具体如表 8－16 所示。

表 8－16　南粤智能装备 2018 年战略地图输入识别

关键事项来源	问题及年度经营策略	对应战略主题	对应序号
杜邦财务分析	企业运营能力（存货周转率、流动资产周转率）	提升企业运营能力	3.1
管理干部素质测评	沟通能力、书面表达能力、领导能力及团队建设能力	建立管理职位族任职资格，并持续提升管理干部素质	9.1
销售管理	销售人员个人综合能力参差不齐，订单没有标准化导致订单质量不高	提升业务人员综合素质	9.2
		建立订单标准	6.1
售后服务	客户售后服务诉求响应不及时，缺少有效的客户回访机制	完善客诉响应及回访机制	4.1
售后服务	售后人员能力参差不齐，对故障描述、分析能力不足，处理故障能力有待提高	提升售后故障解决能力及效率	6.2
产品定义	产品定义主要根据相关标准执行，还未形成公司自有的企业标准	完善企业产品定义标准	5.2
新品开发	缺乏新品开发立项管理，新品开发缺乏评估，随意性较强	强化新品开发立项评审	5.3
计划管理	产能计划不精准，二级计划职能不健全	提升计划准确率	7.1
预算管理	预算数据提交后，各预算部门未及时对预算执行情况分析和信息反馈	强化预算编制与控制	3.2
人才评价	缺乏明确的人才评价标准	完善人才评价标准	9.4
绩效管理	绩效宣贯不全面、绩效面谈缺失，员工不清楚自己的欠缺在哪里，管理者无法提供有效的辅导与帮助	完善目标绩效管理体系	8.1
SWOT 分析	集中研发力量开发物流、机器人、环境治理行业自动化设备研发	完成重点产品（物流、机器人、环境治理行业自动化设备）研发	1.3、5.4
SWOT 分析	导入客户订单分类管理机制，建立客户订单负责人制度，确保订单准时交付	导入订单分类管理机制，确保订单准时交付	7.2
年度竞争策略	引进新材料，降低产品成本	引进新材料，降低产品成本	2.1
年度竞争策略	输出未来 5 年产品研发路线图	输出未来 5 年产品研发路线图	5.1
年度竞争策略	增加分销商的覆盖率，并分级授权，同时提供技能培训	增加分销商的覆盖率，并分级授权，同时提供技能培训	1.5、4.2
年度竞争策略	全面优化及实施 EPB 项目，实现订单交付全过程监控	全面优化及实施 EPB 项目	10.1

续表

关键事项来源	问题及年度经营策略	对应战略主题	对应序号
年度职能战略	加大行业性专业定制产品开发	加大行业性专业定制产品开发	1.4、5.5
年度职能战略	导入研发人员任职资格体系	导入研发人员任职资格体系	9.3
年度职能战略	持续跟踪产品供应链成本	持续跟踪产品供应链成本	2.2
年度职能战略	强化财务分析及风险控制体系	强化财务分析及风险控制体系	3.3
年度职能战略	优化员工激励体系	优化员工激励体系	8.2
年度职能战略	强化目标绩效管理体系建设	完善目标绩效管理体系	8.1
年度职能战略	优化核心业务流程，实现业务流程信息化	优化核心业务流程，实现业务流程信息化	10.2

五、南粤智能装备战略地图、平衡计分卡及目标责任书

（一）年度战略地图

南粤智能装备2018年战略地图如图8－4所示。

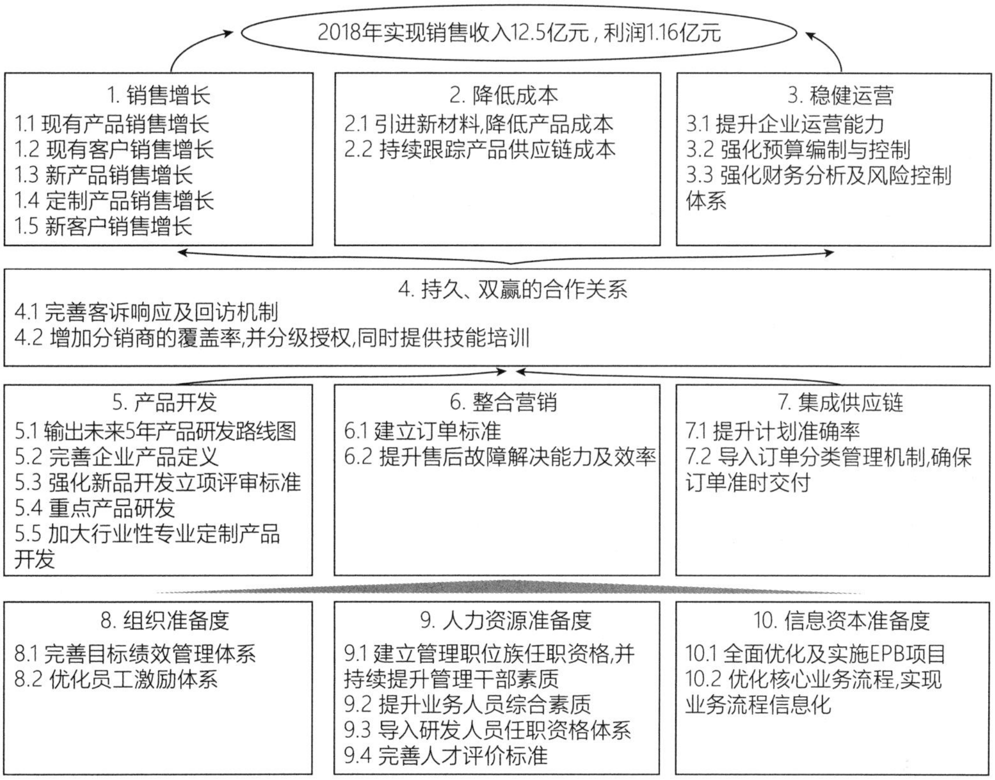

图8－4　南粤智能装备2018年战略地图

(二)年度平衡计分卡

南粤智能装备2018年平衡计分卡如表8－17所示。

表8－17　南粤智能装备2018年平衡计分卡

一级战略主题	二级战略主题	衡量指标(KPI)	年度目标	责任部门												
				经营委员会	市场部	销售部	客服部	研发部	计划部	采购部	生产部	工程部	质量部	财务部	人资部	企管部
2018年实现销售收入12.5亿元,利润1.16亿元		年度销售收入	≥12.5亿元	√												
		年度利润总额	≥1.16亿元	√												
1. 销售增长	1.1 现有产品销售增长	现有产品销售收入	≥9.5亿元			√										
	1.2 现有客户销售增长	现有客户销售收入	≥10.5亿元			√										
	1.3 新产品销售增长	新产品销售收入	≥2.0亿元			√		√								
	1.4 定制产品销售增长	定制产品销售收入	≥1.0亿元			√		√								
	1.5 新客户销售增长	新客户开发数量	≥30家		√	√										
		新客户销售收入	≥2.0亿元			√										
2. 降低成本	2.1 引进新材料,降低产品成本	新材料引进数量	≥8种					√				√				
	2.2 持续跟踪产品供应链成本	单位产值制造成本下降率	≥5%					√					√			
3. 稳健运营	3.1 提升企业运营能力	存货周转率	≥3.5次						√							
		流动资产周转率	≥2.1次											√		
	3.2 强化预算编制与控制	预算执行率	≥95%											√		
	3.3 强化财务分析及风险控制体系	财务分析有效性评价	≥85分											√		
		风控体系有效性评价	≥90分											√		

续表

一级战略主题	二级战略主题	衡量指标(KPI)	年度目标	责任部门												
				经营委员会	市场部	销售部	客服部	研发部	计划部	采购部	生产部	工程部	质量部	财务部	人资部	企管部
4. 持久、双赢的合作关系	4.1 完善客诉响应及回访机制	客诉响应周期	≤24 小时				√									
		客诉有效处理率	≥95%				√									
	4.2 增加分销商的覆盖率，并分级授权，同时提供技能培训	分销商覆盖率	≥80%		√	√										
		分销商平均合作周期	≥60 个月			√										
5. 产品开发	5.1 输出未来5年产品研发路线图	未来5年产品研发路线图输出时间	4月30日前					√								
	5.2 完善企业产品定义	企业产品定义标准输出时间	3月31日前					√								
	5.3 强化新品开发立项评审标准	新品开发立项评审有效性	≥90 分					√								
	5.4 重点产品研发	重点产品开发计划达成率	≥95%					√								
	5.5 加大行业性专业定制产品开发	定制产品开发周期	≤15 天					√								
6. 整合营销	6.1 建立订单标准	订单标准化率	≥85%			√										
	6.2 提升售后故障解决能力及效率	售后故障解决周期	≤36 小时				√									
7. 集成供应链	7.1 提升计划准确率	生产计划准确率	≥97%						√							
		生产计划达成率	≥95%						√							
	7.2 导入订单分类管理机制，确保订单准时交付	订单准时交付率	≥85%								√					
8. 组织准备度	8.1 完善目标绩效管理体系	目标绩效体系有效性评级	≥90 分													√
	8.2 优化员工激励体系	员工对激励体系的满意度	≥78 分												√	

续表

一级战略主题	二级战略主题	衡量指标(KPI)	年度目标	责任部门												
				经营委员会	市场部	销售部	客服部	研发部	计划部	采购部	生产部	工程部	质量部	财务部	人资部	企管部
9. 人力资源准备度	9.1 建立管理职位族任职资格,并持续提升管理干部素质	管理干部适岗率	≥85%												√	
	9.2 提升业务人员综合素质	业务人员适岗率	≥80%			√									√	
	9.3 导入研发人员任职资格体系	研发人员适岗率	≥95%					√							√	
	9.4 完善人才评价标准	关键岗位任职资格及评价机制输出时间	10月20日前												√	
10. 信息资本准备度	10.1 全面优化及实施EPB项目	EPB项目实施计划达成率	≥95%													√
	10.2 优化核心业务流程,实现业务流程信息化	流程优化计划达成率	≥95%													√

（三）年度目标责任书

南粤智能装备2018年各部门目标责任书如表8－18至表8－29所示。

表8－18　南粤智能装备2018年市场部目标责任书

<table>
<tr><td>发约人</td><td colspan="2"></td><td>受约人</td><td></td></tr>
<tr><td>发约日期</td><td colspan="2"></td><td>受约日期</td><td></td></tr>
<tr><td colspan="5">第一部分：年度KPI</td></tr>
<tr><td>序号</td><td colspan="2">KPI名称</td><td>年度目标</td><td>备注</td></tr>
<tr><td>1</td><td colspan="2">新客户开发数量</td><td>≥30家</td><td></td></tr>
<tr><td>2</td><td colspan="2">分销商覆盖率</td><td>≥80%</td><td></td></tr>
<tr><td colspan="5">第二部分：关键事项</td></tr>
<tr><td>序号</td><td colspan="2">关键事项名称</td><td>完成时间</td><td>完成标志</td></tr>
<tr><td>1</td><td colspan="2">订单预测不精准，造成排产困难</td><td>2018年2月</td><td>按月输出订单预测计划</td></tr>
<tr><td>2</td><td colspan="2">参加全球专业性展会</td><td>2018年3月</td><td>输出年度全球展会参展计划</td></tr>
<tr><td>3</td><td colspan="2">按月出具行业及地域分析报告</td><td>2018年4月</td><td>按月输出市场分析报告</td></tr>
</table>

表8－19　南粤智能装备2018年销售部目标责任书

<table>
<tr><td>发约人</td><td colspan="2"></td><td>受约人</td><td></td></tr>
<tr><td>发约日期</td><td colspan="2"></td><td>受约日期</td><td></td></tr>
<tr><td colspan="5">第一部分：年度KPI</td></tr>
<tr><td>序号</td><td colspan="2">KPI名称</td><td>年度目标</td><td>备注</td></tr>
<tr><td>1</td><td colspan="2">现有产品销售收入</td><td>≥9.5亿元</td><td></td></tr>
<tr><td>2</td><td colspan="2">现有客户销售收入</td><td>≥10.5亿元</td><td></td></tr>
<tr><td>3</td><td colspan="2">新产品销售收入</td><td>≥2.0亿元</td><td></td></tr>
<tr><td>4</td><td colspan="2">定制产品销售收入</td><td>≥1.0亿元</td><td></td></tr>
<tr><td>5</td><td colspan="2">新客户开发数量</td><td>≥30家</td><td></td></tr>
<tr><td>6</td><td colspan="2">新客户销售收入</td><td>≥2.0亿元</td><td></td></tr>
<tr><td>7</td><td colspan="2">分销商覆盖率</td><td>≥80%</td><td></td></tr>
<tr><td>8</td><td colspan="2">分销商平均合作周期</td><td>≥60个月</td><td></td></tr>
<tr><td>9</td><td colspan="2">订单标准化率</td><td>≥85%</td><td></td></tr>
<tr><td>10</td><td colspan="2">业务人员适岗率</td><td>≥80%</td><td></td></tr>
<tr><td colspan="5">第二部分：关键事项</td></tr>
<tr><td>序号</td><td colspan="2">关键事项名称</td><td>完成时间</td><td>完成标志</td></tr>
<tr><td>1</td><td colspan="2">区域性管理规范执行力度不强，存在区域恶意竞争</td><td>2018年5月</td><td>输出市场秩序管理办法</td></tr>
<tr><td>2</td><td colspan="2">K3销售订单有效性管理不到位，如变更程序、无效订单等处理</td><td>2018年2月</td><td>K3系统优化订单管理模块</td></tr>
</table>

续表

第二部分：关键事项			
序号	关键事项名称	完成时间	完成标志
3	紧急状况下，缺失优质客户的订单评估及保护机制	2018 年 4 月	制定《特殊订单评审流程》
4	导入客户订单分类管理机制，建立客户订单负责人制度，确保订单准时交付	2017 年 12 月	建立客户订单分类管理机制
5	增加分销商的覆盖率，并分级授权，同时提供技能培训	2017 年 12 月	输出年度分销商开发计划

表 8－20　南粤智能装备 2018 年客服部目标责任书

发约人		受约人	
发约日期		受约日期	
第一部分：年度 KPI			
序号	KPI 名称	年度目标	备注
1	客诉响应周期	≤24 小时	
2	客诉有效处理率	≥95%	
3	售后故障解决周期	≤36 小时	
第二部分：关键事项			
序号	关键事项名称	完成时间	完成标志
1	客户售后服务诉求响应不及时，缺少有效的客户回访机制	2018 年 1 月	输出客户回访流程
2	涉及客户索赔的售后服务事件延期结案严重	2018 年 4 月	输出客户索赔处理流程

表 8－21　南粤智能装备 2018 年研发部目标责任书

发约人		受约人	
发约日期		受约日期	
第一部分：年度 KPI			
序号	KPI 名称	年度目标	备注
1	新产品销售收入	≥2.0 亿元	
2	定制产品销售收入	≥1.0 亿元	
3	新材料引进数量	≥8 种	
4	单位产值制造成本下降率	≥5%	
5	未来 5 年产品研发路线图输出时间	4 月 30 日前	

续表

第一部分：年度 KPI			
序号	KPI 名称	年度目标	备注
6	企业产品定义标准输出时间	3 月 31 日前	
7	新品开发立项评审有效性	≥90 分	
8	重点产品开发计划达成率	≥95%	
9	定制产品开发周期	≤15 天	
10	研发人员适岗率	≥95%	
第二部分：关键事项			
序号	关键事项名称	完成时间	完成标志
1	缺乏新品开发立项管理，新品开发缺乏评估，随意性较强	2017 年 12 月	输出公司新产品立项流程
2	产品生命周期缺少中长期的升级切换计划	2018 年 9 月	输出公司产品迭代规划
3	集中研发力量开发物流、机器人、环境治理行业自动化设备研发	2018 年 4 月	输出年度新产品开发计划并实施
4	引进新材料，降低产品成本	2018 年 6 月	完成 2 ~ 3 项新材料导入
5	在达到客户设计需求时优化设计，降低耗材	2018 年 6 月	输出年度降耗计划
6	加大行业性专业定制产品开发	2018 年 7 月	建立定制产品开发流程

表 8－22　南粤智能装备 2018 年计划部目标责任书

发约人		受约人	
发约日期		受约日期	
第一部分：年度 KPI			
序号	KPI 名称	年度目标	备注
1	存货周转率	≥3.5 次	
2	生产计划准确率	≥97%	
3	生产计划达成率	≥95%	
第二部分：关键事项			
序号	关键事项名称	完成时间	完成标志
1	产能计划不精准，二级计划职能不健全	2018 年 3 月	输出公司《计划管理流程》
2	仓位规划不合理，仓位标识识别系统缺失，物料进出效率低	2018 年 3 月	输出仓储规划

表8－23　南粤智能装备2018年采购部目标责任书

发约人		受约人	
发约日期		受约日期	
第一部分：年度KPI			
序号	KPI名称	年度目标	备注
1	采购计划达成率	>95%	
第二部分：关键事项			
序号	关键事项名称	完成时间	完成标志
1	采购定价、调价机制不利于供应商准时交货，急需优化	2018年2月	明确公司采购定价、调价规则
2	重新梳理产品线，并有针对性地开发供应商	2018年1月	输出年度供应商开发计划

表8－24　南粤智能装备2018年生产部目标责任书

发约人		受约人	
发约日期		受约日期	
第一部分：年度KPI			
序号	KPI名称	年度目标	备注
1	订单准时交付率	≥85%	
第二部分：关键事项			
序号	关键事项名称	完成时间	完成标志
1	生产现场管理混乱	2018年10月	导入精益生产项目
2	安全意识不足，危险源识别不足	（1）2017年12月 （2）2018年1月	（1）实施年度安全教育 （2）按月进行危险源识别

表8－25　南粤智能装备2018年工程部目标责任书

发约人		受约人	
发约日期		受约日期	
第一部分：年度KPI			
序号	KPI名称	年度目标	备注
1	新材料引进数量	≥8种	
第二部分：关键事项			
序号	关键事项名称	完成时间	完成标志
1	设备加工精度不足，需要添置一些必要的设备	2018年3月	编制年度加工设备增加预算及方案

续表

第二部分：关键事项			
序号	关键事项名称	完成时间	完成标志
2	缺少必需的便携式检测设备和配套的检验手段	2018 年 7 月	编制年度检测设备增加预算及方案
3	工艺文件缺失过多，缺乏工艺检查机制	2018 年 5 月	完成工艺文件编制，确保工艺文件缺失率小于 5%
4	工程技术人员配置不足，工艺任务过重，顾此失彼	2018 年 7 月	输出工程技术人员需求，并督促 HR 招聘到岗
5	设备维护、保养制度执行力度不足，细节控制不严格	2018 年 3 月	建立设备维护保养奖惩细则
6	加大环保基础设备投入	2018 年 3 月	完成环保设施改造
7	重新核定工艺余量，缩短加工时间	2018 年 5 月	输出 2018 版工艺定额标准
8	大型机座转为加工中心制作，提高精度	2018 年 5 月	完成加工中心改造

表 8－26　南粤智能装备 2018 年质量部目标责任书

发约人		受约人	
发约日期		受约日期	
第一部分：年度 KPI			
序号	KPI 名称	年度目标	备注
1	单位产值制造成本下降率	≥5%	
第二部分：关键事项			
序号	关键事项名称	完成时间	完成标志
1	供应商检验能力不足，多数供货产品不存在配套检验手段	2018 年 2 月	派专人到供应商现场检验

表 8－27　南粤智能装备 2018 年财务部目标责任书

发约人		受约人	
发约日期		受约日期	
第一部分：年度 KPI			
序号	KPI 名称	年度目标	备注
1	流动资产周转率	≥2.1 次	
2	预算执行率	≥95%	
3	财务分析有效性评价	≥85 分	
4	风控体系有效性评价	≥90 分	

续表

第二部分：关键事项			
序号	关键事项名称	完成时间	完成标志
1	预算数据提交后，各预算部门未及时对预算执行情况分析和信息反馈	2017 年 12 月	输出 2018 年度经营预算
2	因纸质单据需人工传递及签字，导致报销流程节点耗时较长	2018 年 4 月	优化并输出《费用报销流程》
3	发现成本数据异常后，无法追踪改善结果	2018 年 5 月	建立财务分析流程
4	持续跟踪产品供应链成本	2018 年 3 月	输出供应链成本控制计划
5	强化财务分析及风险控制体系	2018 年 8 月	导入财务风险控制机制

表 8－28　南粤智能装备 2018 年人资部目标责任书

发约人		受约人	
发约日期		受约日期	
第一部分：年度 KPI			
序号	KPI 名称	年度目标	备注
1	员工对激励体系的满意度	≥78 分	
2	管理干部适岗率	≥85%	
3	业务人员适岗率	≥80%	
4	研发人员适岗率	≥95%	
5	关键岗位任职资格及评价机制输出时间	10 月 20 日前	
第二部分：关键事项			
序号	关键事项名称	完成时间	完成标志
1	沟通能力、书面表达能力、领导能力及团队建设能力	2018 年 12 月	实施管理干部年度素质提升计划
2	销售人员个人综合能力参差不齐，订单没有标准化导致订单质量不高	2018 年 12 月	实施销售团队年度素质提升计划
3	涉及客户索赔的售后服务事件延期结案严重	2018 年 4 月	输出客户索赔处理流程
4	售后人员能力参差不齐，对故障描述、分析能力不足，处理故障能力有待提高	2018 年 8 月	实施售后人员年度素质提升计划
5	用人需求随意，缺乏中、长期人力资源规划	2018 年 10 月	输出公司人力资源规划

续表

第二部分：关键事项			
序号	关键事项名称	完成时间	完成标志
6	专业培训较少，且培训内容与参训人员工作需求结合度不高	2018 年 12 月	编制并实施 2018 年度员工培训计划
7	缺乏员工自主学习激励机制	2018 年 4 月	输出培训激励制度
8	缺乏明确的人才评价标准	2018 年 10 月	输出关键岗位任职资格及评价机制
9	组织结构变动过于频繁，部分人员调整太随意，影响财务数据归集	2017 年 11 月	输出 2018 年度组织手册
10	公司级及跨部门活动太少	2018 年 12 月	编制年度文化活动计划并按计划实施
11	导入研发人员任职资格体系	2018 年 6 月	建立研发人员任职资格标准
12	优化员工激励体系	2017 年 12 月	输出 2018 年员工激励方案

表 8－29　南粤智能装备 2018 年企管部目标责任书

发约人		受约人	
发约日期		受约日期	
第一部分：年度 KPI			
序号	KPI 名称	年度目标	备注
1	目标绩效体系有效性评级	≥90 分	
2	EPB 项目实施计划达成率	≥95%	
3	流程优化计划达成率	≥95%	
第二部分：关键事项			
序号	关键事项名称	完成时间	完成标志
1	部分量化绩效指标难以精确统计，指标及目标的合理性还需进一步商榷	2017 年 12 月	输出部门 2018 年度目标责任书
2	绩效宣贯不全面、绩效面谈缺失，员工不清楚自己的欠缺在哪里，管理者无法提供有效的辅导与帮助	2017 年 12 月	输出 2018 年度绩效体系优化计划
3	全面优化及实施 EPB 项目，实现订单交付全过程监控	2018 年 5 月	实现 EPB 项目上线
4	强化目标绩效管理体系建设	2017 年 12 月	输出年度绩效体系优化档案
5	优化核心业务流程，实现业务流程信息化	2017 年 12 月	输出年度业务流程优化计划

扫码获取本书30种经典实战
三个完整案例149个可编辑图表

The Annual Business Plan Formulation and Management | 第二节

高科技企业年度经营计划展示

信睿科技是上海一家专门从事互联网＋智慧城市、互联网＋智慧教育、互联网＋智慧医疗、互联网＋智慧交通等业务的高科技企业，与华为合作关系紧密，同时与上海、苏州、杭州、无锡等长三角城市合作密切，是国家级高新技术企业，以下是我们帮助该企业规划的 2018 年度经营计划。

一、信睿科技 2018 年度经营环境分析

（一）2018 年度外部经营环境分析

信睿科技 2018 年度外部经营环境分析如图 8－5、表 8－30 至表 8－32 所示。

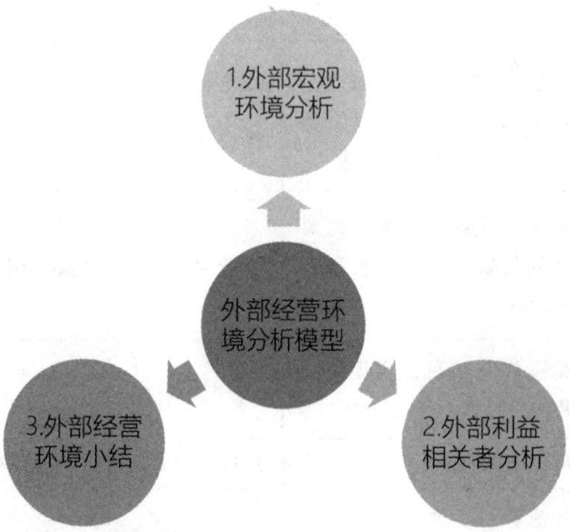

图 8－5 信睿科技 2018 年度外部经营环境分析模型

表 8－30　信睿科技 2018 年度外部宏观环境分析

分析项目	发展趋势	因素权重/%	评分结果	最终得分
政治法律环境（30%）	政府产业政策（智慧城市、物联网、互联网＋、数据中心、新型城镇化建设、国家 PPP 推广、教育、医疗、交通、政府信息化建设）	15	4	0.60
	政府采购放开资质和门槛，让市场竞争环境更加透明	10	3	0.30
	营改增导致企业税负率的增加	2	2	0.04
	国家《信息安全法》的颁布实施	3	3	0.09
宏观经济环境（10）	实体经济下降，金融环境形势不好	2	3	0.06
	上海 GDP 的增长，为信息化业务带来了商机	8	4	0.32
社会文化环境（15）	新经济形势的增长对高质量社会整体环境要求提高（社会舆论、信息的传播、公共服务、社区管理、智慧旅游、个人信息安全）	10	4	0.40
	人们消费习惯依赖信息化的使用及普及	5	3	0.15
技术环境（45）	ICT 从硬件到软件转型（大数据、云计算、运维服务、VR/AR、互联网＋、物联网）	12	4	0.48
	从传统系统集成商转型到解决方案平台服务商	10	3	0.30
	移动电信运营商服务进一步强化媒体化、平台化、技术化和移动化，5G 技术的兴起，代表有更多的新型技术，做信息化的公司有更多机会	7	3	0.21
	同行业技术创新的竞争和技术抄袭能力的泛滥	3	2	0.06
	技术专长的人才流动	5	2	0.10
	国外核心技术对中国的日益开放	3	3	0.09
	国产自主知识产权水平的提升，国内创新技术、知名品牌越来越多	5	2	0.10
合计		100		3.30

表 8－31　信睿科技 2018 年度外部利益相关者分析

利益相关者	核心诉求	核心诉求满足状况	2018 年度满足策略
老客户	售前售后服务能力	3.5	（1）专业的售前工程师支持 （2）提供专业运维平台和驻点服务
	新项目拓展及二次开发	2.5	（1）每季度举办新产品新技术交流活动 （2）每月定期组织与厂家互动 （3）每周安排市场人员定期拜访
	安全（产品使用，商务安全）	2.0	（1）标准化的安全施工与开发 （2）提供专业的产品安全使用手册 （3）提供高度的保密策略 （4）提供重大活动和重要节假日的技术全方位保障

续表

利益相关者	核心诉求	核心诉求满足状况	2018 年度满足策略
新客户	成功案例（品牌影响力）	1.5	(1) 拜访客户3~5次后可组织参观成功案例 (2) 为新客户组织1~2次专家交流活动 (3) 为新客户提供免费咨询和建议服务，合作成为市场顾问
大厂家	是否有充足客户资源	3.5	(1) 让大厂家每半月一次与客户资源进行对接 (2) 销售团队每半月一次组织与厂家的商务活动
	利益是否最大化	4.0	提前确定合作战略，做好价格优惠力度
竞争对手	合作共赢	3.5	一起合作互利分享市场利益
合作伙伴	利益合理分配	2.5	根据实际项目按市场规则比例给予优惠提成

表8-32　信睿科技2018年度外部机会与威胁识别

机会（opportunities）	威胁（threats）
O1：政府产业政策大力推行（智慧城市、物联网、互联网+、数据中心、新型城镇化建设、国家PPP推广、教育、医疗、交通、政府信息化建设等）	T1：同行业技术创新的竞争和技术抄袭能力的泛滥
O2：上海GDP的增长，为信息化业务带来了商机	T2：国产自主知识产权水平的提升，国内创新技术、知名品牌越来越多，行业竞争加剧
O3：新经济形势的增长对高质量社会整体环境要求提高（社会舆论、信息的传播、公共服务、社区管理、智慧旅游、个人信息安全）	T3：技术专长的人才缺乏及流动
O4：ICT从硬件到软件转型（大数据、云计算、运维服务、VR/AR、互联网+、物联网）	T4：营改增导致企业税负率的增加

（二）2018年度内部经营环境分析

信睿科技2018年度内部经营环境分析如图8-6、图8-7、表8-33至表8-35所示。

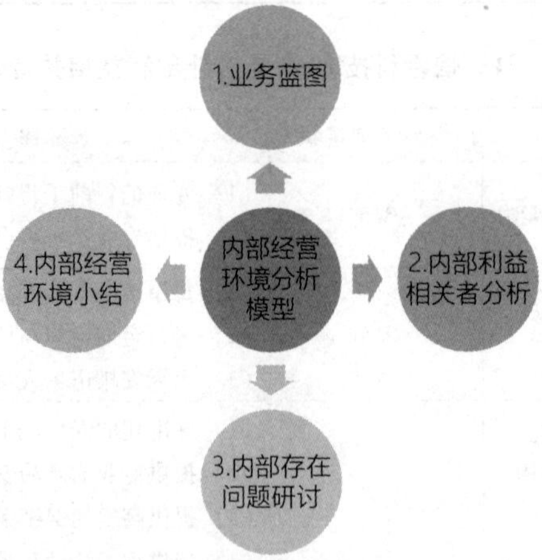

图8-6　信睿科技2018年度内部经营环境分析模型

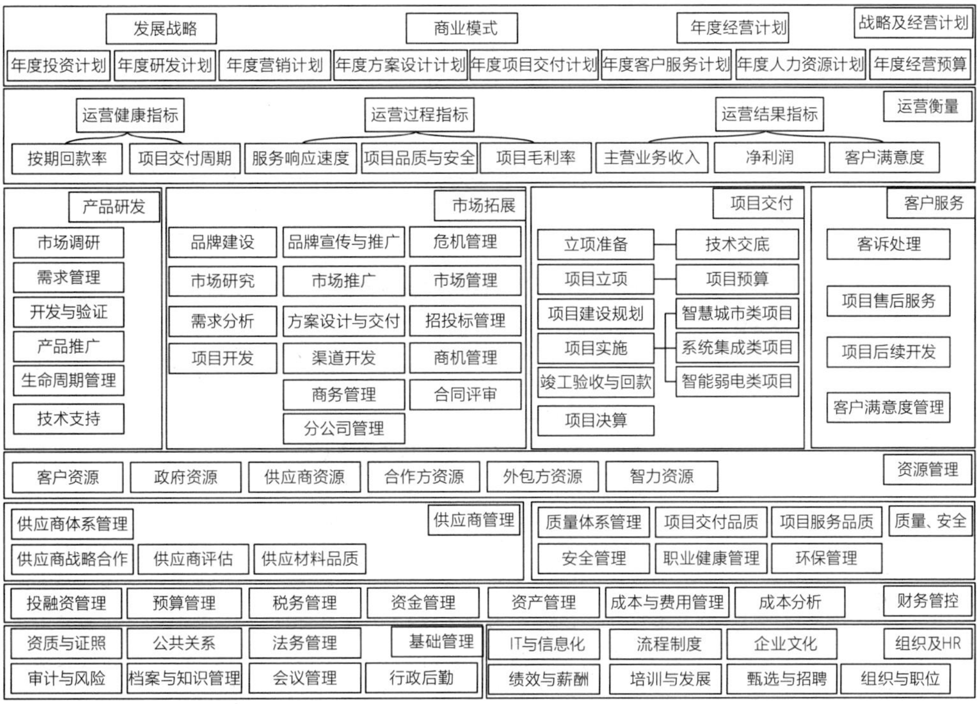

图 8－7 信睿科技业务蓝图

表 8－33 信睿科技 2018 年度内部利益相关者分析

利益相关者	核心诉求	核心诉求满足状况	2018 年度满足策略
股东	利润、市值、发展	3	（1）增加销售额 （2）公司品牌建设
管理及骨干员工	短期收益、长期发展平台及收益	3	（1）公司稳定经营 （2）公司创业板上市
销售人员	短期收益、公司平台	4	（1）公司稳定经营 （2）项目快速交付验收
技术人员	稳定收益、公司平台	3	（1）公司稳定经营 （2）公司平台发展
后勤及商务人员	稳定收益、公司氛围	3	（1）公司稳定经营 （2）公司平台发展
分公司员工	稳定收益、公司氛围、公司平台	3	（1）公司稳定经营 （2）公司平台发展

表8-34 信睿科技内部存在的问题研讨

职能领域		问题描述	问题分类
战略及目标管理	战略管理	战略笼统，没有聚焦	功能障碍
		战略目标宣传不到位，高层和普通员工理解不一样	系统紊乱
	商业模式	商业模式不清晰，还在摸索阶段，没有明确的时间节点，人才战略、盈利模式单一	营养不良
	年度经营计划	年度经营计划，只有高层决策的框架，没有明确分解到部门及个人	系统紊乱
		没有制定规范的年度经营计划、详细的年度执行计划措施	功能障碍
产品研发	产品规划	没有产品需求调研	系统紊乱
		无可行性分析报告，无产品具体开发进度计划表	系统紊乱
	产品开发	产品的开发无里程碑、关键节点把控不到位	功能障碍
		开发人员团队不到位	营养不良
	技术支持	人员资质低，高级技术人员少	营养不良
		项目操作流程不规范，技术响应不及时	营养不良
项目拓展	品牌建设	没有统一的企业工作标识	成长烦恼
		没有坚持定期推广活动和计划，甚至长时间停止推广，导致某些客户还不了解公司的发展现状	功能障碍
	市场拓展	人员布局拖拉，计划好后，人员又无法安排到位，缺少专业的技能培训	功能障碍
		没有与客户持续性的互动	功能障碍
	商机管理	没有建立成熟的商机管理体制	系统紊乱
	项目开发	售后服务体系未建立导致老客户丢失	系统紊乱
		没有有效的运维软件产品	功能障碍
项目交付	项目预算	项目规划时没有严谨的落地	成长烦恼
		项目启动时没有核算落实	成长烦恼
		执行过程中成本没有跟踪核算	成长烦恼
	项目实施	缺乏严谨的流程规范及制度	系统紊乱
		项目实施“三边”误区：边计划、边实施、边修改	成长烦恼
		缺乏沟通	成长烦恼
	项目竣工	项目交期到了，无法交货	成长烦恼
		合同外的附加项，现场项目经理不了解导致没跟踪执行，影响竣工验收	成长烦恼
		产品质量不达标，竣工资料不规范	成长烦恼
	项目收款	收款人不明确，收款不及时	成长烦恼

续表

职能领域		问题描述	问题分类
客户服务	客诉管理	没有建立客诉管理制度，被动接受，一般客户会直接跟业务经理反馈，直接不合作	系统紊乱
		没有建立对市场业务人员的监督	营养不良
	售后服务	售后不及时，没有建立售后服务等级	成长烦恼
		没有建立巡检制度	功能障碍
	后续开发管理	对售后人员激励不够，导致缺乏积极性	成长烦恼
		与市场人员工作划分不明确	成长烦恼
资源管理	客户资源管理	客户情报分析报告	系统紊乱
		没有建立客户资源库	功能障碍
	供应商资源管理	没有形成常用供应商和产品资源库，导致每次项目投标时，成本无法控制	功能障碍
采购管理	供应商开发	供应商资源太少，除了华为，没有系统的、固定的、战略的供应商支持	营养不良
		没有按类别开发供应商资源，采购询价的时候速度慢，导致效率低下	营养不良
		与供应商的高层互动比较少，没有引起对方对我们足够的重视	营养不良
		现有开发的供应商，除了华为，也未签订战略合作协议	营养不良
	采购管理	采购没有参与售前的成本估算工作	系统紊乱
		公司采购流程没有按照项目利益的相关的铁三角：采购、技术、销售进行配合	系统紊乱
		公司内部没有对采购过程进行内控审查机制	功能障碍
品质管理	项目品质控制	公司的项目管理部，每周、月末对项目进行管控、抽查	功能障碍
		公司未对在建项目进行评奖、评优的制度规划	功能障碍
		优秀工作经验没有固定的分享会	功能障碍
	信息安全管理	作为一家信息化公司，公司的网络系统未建立相应的安全保护系统	功能障碍
		对公司财产、信息安全的物理保护不够，如公司大门门禁	功能障碍
		项目信息保护意识不够，如在邮件、微信中未有足够的保密意识	系统紊乱
	质量管理体系	没有成立质量管理委员会	功能障碍
流程及组织	流程制度建设	公司流程制度宣贯不到位，未严格按流程制度执行	功能障碍
		审批流程时间过长、执行效率低	系统紊乱
	信息化管理	对于公司信息化建设，员工意识不强，领导不够重视	系统紊乱
	组织职位	组织架构不清晰，岗位职责不明确	功能障碍
		人员素质和岗位需求不匹配	系统紊乱

续表

职能领域		问题描述	问题分类
流程及组织	人力资源	招聘速度慢、人员到位不及时	系统紊乱
		培训体系不完善，没有形成明确的培训目标和考核制度	营养不良
		薪酬制度不完善，同岗薪酬差距比较大，岗位匹配度不高	系统紊乱
	企业文化	文化活动相对比较少	功能障碍
		员工参与激情不高	系统紊乱
财务管理	预算管理	公司没有做年度、月度的预算管理	系统紊乱
	成本及费用管理	成本统计在采购部、财务部都有，没有一个完整统计的平台	功能障碍
		费用及成本没有从预算开始就进行有效的管理	功能障碍
	财务核算	礼品采购、市场费用、人员成本等没有分类统计	功能障碍
综合管理	资质管理	资质级别不高，类型不全面	功能障碍
		申请资质时文档收集工作量非常大	成长烦恼
		有助于资质申请的人员储备不足	营养不良
	法务管理	法务意识不普及	成长烦恼
		没有专职的法务人员	营养不良
		没有法务审批流程	系统紊乱
	公共关系	没有统一对外的标准	成长烦恼
	档案及知识管理	档案管理不够信息化	成长烦恼
		档案分类不清晰	成长烦恼
		档案管理不规范（档案编号不统一、收集不及时、借用流程不严谨）	成长烦恼

表8－35　信睿科技2018年度内部优势、劣势识别

优势（strength）	劣势（weakness）
S1：丰富的行业经验与专业资质	W1：项目开拓能力比较弱，客户服务与项目后续开发不足
S2：大量的上海客户积累，标杆案例多	W2：专业技术人员缺乏
S3：专业的行业解决方案设计，项目实施交付能力较强	W3：供应商管理薄弱，缺乏供应商库
S4：资源整合能力强，公共关系深厚	W4：项目质量意识差，质量体系缺失
S5：长期的华为战略合作伙伴关系	W5：管理人员管理水平不足，管理效率不高
S6：公司持续稳健经营与发展	W6：员工激励与晋升机制不完善

（三）2018 年度经营环境综合分析

信睿科技 2018 年度 SWOT 分析如表 8－36、表 8－37 所示。

表 8－36　信睿科技 2018 年度 SWOT 分析（1）

	S（优势）	W（劣势）
	S1：丰富的行业经验与专业资质 S2：大量的上海客户积累，标杆案例多 S3：专业的行业解决方案设计，项目实施交付能力较强 S4：资源整合能力强，公共关系深厚 S5：长期的华为战略合作伙伴关系 S6：公司持续稳健经营与发展	W1：项目开拓能力比较弱，客户服务与项目后续开发不足 W2：专业技术人员缺乏 W3：供应商管理薄弱，缺乏供应商库 W4：项目质量意识差，质量体系缺失 W5：管理人员管理水平不足，管理效率不高 W6：员工激励与晋升机制不完善
O（机会）	SO（增长型策略）	WO（扭转型策略）
O1：政府产业政策大力推行（智慧城市、物联网、互联网＋、数据中心、新型城镇化建设、国家 PPP 推广、教育、医疗、交通、政府信息化建设等） O2：长三角 GDP 的增长，为信息化业务带来了商机 O3：新经济形势的增长对高质量社会整体环境要求提高（社会舆论、信息的传播、公共服务、社区管理、智慧旅游、个人信息安全） O4：ICT 从硬件到软件转型	见表 8－37	见表 8－37
T（威胁）	ST（多元化策略）	WT（防御型策略）
T1：同行业技术创新的竞争和技术抄袭能力的泛滥 T2：国产自主知识产权水平的提升，国内创新技术、知名品牌越来越多，行业竞争加剧 T3：技术专长的人才缺乏及流动 T4：营改增导致企业税负率的增加	见表 8－37	见表 8－37

表8－37　信睿科技2018年度SWOT分析（2）

SO（增长型策略）	WO（扭转型策略）
S1O1：准备系统集成、安防、智能化资质升级申报 S1O1：现有业务的升级：打造IASS＋PASS层标杆项目 S1O1：建设1～2个县级智慧城市标杆项目 S1O2：建立上海客户标杆案例，打造行业上海模式，组织技术交流及研讨会 S1O3：建立智慧城市软件生态圈，并集中展示 S1O4：开发1～2款具有核心竞争力的软件产品 S3O1：建立智慧城市各行业的专业解决方案及案例的标准模板（数据中心、云计算、PASS等） S4O1O2O3O4：明确战略合作伙伴策略，开拓3～4个战略合作伙伴（银江医疗、科大讯飞、有生博大等） S4O1O2O3O4：开展业务相关行业品牌拉通活动，做好客户重大节日关怀 S5O1O2O3O4：进入华为云计算与大数据生态圈 S6O1O2O3O4：打造信睿科技核心竞争力，加强品牌建设	W1O1：引进行业销售精英 W1O1：优化业务人员激励机制 W1O2：将上海模式复制到分公司 W1O2：开拓智慧城市总包方，建立战略合作伙伴关系 W4O1：成立质量委员会，建立质量管理体系 W5O1：加强销售市场的细分及覆盖，精耕细作 W6O1：建立全员绩效管理体系 W6O3O4：制定专利奖励机制 W6O3O4：制定核心技术人员中长期激励机制 W6O3O4：制定技术人员晋升发展通道
ST（多元化策略）	**WT（防御型策略）**
S1T1：加强公司核心技术及专利的保护 S1T1：建立行业生态链，以产品和技术的组合来打击竞争对手的单一能力 S1T3：尽快建立公司实验环境和实验教材，加快内部技术人才培养 S1T4：建立报价审核体系（合同清单把设备、服务、工程类分开） S5T1：准备申请华为服务资质	W1T2：增加具有一定行业影响力知识产权（著作权、专利）10个左右 W1T4：通过增加软件，销售降低税负 W2T1T2T3T4：招募行业技术精英 W3T1T2T3T4：建立合格供应商库，核心产品确定2个以上战略合作供应商 W4T1T2T3T4：推进项目交付及客户服务标准化、可视化、书面化执行 W5T1T2T3T4：引入管理精英，利用外部优势资源，打造核心团队

二、信睿科技2018年度竞争态势分析及策略规划

（一）2018年度行业关键成功因素及竞争态势分析

信睿科技2018年度行业关键成功因素及竞争态势分析如表8－38至表8－42所示。

表8－38　行业关键成功因素识别及定义

重要性排序	关键成功因素（KSF）	关键成功因素说明	重要性				
			一组	二组	三组	四组	平均
1	项目获取能力	项目信息获取、项目开发、市场推广	6	6	6	6	6.00
2	技术服务能力	售前解决方案能力、交付服务能力、运维服务能力、研发能力	5	4	4	4	4.25

续表

重要性排序	关键成功因素（KSF）	关键成功因素说明	重要性				
			一组	二组	三组	四组	平均
3	规范管理能力	管理体系、管理人才、执行团队、激励措施、成本控制	1	5	5	5	4.00
4	资源整合能力	合作伙伴产品整合、软件资源整合、硬件资源整合、智慧城市软件整合、华为平台整合	4	3	3	3	3.25
5	资本运作能力	智慧城市资金提供方、融资能力、银行借贷能力	3	2	1	2	2.00
6	品牌影响力	成功案例、公司资质、人员资质	2	1	2	1	1.50

表 8－39 行业竞争态势分析（政府客户）

重要性排序	KSF	信睿科技得分	对手得分	差额	竞争态势				竞争策略
					SW	WW	WS	SS	
1	项目获取能力	4.0	3.0	1.0	√				领先
2	技术服务能力	4.5	3.0	1.5	√				领先
3	规范管理能力	2.5	4.0	－1.5			√		跟随
4	资源整合能力	3.0	4.5	－1.5			√		领先
5	资本运作能力	2.0	4.0	－2.0			√		跟随
6	品牌影响力	3.0	4.0	－1.0			√		跟随

表 8－40 行业竞争态势分析（企业客户）

重要性排序	KSF	信睿科技得分	对手得分	差额	竞争态势				竞争策略
					SW	WW	WS	SS	
1	项目获取能力	3.0	4.0	－1.0			√		维持
2	技术服务能力	3.5	3.8	－0.3				√	领先
3	规范管理能力	3.3	4.4	－1.1			√		跟随
4	资源整合能力	3.4	4.3	－0.9			√		维持
5	资本运作能力	3.5	4.5	－1.0			√		维持
6	品牌影响力	3.0	4.0	－1.0			√		维持

表8-41 行业竞争态势分析(医疗卫生客户)

重要性排序	KSF	信睿科技得分	对手得分	差额	竞争态势				竞争策略
					SW	WW	WS	SS	
1	项目获取能力	4.0	3.0	1.0	√				领先
2	技术服务能力	3.0	2.0	1.0	√				领先
3	规范管理能力	3.0	4.0	-1.0			√		跟随
4	资源整合能力	5.0	3.5	1.5	√				领先
5	资本运作能力	4.0	2.0	2.0	√				领先
6	品牌影响力	4.0	4.0	0.0				√	领先

表8-42 行业竞争态势分析(教育客户)

重要性排序	KSF	信睿科技得分	对手得分	差额	竞争态势				竞争策略
					SW	WW	WS	SS	
1	项目获取能力	3.0	3.5	-0.5			√		领先
2	技术服务能力	4.0	4.0	0.0				√	领先
3	规范管理能力	2.5	5.0	-2.5			√		跟随
4	资源整合能力	4.0	3.5	0.5	√				领先
5	资本运作能力	2.5	2.5	0.0		√			领先
6	品牌影响力	3.0	2.5	0.5	√				领先

(二)2018年度竞争策略规划

信睿科技2018年度竞争策略规划如表8-43至表8-46所示。

表8-43 2018年度竞争策略规划(政府客户)

KSF	竞争策略	竞争策略实施计划
项目获取能力	领先	(1)挖掘行业销售精英团队 (2)项目提前报备 (3)加强与厂家战略合作及互动 (4)加强与客户及专家的互动
技术服务能力	领先	(1)挖掘行业技术精英团队 (2)参加厂家技术培训及获取厂家工程师认证
规范管理能力	跟随	(1)请管理顾问团队 (2)制定技术交付、市场销售、日常运营管理规范
资源整合能力	领先	加强合作伙伴的战略合作
资本运作能力	跟随	(1)利用外部资本 (2)利用银行等金融机构获取部分资金 (3)加强市值管理
品牌影响力	跟随	品牌推广、新媒体、行业展会、技术论坛

表8-44　2018年度竞争策略规划（企业客户）

KSF	竞争策略	竞争策略实施计划
项目获取能力	维持	（1）继续在政府、医疗、教育行业深挖，不断寻找新的新型企业（大数据、信息化）进行突破 （2）与数据安全厂家进行深入合作，响应国家关于信息安全战略的部署 （3）建设和推广信睿科技数据中心标准模式
技术服务能力	领先	（1）提升员工华为认证持证比例，技术部门员工每年至少一次华为HCNP的认证培训，每个人积累至少3个相当于华为HCNP认证证书 （2）研发部应根据市场需求，研发落地云维、VR数据中心体验平台等，保持技术的领先
规范管理能力	跟随	（1）加强项目管控措施：项目部要严格按照工程管理规范，做到资料规范、工艺规范、如期交付 （2）加强公司制度管理：让晋升、激励的制度深入人心，增加狼性
资源整合能力	维持	（1）整合供应商资源：在项目中，应以公司为主导，如某些项目中，部分供应商提出了不合理的诉求，导致项目运营出现负面因素 （2）理顺采购程序，建立信睿科技大供应商服务体系，促进公司与供应商一起承担、一起成长的良性循环
资本运作能力	维持	（1）建立熟悉资本运作的团队，适时补充专业财务总监1名 （2）加大风险控制监督，适时引入律师团队 （3）引进资本，为公司业务提供助力
品牌影响力	维持	（1）以建立信睿科技数据中心产品（门禁、机柜、配电）等硬件为契机，扩大品牌影响 （2）以信睿科技云维软件平台等软件产品为推手，前期免费推广给驻点用户使用自营平台管控设备

表8-45　2018年度竞争策略规划（医疗卫生客户）

KSF	竞争策略	竞争策略实施计划
项目获取能力	领先	（1）建立智慧医疗PaaS和大数据解决方案和产品，让我们市场人员有案例、有产品去推广 （2）派专业售前工程师驻点服务客户，配合客户做老项目优化建议、调研方案、可行性方案、项目建议书等服务 （3）与核心客户组织互动活动，进行最新解决方案的技术交流研讨
技术服务能力	领先	（1）尽快建立核心技术团队，通过招聘或者去其他知名公司挖人 （2）年度按每月一次培训医疗相关技术，由传统的被动服务变为主动服务 （3）找外部医疗厂家建立合作，提供技术支持 （4）深入研究医疗行业服务的特点，有针对性地提供服务

续表

KSF	竞争策略	竞争策略实施计划
规范管理能力	跟随	(1) 学习华为医疗管理团队售前、开发、售后相关管理规范 (2) 针对公司的团队特点，先重点培养管理层人员 (3) 利用华为提升公司规范管理能力
资源整合能力	领先	(1) 与华为团队的医疗人员深层次合作，把公司智慧医疗产品写入华为智慧城市当中去推广 (2) 开发更专业的医疗单位
资本运作能力	领先	(1) 与大型厂家战略合作，把账期尽量做到3～4个月，甚至更长时间 (2) 拉投资，引进外部投资
品牌影响力	领先	(1) 定期组织客户参观公司及核心战略合作伙伴（如华为）的成功案例 (2) 利用信息化圈子的权威人士，进行口碑宣传

表8-46　2018年度竞争策略规划（教育客户）

KSF	竞争策略	竞争策略实施计划
项目获取能力	领先	(1) 守好老客户，不丢失 (2) 攻克市场领域内标杆客户、确定领域影响力 (3) 每两个区域至少配备1个销售，3个销售配备1个专职售前
技术服务能力	领先	(1) 补充技术人员：至少增加3名有经验的售前人员，每月出具一个有价值、可推广的成熟解决方案，每人每月至少完成4个售前方案设计 (2) 项目经理加强项目管理规范，出具项目管理标准化操作手册，技术人员需要考取至少1个高级证书，建立IT实验室组织技术研讨会及实际操作培训会、技能考试及比拼 (3) 售后运维人员制定运维人员标准操作手册，完整的客户服务计划，每周必须回访5个以上老客户且形成完整报告，每月至少1个二次销售信息
规范管理能力	跟随	(1) 优化业务流程，规范工作表单 (2) 绩效考核、激励 (3) 优秀管理人才引进
资源整合能力	领先	(1) 加强跟华为的紧密合作，建立专职的华为IT服务职能部门 (2) 各大型供应商的战略合作，每个产品开发2～3个优选供应商 (3) 合作伙伴的开拓：智慧城市合作伙伴的开拓，日常业务合作伙伴的增加
资本运作能力	领先	(1) 加强市值管理 (2) 财务管理 (3) 成本控制
品牌影响力	领先	(1) 组织行业技术研讨会 (2) 每个项目获取客户表扬信或感谢信

（三）2018 年度职能战略规划

信睿科技 2018 年度职能战略规划如表 8－47 所示。

表 8－47　2018 年度职能战略规划

职能战略		职能战略实施计划
运营管理	市场推广	（1）加强信睿科技品牌推广 （2）客户信息库管理及每周须更新通报 （3）公司对外资料统一标准化、建立资料资源库 （4）建立定制化礼品库、市场推广活动流程标准化 （5）协助销售建立客户人际关系库（每周向销售及技术服务人员收集最新人际关系） （6）通过战略合作伙伴，推广公司解决方案，资源整合，利益共同化
	客户服务	（1）监督市场部及运维部出具客户运维计划表，分出重要性级别，按照重要性调配内部人员，每周收集客户服务情况汇报 （2）定期组织客户研讨、培训、参观等商务活动 （3）专业售前工程师定期驻点配合客户做需求调研、设计方案及建议书等招标书 （4）大客户专门派专业售后人员驻点服务 （5）公司高层领导定期拜访大客户 （6）大客户免费送运维软件使用半年或一年
研发管理	产品开发	（1）智慧城市 PaaS 层工作流，与 form 表单组件 （2）大数据可视化产品研发 （3）运维生态系统
信息管理	IT 软件、硬件	（1）ERP 软件每个部门都正式使用起来 （2）专人负责公司 ERP 软件运维，增加移动端（App）的功能 （3）公司的无线网络进行改造 （4）ERP 系统增加功能，如客户生日日期，在生日递送祝福等 （5）建立公司 IT 实验室 （6）ERP 系统增加专业的客户关系管理系统，厂商资源库，合作伙伴资源库，专家资源库
	信息系统实施与集成	（1）公司数据机房产品进行信睿科技品牌化 （2）公司展厅优化，加入 VR 体验、运维产品展示，两侧增加展示屏 （3）政府、医疗、教育 IAAS 平台成功案例展示，应用系统
采购管理	供应商开发	（1）确立分行业的主流产品战略合作供应商，每个行业至少 10 个主流产品 （2）增加与供应商合作开发项目，类似与华为合作模式 （3）同等级常用产品至少开发三家供应商，进行性价比分析
	采购实施与采购成本控制	（1）采购参与售前工作，项目前期就进行成本管控 （2）理顺采购流程，建立成本控制铁三角：采购、技术、销售 （3）建立内控审查机制，对采购、仓管等进行稽查 （4）建立预决算独立部门，对采购、项目实施进行稽查 （5）在公司合适的阶段，采购部分专业进行稽查 （6）投标成本核算时考虑运维成本

续表

职能战略		职能战略实施计划
人力资源	培训发展	(1) 每周 Java 开发人员小技术点培训，每一个月进行技术综合培训 (2) 每季度对公司所有员工培训公司发展战略及目标，统一思想 (3) 每月对项目实施管理人员及工程师按公司项目管理流程进行培训，实现标准化 (4) 每个项目启动时都必须实施安全培训，重大项目实施做到充分授权 (5) 新员工的入职培训、公司制度、财务制度、市场制度、交付规范等
	员工激励	(1) 进行每季度技术比赛，综合技术比赛 (2) 项目提成制度标准化、数字化，做到奖惩明确 (3) 客户满意度高的做当月奖励，满意度不合格的当月罚款 (4) 骨干员工的长期激励
财务管理	预算管理	财务部牵头由各部门配合按月度及年度形成预算管理体系，从上到下，包括收入成本及期间费用预算
	成本及费用管理	(1) 成本控制：投标前多家询价比较根据公司要求的毛利投标，不仅考虑产品成本，还要计算人力运维成本 (2) 事中控制：期间费用控制 (3) 费用根据不同人员给一定定额 (4) 增加项目成本稽查部门，用 ERP 来管理公司项目成本 (5) 项目相关人员参与项目成本核算，需要有公司统一的计算公式
	财务核算	(1) 根据会计准则规范核算 (2) 并按项目进行核算准确的成本及利润

三、信睿科技发展战略及商业模式思考

（一）发展战略梳理（略）

（二）商业模式创新（略）

四、信睿科技 2018 年度战略地图及目标分解

（一）2018 年度战略地图输入识别

信睿科技 2018 年度战略地图输入识别如表 8－48 所示。

表 8－48　2018 年度战略地图输入识别

来源	工作事项	对应战略主题
竞争策略规划	建立公司绩效管理制度	9.2
竞争策略规划	优化业务流程，规范工作表单；制定技术交付、市场销售、日常运营管理规范	8.2
竞争策略规划	完善员工激励机制：让晋升、激励的制度深入人心	9.1

续表

来源	工作事项	对应战略主题
竞争策略规划	加强项目管控措施	7.1
竞争策略规划	针对公司的团队特点，先重点培养管理层人员	9.4
竞争策略规划	根据市场需求，研发落地运维、VR 数据中心体验平台等，保持技术的领先	5.1
竞争策略规划	尽快建立核心技术团队，通过招聘或者去其他知名公司挖人	9.4
竞争策略规划	以信睿科技运维软件平台等软件产品为推手，前期免费推广给驻点用户使用自营平台管控设备	6.1
竞争策略规划	以建立信睿科技数据中心产品硬件为契机，扩大品牌影响	6.1
竞争策略规划	引进外部资本，利用银行等金融机构获取部分资金	3.1
竞争策略规划	合作伙伴的开拓：智慧城市合作伙伴的开拓，日常业务合作伙伴的增加	6.2
内部利益相关者分析	公司提供适合当地市场拓展的销售政策	6.2
内部利益相关者分析	建立分公司规范管理制度；月度会议、季度会议、邮件沟通、电话沟通等	8.3
内部利益相关者分析	公司根据 IPO 要求来规范各项体系建设，努力达到上市各项标准要求	3.2
内部利益相关者分析	公司会合理控制人力成本和采购成本，提供盈利最大化	2.1
内部利益相关者分析	ERP 执行；专人负责公司 ERP 软件运维，增加移动端的功能	10.1
内部利益相关者分析	建立职业发展机制，为每个人指定职业发展计划	9.3
内部利益相关者分析	完善薪酬体系；提供高于市场平均值的薪酬待遇；提供各项活动、培训和福利给予大家	9.1
内部利益相关者分析	优化业务提成制度；超额完成业绩，公司按超额部分发放超额提成	9.1
外部利益相关者分析	整合智慧城市稳定运行软件大概 50 多种；增加智慧城市展厅的各类软件产品展示	5.3
外部利益相关者分析	制定合作伙伴合作策略，根据实际项目按市场规则比例给予优惠	6.2
外部利益相关者分析	提高交付服务团队能力及人员数量达到 50 人	7.1
职能战略规划	大数据可视化产品研发	5.1
职能战略规划	智慧城市 PaaS 层工作流，与 form 表单组件	5.1
职能战略规划	安全产品 OEM 的规划管理	5.1
职能战略规划	远程教育	5.1
职能战略规划	项目中使用率高的硬件主流产品研发	5.1
职能战略规划	远程医疗	5.1
职能战略规划	政府网格化管理	5.1
职能战略规划	确立分行业的主流产品战略合作供应商，每个行业至少 10 个主流产品；建立战略合作供应商，每季度开发至少一个	7.2
职能战略规划	加强信睿科技品牌推广（资质升级及增加、公司网站、微信平台推广、大型展会、新媒体、电视台、公司杂志、电子报、知名杂志投稿、上海知名品牌的申请）	6.1

续表

来源	工作事项	对应战略主题
职能战略规划	融资包括股权融资及债权融资：股权融资主要做第二轮定增；债权融资要拓宽融资渠道及方式	3.2
职能战略规划	公司数据机房产品进行信睿科技品牌化	6.1
职能战略规划	政府、医疗、教育 IAAS 平台成功案例展示，应用系统	5.3
职能战略规划	由财务部牵头、各部门配合，按月度及年度形成预算管理体系，从上到下（管理费用），包括收入成本及期间费用预算（项目成本）	2.2
内部问题识别	没有建立客户资源库，没有客户情报分析报告	6.3
内部问题识别	没有制定规范的年度经营计划、详细的年度执行计划措施	8.1
内部问题识别	商业模式不清晰，还在摸索阶段，没有明确的时间节点，人才战略、盈利模式单一	8.1
内部问题识别	售后服务体系未建立导致老客户丢失	7.4
内部问题识别	没有成立质量管理委员会	7.3
SWOT 分析	准备系统集成、安防、智能化资质升级申报	6.4
SWOT 分析	现有业务的升级：打造 IASS + PASS 层标杆项目	4.1.3，4.2.3
SWOT 分析	建设 1 ~ 2 个县级智慧城市标杆项目	4.3.3
SWOT 分析	建立上海客户标杆案例，打造行业上海模式，组织技术交流及研讨会	6.5
SWOT 分析	建立智慧城市软件生态圈，并集中展示	4.3.3
SWOT 分析	开发 1 ~ 2 款具有核心竞争力的软件产品	5.1
SWOT 分析	建立智慧城市各行业的专业解决方案及案例的标准模板（数据中心、云计算、PASS 等）	6.5
SWOT 分析	明确战略合作伙伴策略，开拓 3 ~ 4 个战略合作伙伴	6.2
SWOT 分析	开展业务相关行业品牌拉通活动，做好客户重大节日关怀	6.1
SWOT 分析	进入华为云计算与大数据生态圈	5.1
SWOT 分析	组织客户到华为参观交流	6.1
SWOT 分析	与华为共同开展品牌活动	6.1
SWOT 分析	打造信睿科技核心竞争力，加强品牌建设	6.1
SWOT 分析	引进行业销售精英	9.4
SWOT 分析	优化业务人员激励机制	9.1
SWOT 分析	将上海模式复制到分公司	8.3
SWOT 分析	开拓智慧城市总包方，建立战略合作伙伴关系	6.2
SWOT 分析	成立质量委员会，建立质量管理体系	7.3
SWOT 分析	加强销售市场的细分及覆盖，精耕细作	4.1.2，4.2.2
SWOT 分析	建立全员绩效管理体系	9.2
SWOT 分析	加强公司核心技术及专利的保护	5.4
SWOT 分析	建立报价审核体系（合同清单把设备、服务、工程类分开）	2.3

续表

来源	工作事项	对应战略主题
SWOT 分析	准备申请华为服务资质	6.4
SWOT 分析	增加具有一定行业影响力知识产权（著作权、专利）10 个左右	5.4
SWOT 分析	增加软件销售，降低税负	2.3
SWOT 分析	招募行业技术精英	9.4
SWOT 分析	建立合格供应商库，核心产品确定 2 个以上战略合作供应商	7.2
SWOT 分析	推进项目交付及客户服务标准化、可视化、书面化执行	7.1
SWOT 分析	引入管理精英，利用外部优势资源，打造核心团队	9.4
SWOT 分析	制定核心技术人员中长期激励机制	9.1
SWOT 分析	制定技术人员晋升发展通道	9.3

（二）2018 年度战略地图

信睿科技 2018 年度战略地图如图 8－8 所示。

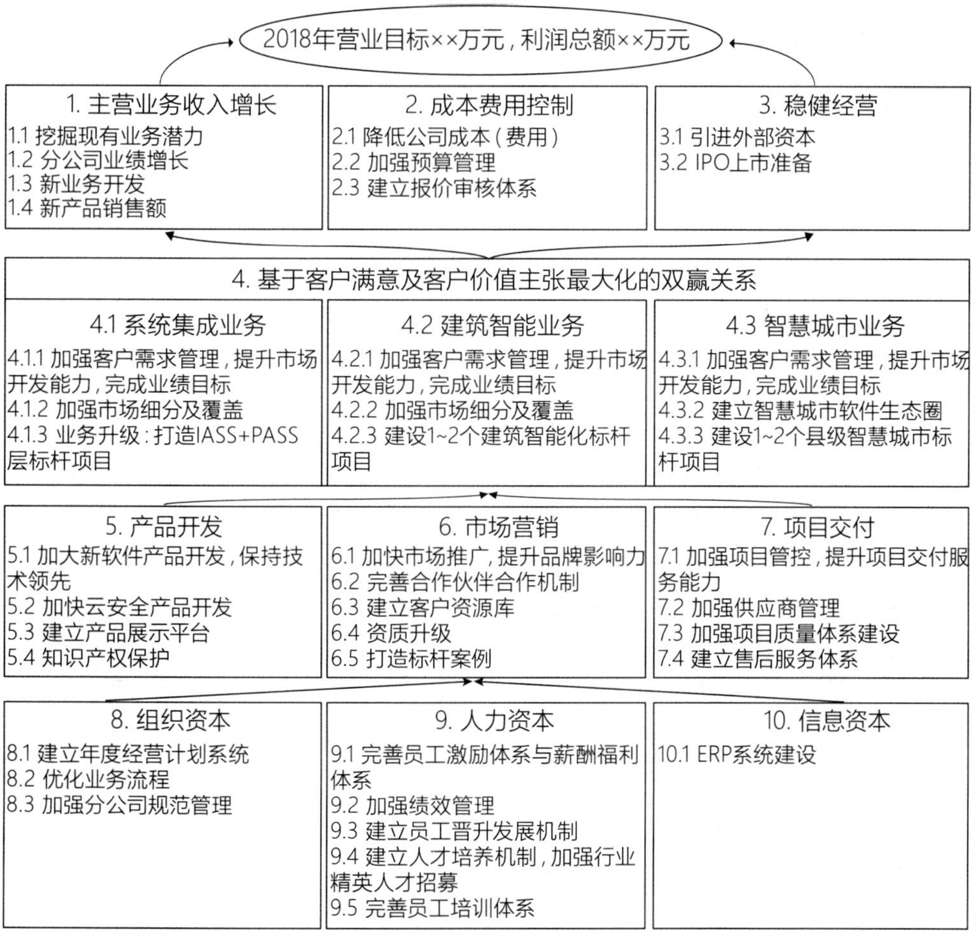

图 8－8　2018 年度战略地图

(三)2018 年度目标分解

信睿科技 2018 年度目标分解如表 8-49 所示。

表 8-49　2018 年度目标分解

一级战略主题	二级战略主题	衡量指标	单位	年度目标	总经理	销售中心	解决方案中心	采购中心	运营中心	客服中心	研发中心	行政人事中心	财务中心
2018 年公司营业收入××万元，净利润××万元		营业收入	万元										
		净利润	万元										
1. 主营业务收入增长	1.1 挖掘现有业务潜力	现有业务增长比例	%										
		现有业务收入	万元										
	1.2 分公司业务增长	分公司业务收入	万元										
	1.3 新业务开发	新业务收入	万元										
	1.4 新产品销售额	新产品销售收入	万元										
2. 成本费用控制	2.1 降低公司成本费用	平均项目毛利率	%										
		自有项目材料采购成本降低率	%										
		管理费用降低率	%										
	2.2 加强预算管理	—											
	2.3 建立报价审核体系	—											
3. 稳健经营	3.1 引进外部资本	—											
	3.2 IPO 上市准备	—											
4.1 系统集成业务	4.1.1 加强客户需求管理，提升市场开发能力，完成业绩目标	现有业务收入	万元										
		新业务收入	万元										
		新产品销售收入	万元										

续表

一级战略主题	二级战略主题	衡量指标	单位	年度目标	总经理	销售中心	解决方案中心	采购中心	运营中心	客服中心	研发中心	行政人事中心	财务中心
4.1 系统集成业务	4.1.2 加强市场细分及覆盖	核心大客户覆盖率	%										
	4.1.3 业务升级:打造IASS + PASS 层标杆项目	落地标杆项目数量	个										
4.2 建筑智能业务	4.2.1 加强客户需求管理，提升市场开发能力，完成业绩目标	现有业务收入	万元										
		新客户开发数量	个										
		新产品销售收入	万元										
	4.2.2 加强市场细分及覆盖	行业核心大客户覆盖率	%										
	4.2.3 建设1～2个建筑智能化标杆项目	建筑智能化标杆项目数量	个										
4.3 智慧城市业务	4.3.1 加强客户需求管理，提升市场开发能力，完成业绩目标	新业务收入	万元										
		新客户开发数量	个										
		新产品销售收入	万元										
	4.3.2 建立智慧城市软件生态圈	—											
	4.3.3 建设1～2个县级智慧城市标杆项目	县级智慧城市标杆项目	个										
5. 产品开发	5.1 加大新软件产品开发，保持技术领先	云安全产品合作	—										
		华为云计算与大数据生态圈	—										
	5.2 硬件开发	使用率高的硬件主流产品开发	个										
	5.3 建立产品展示平台	建立 VR 数据中心体验平台	—										
		行业 IAAS 平台标杆案例建设	个										
	5.4 知识产权保护	申请专利数量	个										
		申请软件著作权数量	个										

续表

一级战略主题	二级战略主题	衡量指标	单位	年度目标	总经理	销售中心	解决方案中心	采购中心	运营中心	客服中心	研发中心	行政人事中心	财务中心
6. 市场营销	6.1 加快市场推广，提升品牌影响力	运维软件产品的使用客户量	个										
		信睿科技品牌推广计划											
		行业品牌拉通计划											
	6.2 完善合作伙伴合作机制	合作伙伴合作机制											
		开拓项目型合作伙伴数量	个										
		开拓行业战略合作伙伴数量	个										
	6.3 建立客户资源库												
	6.4 资质升级	安防一级	完成时间										
		智能化一级	完成时间										
		准备系统集成一级											
	6.5 打造标杆案例	智慧城市标准解决方案											
		智慧教育标准解决方案											
7. 项目交付	7.1 加强项目管控，提升项目交付服务能力	编制项目管理标准化操作手册											
		解决方案及时完成率	%										
	7.2 加强供应商管理	建立合格供应商库											
		战略合作供应商的开发数	个										
	7.3 加强项目质量体系建设	成立质量委员会，建立质量管理体系											
	7.4 建立售后服务体系	建立售后服务体系											
		客户咨询/客诉处理及时率	%										

续表

一级战略主题	二级战略主题	衡量指标	单位	年度目标	总经理	销售中心	解决方案中心	采购中心	运营中心	客服中心	研发中心	行政人事中心	财务中心
8. 组织资本	8.1 建立年度经营计划	年度经营计划实施时间											
	8.2 优化业务流程	流程优化											
	8.3 加强分公司规范管理	建立分公司管控模式											
9. 人力资本	9.1 完善员工激励体系与薪酬福利体系	完善员工激励体系（业务提成、项目奖励、中长期激励等）											
		完善薪酬福利体系											
	9.2 加强绩效管理	完善绩效管理体系											
	9.3 建立员工晋升发展机制	建立员工晋升发展机制											
	9.4 建立人才培养机制，加强行业精英人才招募	精英人才培养计划											
		引进行业销售精英人数	个										
		引进行业技术精英人数	个										
		引进管理精英人数	个										
	9.5 完善员工培训体系	员工年度培训计划											
10. 信息资本	10.1 ERP 系统建设	ERP 系统全面使用											
		ERP 系统 App 上线时间	完成时间										

五、信睿科技2018年度业务计划及经营预算

（一）2018年度业务计划规划

信睿科技2018年度业务计划清单如表8－50所示。

表8－50　2018年度业务计划清单

业务计划类型	业务计划名称	责任部门	备注
市场营销	《2018品牌推广计划及预算》	运营部	
	《2018市场开发计划及预算》	销售部	
产品研发	《2018年产品研发计划》	研发部	
项目交付	《2018年公司采购计划及预算》	采购部	
	《2018年公司项目交付计划及预算》	服务部	
财务预算	《2018年公司经营预算》	财务部	
人力资源及行政、IT	《2018年公司人员需求和招聘计划》	人事部	
	《2018年公司培训计划及预算》	人事部	
	《2018年员工薪酬福利及激励计划》	人事部	
	《2018年ERP平台实施计划》	研发部	

（二）2018年度业务计划履历表（略）

（三）2018年度经营预算（略）

六、信睿科技2018年度经营计划实施平台规划

（一）2018年度流程优化规划

信睿科技2018年度流程（制度）优化清单如表8－51所示。

表8－51　2018年度流程（制度）优化清单

序号	流程名称	责任人	完成时间规划
1	《项目报备制度》		2018年3月31日
2	《运维服务标准化操作手册V1.0》		2018年3月31日
3	《项目管理标准化操作手册V1.0》		2018年3月31日
4	《公司业务流程优化手册》		2018年9月31日
5	《分公司规范管理手册》		2018年4月30日
6	《合作伙伴合作制度》		2018年12月31日
7	《客户满意度管理制度》		2018年12月31日
8	《在建项目考评办法》		2018年12月31日
9	《项目质量管理制度》		2018年12月31日

续表

序号	流程名称	责任人	完成时间规划
10	《报价审核管理办法》		2018 年 12 月 31 日
11	《产品研发流程（包括表单）》		2018 年 12 月 31 日
12	《核心技术原代码管理办法》		2018 年 12 月 31 日
13	《采购业务管理流程》		2018 年 3 月 31 日
14	《外包方管理办法》		2018 月 12 年 31 日
15	《采购招投标管理办法》		2018 年 3 月 31 日
16	《公司绩效考核管理制度》		2018 年 4 月 30 日
17	《员工激励制度》		2018 年 4 月 30 日
18	《员工福利管理办法》		2018 年 4 月 30 日
19	《员工薪酬管理制度》		2018 年 6 月 30 日
20	《档案文件管理办法》		2018 年 3 月 31 日
21	《会议管理制度》		2018 年 4 月 30 日
22	《采购/仓管内审办法》		2018 年 9 月 30 日
23	《费用管理办法》		2018 年 6 月 30 日
24	《预算管理流程》		2018 年 12 月 30 日

（二）2018 年度组织优化规划（略）

（三）2018 年度关键岗位素质提升规划

信睿科技 2018 年度关键岗位素质提升规划如表 8－52 所示。

表 8－52　2018 年度关键岗位素质提升规划

员工类别	素质短板	素质提升措施
管理干部	—	（1）管理干部任职资格 （2）管理知识读本 （3）领航计划（1 次/季，管理技巧培训）
技术人员	—	（1）建立技术人员发展通路 （2）实施“专业技术人员能力提升计划” （3）开展专业技术技能竞赛 （4）培养专业技术人才梯队
业务人员	—	（1）开展业务人员产品、专业技术、营销技巧等业务培训 （2）培养业务精英人员 （3）实施“业务精英培养计划”
储备干部	—	（1）实施“储备干部培养计划” （2）规划储备干部职业发展 （3）实施导师制

(四) 2018 年度员工激励规划

信睿科技 2018 年度员工激励体系规划如表 8－53 所示。

表 8－53　2018 年度员工激励体系规划

中心	员工类别	薪酬	短期激励	中期激励	长期激励
销售	业务人员	宽带薪酬	业务提成		期权、期股、股权
	非业务人员	宽带薪酬	绩效工资	年终奖金	—
技术	研发人员	宽带薪酬	绩效工资或项目分配奖励	年终奖金、专利奖金、新产品贡献奖励、技术创新奖励	期权、期股、股权
交付服务	项目交付人员	宽带薪酬	项目分配奖励	年终奖金	期权、期股、股权
	售后服务人员	宽带薪酬	绩效工资	年终奖金、客户服务奖励	期权、期股、股权
HR 及行政/财务投资	专业人员	宽带薪酬	绩效工资	年终奖金、专项奖励（政府资助）	期权、期股、股权
	一般文员	宽带薪酬	绩效工资	年终奖金	—

七、信睿科技 2018 年度经营计划附件

信睿科技 2018 年度经营计划附件示意图如图 8－9 所示。

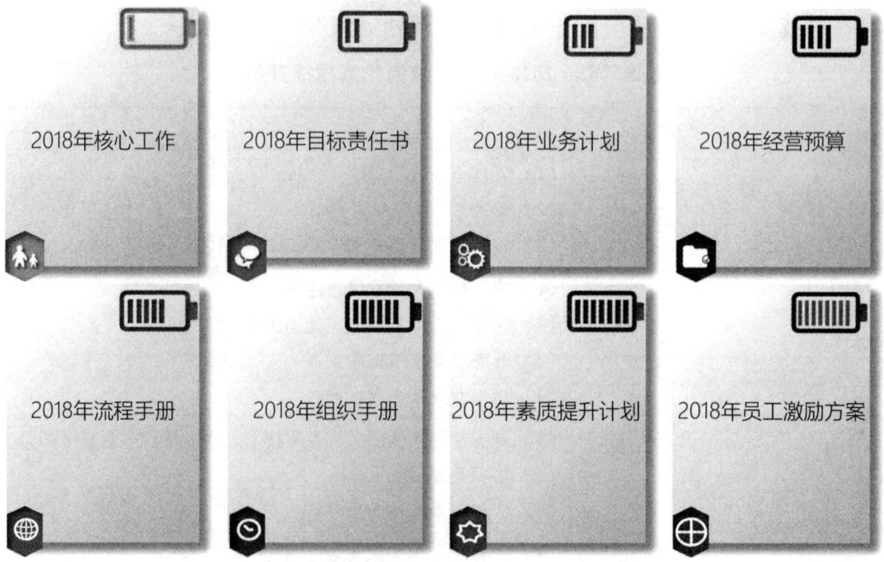

图 8－9　2018 年度经营计划附件示意图

扫码获取本书30种经典实战
三个完整案例149个可编辑图表

The Annual Business Plan Formulation and Management **第三节**

集团企业年度经营计划展示

宝辉集团是一家业务涵盖建设、地产开发、物业管理、商业、康养、商贸六大产业的集团企业，以下是我们帮助宝辉集团建设、地产开发、物业管理及集团总部规划的2020年度经营计划。①

一、宝辉集团总部2020年度战略地图及平衡计分卡

宝辉集团总部2020年度战略地图及平衡计分卡如图8－10、表8－54所示。

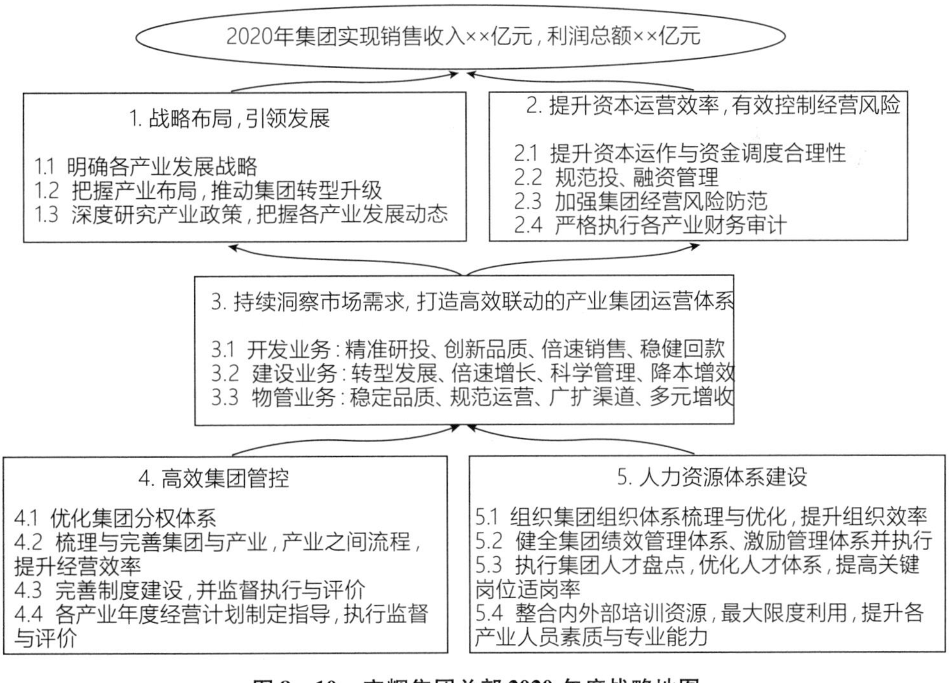

图8－10　宝辉集团总部2020年度战略地图

① 本案例仅展示“一图（年度战略地图）、一卡（年度平衡计分卡）”，其余内容略去。

表 8－54　宝辉集团总部 2020 年度平衡计分卡

一级战略主题	二级战略主题	衡量指标	年度目标	责任主体								
				集团总裁	建设公司	地产开发公司	物业管理公司	财务中心	组织发展中心	人力资源中心	审计监察中心	成本招采中心
2020 年集团实现销售收入××亿元，利润总额××亿元		集团年度收入	>××亿元	√								
		集团年度利润	>××亿元	√								
1. 战略布局，引领发展	1.1 明确各产业发展战略	产业发展战略报告发布时间	6 月 20 日						√			
	1.2 把握产业布局，推动集团转型升级	建设咨询服务产品上线时间	3 月 31 日		√							
		建设咨询服务收入	>××亿元		√							
	1.3 深度研究产业政策，把握各产业发展动态	产业政策研讨会组织次数	>1 次/季度						√			
2. 提升资本运营效率，有效控制经营风险	2.1 提升资本运作与资金调度合理性	流动资产周转次数	>2.2 次					√				
		流动资金收益率	>20%					√				
	2.2 规范投、融资管理	投资收益率	>15%	√								
		融资成本率	<6.5%					√				
	2.3 加强集团经营风险防范	财务风险发生次数	0 次								√	
		法务风险发生次数	0 次								√	
	2.4 严格执行各产业财务审计	财务审计报告提交次数	>1 次/季度								√	

续表

一级战略主题	二级战略主题	衡量指标	年度目标	责任主体								
				集团总裁	建设公司	地产开发公司	物业管理公司	财务中心	组织发展中心	人力资源中心	审计监察中心	成本招采中心
3. 持续洞察市场需求，打造高效联动的产业集团运营体系	3.1 开发业务：精准研投、创新品质、倍速销售，稳健回款	开发业务年度销售收入	>××亿元			√						
		开发业务研发投入	>××亿元			√						
		应收账款金额	<××亿元			√						
	3.2 建设业务：转型发展、倍速增长、科学管理、降本增效	建设业务年度销售收入	>××亿元		√							
		建设咨询服务产品上线时间	3月31日		√							
		建设咨询服务收入	>××亿元		√							
	3.3 物管业务：稳定品质、规范运营、广扩渠道、多元增收	物管业务年度销售收入	>××亿元				√					
		物管业务多经收入	>××亿元				√					
4. 高效集团管控	4.1 优化集团分权体系	集团分权手册输出时间	1月31日						√			
	4.2 梳理与完善集团与产业，产业之间流程，提升经营效率	集团管控流程手册输出时间	1月31日						√			
		产业流程手册输出时间	3月31日		√	√	√		√			
	4.3 完善制度建设，并监督执行与评价	制度有效执行率	>90%		√	√	√	√	√	√	√	√

续表

一级战略主题	二级战略主题	衡量指标	年度目标	责任主体								
				集团总裁	建设公司	地产开发公司	物业管理公司	财务中心	组织发展中心	人力资源中心	审计监察中心	成本招采中心
4. 高效集团管控	4.4 各产业年度经营计划制定指导，执行监督与评价	各产业年度关键事项达成率	>90%		√	√	√		√			
		各产业年度计划实施有效性评价	>80 分		√	√	√					
5. 人力资源体系建设	5.1 组织集团组织体系梳理与优化，提升组织效率	集团组织体系发布时间	1 月 31 日							√		
	5.2 健全集团绩效管理体系、激励管理体系并执行	绩效体系实施有效性评价	>85 分							√		
		员工对薪酬的满意度	>75 分							√		
	5.3 执行集团人才盘点，优化人才体系，提高关键岗位适岗率	关键岗位空缺率	<5%							√		
		关键岗位适岗率	>85%							√		
	5.4 整合内外部培训资源，最大限度利用，提升各产业人员素质与专业能力	年度培训计划达成率	>95%							√		
		培训考核合格率	>85%							√		

二、宝辉集团地产开发公司 2020 年度战略地图

宝辉集团地产开发公司 2020 年度战略地图如图 8－11 所示。

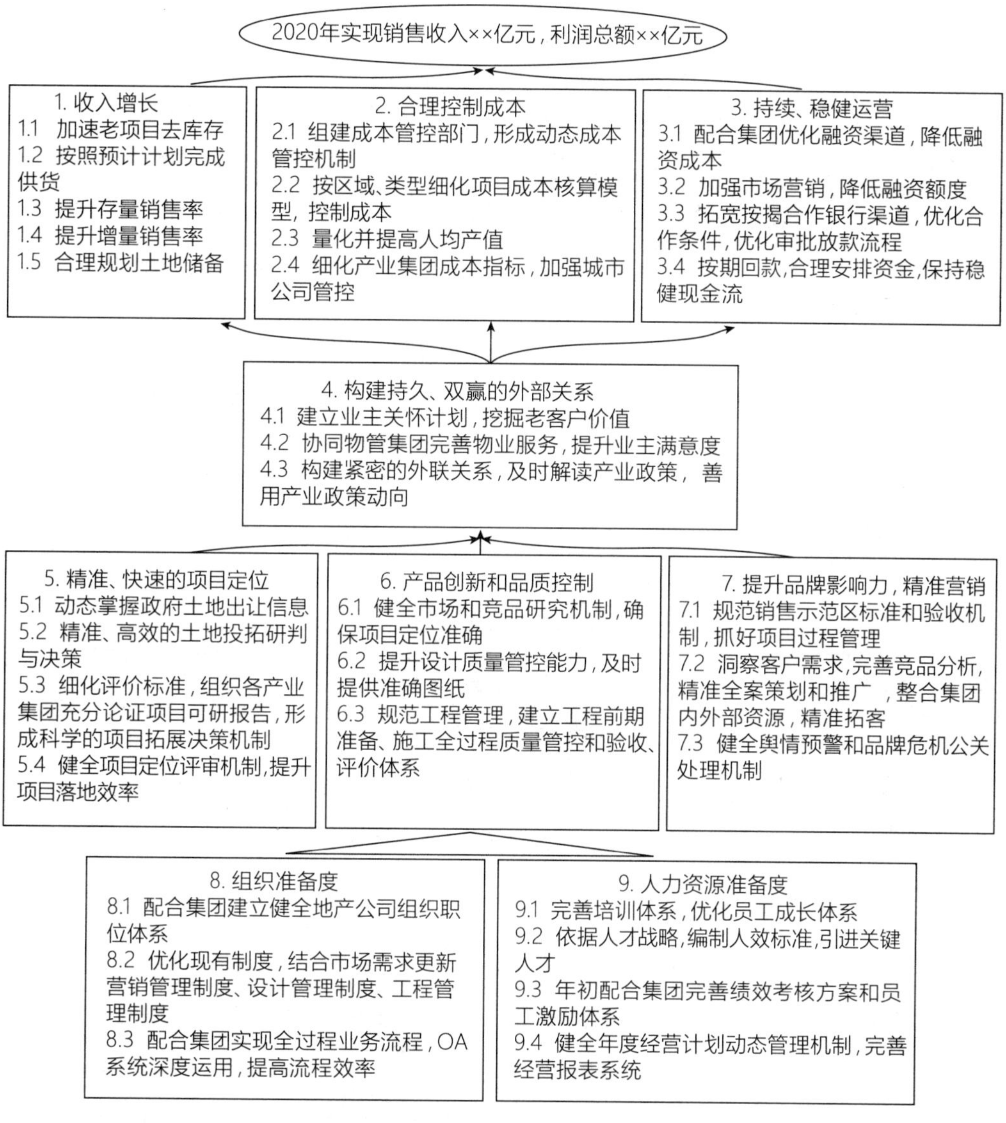

图 8－11　宝辉集团地产开发公司 2020 年度战略地图

三、宝辉集团建设公司 2020 年度战略地图

宝辉集团建设公司 2020 年度战略地图如图 8－12 所示。

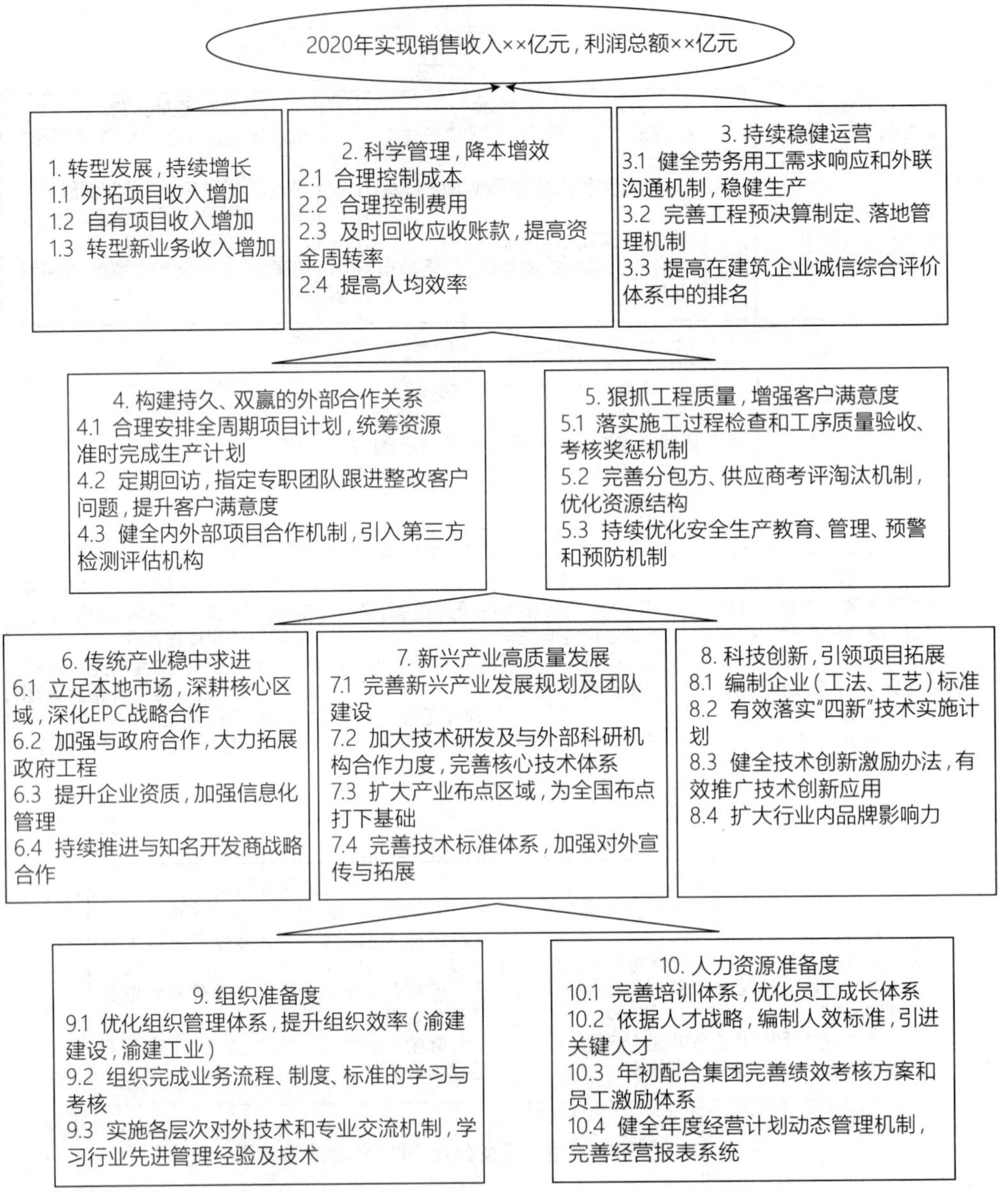

图 8－12　宝辉集团建设公司 2020 年度战略地图

四、宝辉集团物业管理公司 2020 年度战略地图

宝辉集团物业管理公司 2020 年度战略地图如图 8－13 所示。

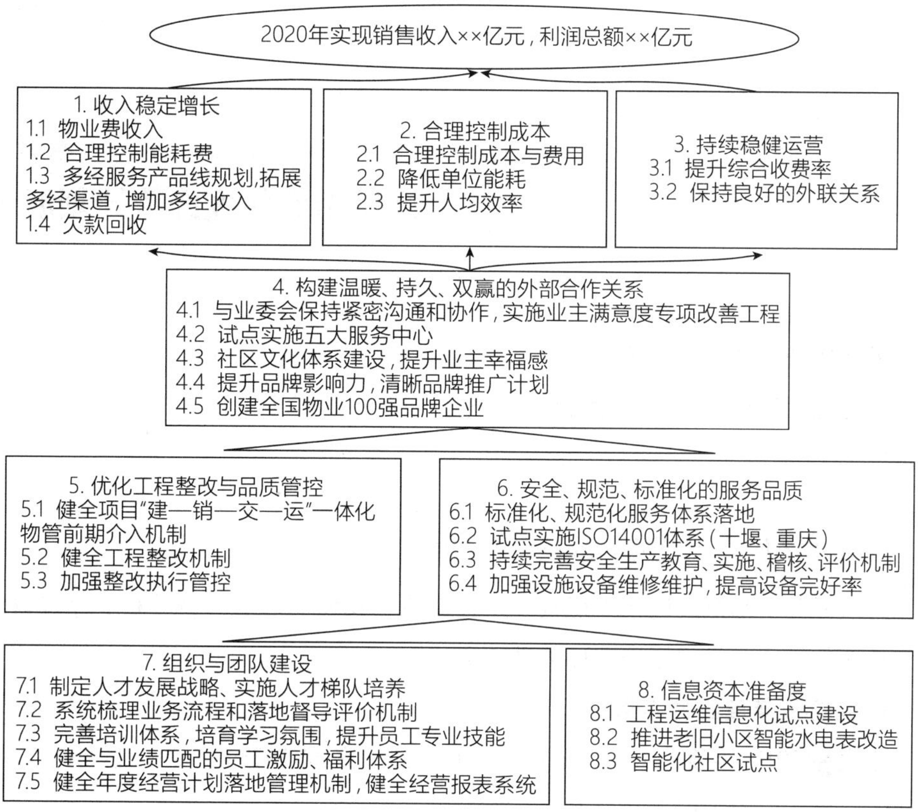

图 8－13　宝辉集团物业管理公司 2020 年度战略地图

扫码获取本书30种经典实战
三个完整案例149个可编辑图表

第四节 连锁企业年度经营计划展示

足之屋是一家专门从事足装连锁经营的企业，现有门店400余家，主要以加盟为主。足之屋倡导时尚、流行的经营策略，在产品研发上突出时尚与搭配，目标群体定位于15岁以上、45岁以下的女性。

一、足之屋2020年度经营环境分析

为了充分认知足之屋基本现状及经营环境，我们从年度经营分析、年度管理现状评价两个维度对足之屋经营环境进行了分析。

1. 足之屋年度经营态势分析

足之屋2019年度目标为20000万元，实际完成16384万元，目标达成率为81.9%，主要原因为以下几方面。

（1）组织能力成长缓慢。具体表现为：部门间协同不畅，运营效率低下；计划体系协调困难，计划达成率低；库存量过大、品种庞杂，库存处理无有效措施。

（2）供货能力不足。具体表现为：4—10月断货严重；不可断货商品断货严重超目标；补货效率低。

（3）门店拓展进展缓慢。具体表现为：全年撤店67家，展店78家，门店净增11家；展店目标达成率为32%（目标241家）；主动撤店44家，占65.6%，主动撤店比例偏高；主动撤店中，合作两年以上门店为20家，占45%。

（4）新品不给力。具体表现为：新品销售目标达成率低；新品上市订单完成率低。

2. 足之屋年度管理现状评价

足之屋年度管理现状评价如表 8－55 所示。

表 8－55　足之屋年度管理现状评价表

类别	存在问题	问题类型			
		系统紊乱	功能障碍	营养不良	成长烦恼
战略层面	单店盈利能力偏弱，“赢在终端”策略执行不足		√		
	年度经营计划执行检讨及监督机制不健全	√			
组织和人力资源	管理团队沟通协作意识、管理方法严重不足		√		
	关键岗位的适岗率低			√	
	员工激励不足	√			
	公司内部员工的成长偏慢，培训体系亟待健全		√		
	员工流失率比较高	√			
	缺乏规范的员工任职资格体系，影响员工的招聘、试用、培训与成长效率		√		
信息管理	信息系统数据查询界面不友好、报表和分析功能缺乏		√		
	公司信息系统对电脑周边环境要求高，不够稳定			√	
	业务管理流程信息化（OA）程度低，影响运营效率		√		
财务管理	提交公司财务报表时间滞后		√		
	对加盟商财务监控不足	√			
	预算体系缺失	√			
商品企划	产品线定位和规划思路不够清晰	√			
	新产品规划完成时间滞后		√		
	商品知识培训效果不足		√		
市场营销	公司展店区域覆盖结构不足、质量欠缺	√			
	加盟资源整合能力弱，加盟管理太被动		√		
	门店形象标准不统一，门店形象缺乏稽核体系，门店形象达标率低		√		
	门店服务渠道接口太多，服务效率低		√		
	包装、产品手册规划与营运协作不畅		√		
	客服专业性和标准化不够		√		

续表

类别	存在问题	问题类型			
		系统紊乱	功能障碍	营养不良	成长烦恼
商品供应	销售计划前瞻性不够，销售计划编制凭经验，沟通不足	√			
	销售计划执行监督和调控力不足		√		
	采购交期计划和管控不足，采购交期达成率偏低		√		
	对供应商的管理严谨性和掌控度不够	√			
	新品铺货及时性不够		√		
	库存过大，库存结构不合理，清库无有效措施	√			
	退货管理机制不健全		√		

3. 足之屋SWOT分析

足之屋年度SWOT分析如表8－56所示。

表8－56　足之屋年度SWOT分析

	S（优势）	W（劣势）
	S1：独特的商业模式（加盟、铺货） S2：门店控价能力 S3：产品线：多品牌、全品类 S4：产品开发能力 S5：产品品质（功能性品质、时尚）	W1：招商模式创新不足，缺乏旗舰店 W2：门店经营与管理能力弱 W3：新产品设计、评审和上市机制不完善 W4：计划管理体系及供应跟踪不足 W5：团队管理能力弱 W6：会员营销不足
O（机会）	SO（增长性策略）	WO（扭转型策略）
O1：渠道覆盖（MALL、街边店） O2：竞争对手不成熟 O3：礼品、团购市场	S1O1：大力拓展MALL，同时抢占A商圈A位置街边店 S4O3：培养礼品产品开发能力	W1O1：旗舰店卡位 W2O1：通过提升门店经营与管理能力，进而影响渠道覆盖 W6O3：加强会员管理，提升礼品销售
T（威胁）	ST（多元化策略）	WT（防御型策略）
T1：电商业务的快速成长 T2：街边店商圈转移	S1T1：电商业务渠道建设 S1T1：“1＋N”（1家门店开多家网店） S3T2：多品牌、多渠道运作	W1T2：建立网上分销渠道 W2T1：提供电商当地服务

二、足之屋 2020 年度竞争策略规划

1. 行业关键成功因素识别

行业关键成功因素（KSF）定义如表 8 - 57 所示。

表 8 - 57　行业关键成功因素（KSF）定义

KSF 重要性排序	KSF	KSF 定义
1	单店盈利能力	开店质量、门店投资平均回收周期
2	快速运营	组织协同、快速响应
3	供货能力	供货计划达成、断货控制
4	产品品质	设计标准、品质检测
5	渠道覆盖	渠道规划、渠道策略、加盟政策
6	商品策略	产品线规划、产品规划、产品开发、产品生命周期管理

2. 行业竞争态势分析

表 8 - 58　行业竞争态势分析

KSF	足之屋得分	竞争对手 1（B 企业）		竞争对手 2（C 企业）	
		得分	竞争态势	得分	竞争态势
单店盈利能力	2.43 分	3.83 分	WS	2.58 分	WW
快速运营	1.25 分	3.88 分	WS	2.17 分	WS
供货能力	1.5 分	4.17 分	WS	2.0 分	WS
产品品质	2.88 分	4.0 分	WS	2.0 分	SW
渠道覆盖	2.75 分	3.33 分	WS	2.25 分	SW
商品策略	2.88 分	4.25 分	WS	2.0 分	SW

注：WS 表示我弱敌强；WW 表示我弱敌弱；SW 表示我强敌弱；SS 表示我强敌强。

从表 8 - 58 可以看出，足之屋在绝大多数关键成功因素方面都比较弱，特别是单店盈利能力、快速运营、供货能力，而这三个因素将直接决定企业的生死存亡，因此，足之屋必须在这些因素上多下功夫。

3. 足之屋2020年度竞争策略规划

足之屋2020年度竞争策略规划如表8－59所示。

表8－59 足之屋2020年度竞争策略规划

KSF	竞争策略	年度竞争策略实施计划
单店盈利能力	跟随策略	（1）门店执行“1＋3”周滚动计划 （2）明确陈列、铺货、补货及退货规则 （3）建立店面陈列标准 （4）建立店面数据分析模型 （5）推进门店店员日目标管理 （6）强化店长的执行力：“1＋3”计划、店员激励、店面数据分析与改善 （7）推进优秀店长/金牌店长计划
快速运营	领先策略	（1）应季新品开发响应及时、复制快 （2）缺货补充及时 （3）滞销品处理及时 （4）销售异常及时跟踪与处理，周区域内销售排名、异常处理模板 （5）建立需求响应机制，快速响应客户需求，并建立评价体系，包括需求级别定义、职务代理、过期抄送、手机端应用
供货能力	领先策略	（1）产品开发必须同步完成供应商规划、产能、质量及成本评估 （2）提高计划的前瞻性，列出计划时间控制节点 （3）销售分析及预测、库存监控反应及时 （4）做好产能、原料、半成品预留规划
产品品质	维持策略	（1）建立产品设计标准 （2）按设计标准在生产环节导入 （3）建立试穿、检测标准，并保证按标准执行
渠道覆盖	领先策略	（1）加大华东渠道密度，抢占MALL的渠道位置 （2）新区域开发样板店 （3）建设电商运营平台 （4）门店位置、形象升级
商品策略	跟随策略	（1）完善产品阵营及明星产品规划 （2）产品线压缩，突出重点，提升品质 （3）产品品类主题化，升级换代 （4）功能性改良，时尚的把握 （5）建立终端流行信息反馈机制，锁定标杆进行模仿及超越 （6）按照“7季计划”进行产品设计与开发

结合公司实际，足之屋期望在快速运营、供货能力、渠道覆盖3个维度做到领先，并通过不断拉大与竞争对手的差距来赢得市场。

在这里需要特别提醒的是，足之屋并没有直接将提升单店盈利能力作为领先策略，因为只有先做到快速运营、供货能力的领先，才有可能帮助门店提升其经营质量，试想一下，如果内部运营一塌糊涂，总是缺货、断货，门店是不可能赚钱的。

三、足之屋2020年度战略地图及平衡计分卡

1. 足之屋2020年度战略地图输入识别

足之屋2020年度战略地图输入识别如表8－60所示。

表8－60　足之屋2020年度战略地图输入识别

分析维度		年度战略地图输入识别
年度经营环境分析	年度经营态势分析	（1）新店、老店年度销售目标分别确定
		（2）门店拓展计划包括：展店计划、优化计划
		（3）建立每家门店档案
		（4）库存控制，包括库存总量控制、淘汰品库存上限及货龄、门店平均库存
		（5）新品上市节奏目标确定
	年度管理工作评价	（1）持续推进年度经营目标分解、部门工作计划制订及实施监督、经营目标达成检讨机制
		（2）区域化管理工作的深入推进，区域负责人激励优化
		（3）重点商品目标单独跟踪
		（4）会员营销工作推进
		（5）第三代店格升级
		（6）公司流程与制度体系建设
		（7）关键岗位的适岗率低
		（8）预算体系缺失
		（9）信息系统数据查询界面不友好、报表和分析功能缺乏
		（10）公司信息系统对电脑周边环境要求高，不够稳定
		（11）业务管理流程信息化（OA）程度低，影响运营效率
	SWOT分析	（1）大力拓展MALL，同时抢占A商圈A位置街边店
		（2）培养礼品产品开发能力，提升礼品销售
		（3）旗舰店卡位
		（4）通过提升门店经营与管理能力，进而影响渠道覆盖
		（5）电商业务渠道建设
		（6）“1＋N”（1家门店开多家网店）策略推进
		（7）建立网上分销渠道

续表

分析维度		年度战略地图输入识别
竞争态势及竞争策略分析	单店盈利	(1) 门店执行“1+3”周滚动计划
		(2) 明确陈列、铺货、补货及退货规则
		(3) 建立店面陈列标准
		(4) 建立店面数据分析模型
		(5) 推进门店店员日目标管理
		(6) 强化店长的执行力：“1+3”计划、店员激励、店面数据分析与改善
		(7) 推进优秀店长/金牌店长计划
	快速运营	(1) 应季新品开发响应及时，复制快
		(2) 缺货补充及时
		(3) 滞销品处理及时
		(4) 销售异常及时跟踪与处理，周区域内销售排名、异常处理模板
		(5) 建立需求响应机制，快速响应客户需求，并建立评价体系，包括需求级别定义、职务代理、过期抄送、手机端应用
	供货能力	(1) 产品开发必须同步完成供应商规划、产能、质量及成本评估
		(2) 提高计划的前瞻性，列出计划时间控制节点
		(3) 销售分析及预测、库存监控反应及时
		(4) 做好产能、原料、半成品预留规划
	产品品质	(1) 建立产品设计标准
		(2) 按设计标准在生产环节导入
		(3) 建立试穿、检测标准，并保证按标准执行
竞争态势及竞争策略分析	渠道覆盖	(1) 加大华东渠道密度，抢占 MALL 的渠道位置
		(2) 新区域开发样板店
		(3) 建设电商运营平台
		(4) 门店位置、形象升级
	商品策略	(1) 完善产品阵营及明星产品规划
		(2) 产品线压缩，突出重点，提升品质
		(3) 产品品类主题化，升级换代
		(4) 功能性改良，时尚的把握
		(5) 建立终端流行信息反馈机制，锁定标杆进行模仿及超越
		(6) 按照“7 季计划”进行产品设计与开发

2. 足之屋 2020 年度战略地图

足之屋 2020 年度战略地图如图 8 – 14 所示。

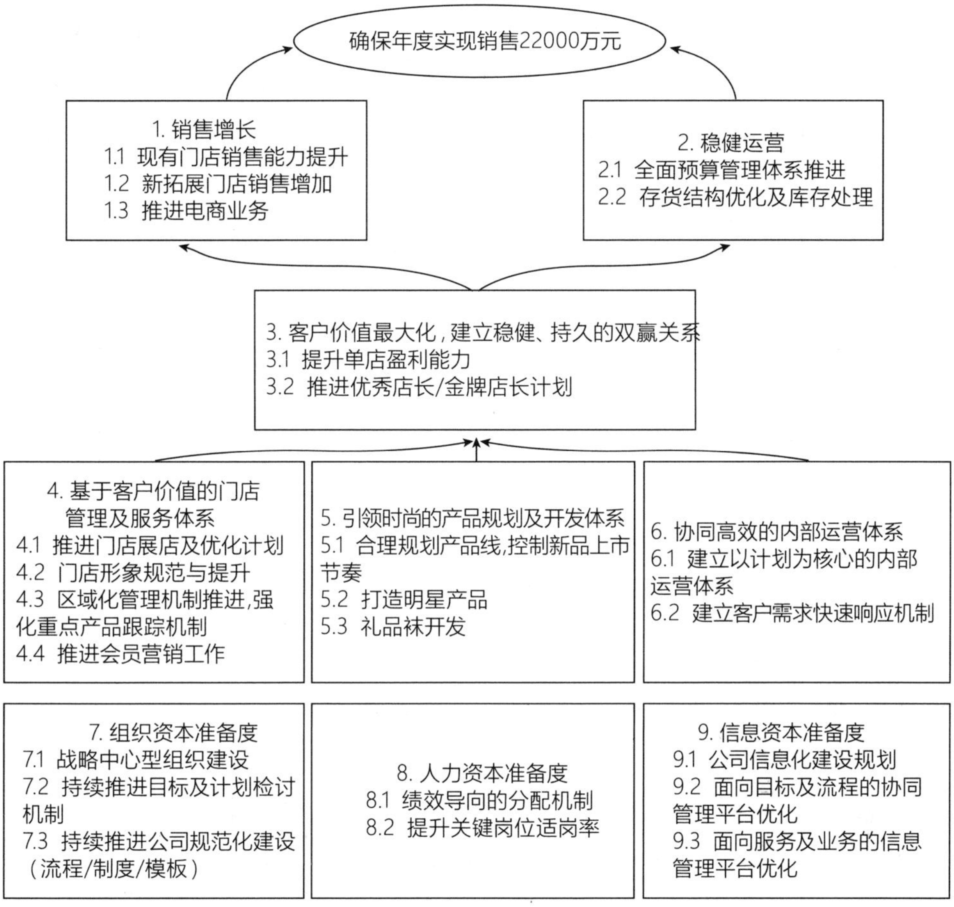

图 8 – 14　足之屋 2020 年度战略地图

3. 足之屋2020年度平衡计分卡

足之屋2020年度平衡计分卡如表8－61所示。

表8－61　足之屋2020年度平衡计分卡

一级主题	二级主题	部门策略	衡量指标	年度目标	公司	总办	财务	人事	信息	加盟	市场	营运	培训	客服	电商	企划	供应
确保2020年实现销售收入			公司销售收入	≥2.2亿元	★												
1. 销售增长	1.1 现有门店销售能力提升	1.1.1 推进“1+3”周滚动计划的执行	现有门店销售额	≥1.95亿元								★					
		1.1.2 明确陈列、铺货、补货、退货的规则	现有门店销售增长率	≥25%								★					
		1.1.3 建立月度分析预警模型及研讨会议机制，严格执行会议决议	现有门店撤店数	≤30家						★							
	1.2 新拓展门店销售增加	1.2.1 派驻优秀店长前往带教	新拓展门店销售额	≥0.2亿元						★							
	1.3 推进电商业务	1.3.1 建设电商运营平台	电商销售额	≥0.05亿元											★		
		1.3.2 电商业务渠道建设	渠道建设覆盖率	100%											★		
		1.3.3 “1+N”（1家门店开多家网店）策略推进	试点	2家											★		
		1.3.4 建立网上分销渠道		—											★		

续表

一级主题	二级主题	部门策略	衡量指标	年度目标	公司	总办	财务	人事	信息	加盟	市场	营运	培训	客服	电商	企划	供应
2. 稳健运营	2.1 全面预算管理体系推进		预算覆盖率	≥100%				★									
			预算准确率	≥95%			★										
	2.2 存货结构优化及库存处理	2.2.1 建立主动要求退货机制	覆盖率	≥80%													★
		2.2.2 设置专案组进行淘汰品销售	淘汰品库存总量下降	≥30%													★
		2.2.3 通过政策调整提高门店库存量	门店平均库存	≥6000PCS								★					
3. 客户价值最大化，建立稳健、持久的双赢关系	3.1 提升单店盈利能力	3.1.1 执行“1+3”周滚动计划	年底覆盖率	≥80%								★					
		3.1.2 巡店（现场管理支持提升）	区域巡店频率	2 次/店/月								★					
			外区巡店频率	1 次/店/季								★					
	3.2 推进优秀店长/金牌店长计划	3.2.1 制定优秀店长/金牌店长激励政策	政策发布时间	1 月 31 日		★											
		3.2.2 实施优秀店长培训计划	培训达成率	100%									★				
4. 基于客户价值的门店管理及服务体系	4.1 推进展店及优化计划	4.1.1 展店计划	计划完成时间	1 月 10 日						★							
		4.1.2 优化计划（迁址、翻新、撤店）	计划完成时间	1 月 10 日						★							
		4.1.3 门店档案	门店建档率	100%						★							
	4.2 门店形象规范与提升	4.2.1 第三代店格升级	3 月份完成设计确认，6 月份起执行	—							★						
		4.2.2 建立店面陈列标准		6 月 1 日									★				

续表

一级主题	二级主题	部门策略	衡量指标	年度目标	公司	总办	财务	人事	信息	加盟	市场	营运	培训	客服	电商	企划	供应
4. 基于客户价值的门店管理及服务体系	4.2 门店形象规范与提升	4.2.3 门店升级(A/B/C)	C－B升级计划达成率	≥80%								★					
			B－A升级计划达成率	≥80%								★					
		4.2.4 门店形象升级	门店形象达标率	≥90%						★							
	4.3 区域化管理机制推进,强化重点产品跟踪机制	4.3.1 实施区域店长会议制度	店长会议频率	2次/区域·月									★				
		4.3.2 区域月度重点品销售目标管理(不可缺货品及新品)	重点商品目标达成率	≥80%								★					
			重点商品缺货率(按条码)	≤5%													★
	4.4 推进会员营销工作		3月1日正式执行	—							★						
5. 引领时尚的产品规划及开发体系	5.1 合理规划产品线,控制新品上市节奏	5.1.1 制订年度商品规划表	新品销售占比	≥70%													★
		5.1.2 建立终端流行信息反馈机制,锁定标杆进行模仿及超越	季度终端信息反馈量	≥200条												★	
		5.1.3 每季推出应季品	季度新品款号数量	≥5个												★	
	5.2 打造明星产品	5.2.1 制定策略	—	—												★	
		5.2.2 选定压力袜重点销售产品,确保重点销售款的品质	—	—												★	

续表

一级主题	二级主题	部门策略	衡量指标	年度目标	公司	总办	财务	人事	信息	加盟	市场	营运	培训	客服	电商	企划	供应
5. 引领时尚的产品规划及开发体系	5.2 打造明星产品	5.2.3 轻压提花系列进行重新包装和价格调整	—	—												★	
	5.3 礼品袜开发	5.3.1 选择20款产品作为标准礼品袜	礼品销售额	≥200万元												★	
		5.3.2 针对礼品袜设计5套包装									★						
6. 协同高效的内部运营体系	6.1 建立以计划为核心的内部运营体系	6.1.1 提高计划的前瞻性，列出计划时间控制节点	根据年度商品规划表进行考核	—													★
		6.1.2 制订销售分析及预测、库存监控，针对分析结果及时反应	周销售分析会议的执行	1次/周													★
		6.1.3 做好产能、原料、半成品预留规划	不可缺货品断货率	≤10%													★
	6.2 建立客户需求快速响应机制	6.2.1 建立客户需求的标准	客户需求快速响应率	100%		★											
		6.2.2 客户需求提交与反映实现系统化，定期统计分析发布							★								
7. 组织资本准备度	7.1 战略中心型组织建设		年度组织体系发布	3月1日				★									
	7.2 持续推进目标及计划检讨机制	7.2.1 年度经营目标分解与管理	各部门KPI达成率	≥80%		★											
			各部门计划达成率	≥90%		★											
		7.2.2 部门工作计划制订及实施监督	部门计划按时提交率	≥90%		★											
	7.3 持续推进公司规范化建设		流程/计划建设计划达成率	100%		★											

续表

一级主题	二级主题	部门策略	衡量指标	年度目标	公司	总办	财务	人事	信息	加盟	市场	营运	培训	客服	电商	企划	供应
8. 人力资本准备度	8.1 绩效导向的分配机制		按计划	—				★									
	8.2 提升关键岗位适岗率		考试达标(75分)率	100%				★									
			部门工作模板化数量	—		★											
9. 信息资本准备度	9.1 公司信息化建设规划		按计划	3月1日					★								
	9.2 面向目标及流程的协同管理平台优化		按计划	—					★								
	9.3 面向服务及业务的信息管理平台优化		按计划	—					★								

四、足之屋2020年度经营计划实施平台规划

1. 足之屋2020年度流程优化清单

足之屋2020年度流程优化清单如表8－62所示。

表8－62 足之屋2020年度流程优化清单

序号	流程名称	流程主人	相关部门	流程输入	流程输出
1	加盟店拓展流程	拓展部	财务部、战略管理部（信息）、营运部、市场部、商品管理部	年度拓展计划、加盟信息	门店上线
2	直营店拓展流程	拓展部	财务部、战略管理部（信息）、营运部、市场部、商品管理部	年度推展计划、店铺信息	门店上线
3	营建管理流程	拓展部	市场部、营运部、财务部、战略管理部（信息）	加盟合同、直营店过店资料	竣工验收报告
4	加盟商管理流程	拓展部	营运部、财务部	加盟合同	合同续约
5	商品结构规划流程	商品企划部	商品管理部、营运部、市场部、门店	年度经营计划	商品规划表
6	商品开发流程	商品企划部	商品管理部、营运部、市场部、门店	商品规划表	商品企划表、样品
7	品牌推广流程	市场部	总经理、营运部	年度品牌推广计划	品牌推广实施效果评价报告
8	终端形象管理流程	市场部	营运部	终端形象标准、终端形象提升计划	终端形象检核报告
9	包装管理流程	市场部	商品企划部、商品管理部	商品上市计划	包装设计稿
10	销售计划管理流程	商品管理部	商品企划部、市场部	年度经营目标	“1＋3”滚动计划
11	销售管理流程	运营部	财务部、战略管理部、商品管理部	门店销售目标	销售结算
12	销售计划管理流程	运营部	商品管理部、商品企划部、市场部	年度经营目标	“1＋3”滚动计划
13	商品上市规划流程	商品企划部	商品管理部、市场部、营运部	年度经营计划	商品供应年历表
14	商品供应计划管理流程	商品管理部	商品企划部、商品管理部、营运部、市场部	商品供应年历表、营运“1＋3”滚动计划	商品供应计划
15	采购计划管理流程	商品管理部	营运部、商品企划部	商品供应计划、“1＋3”供货计划	采购计划

续表

序号	流程名称	流程主人	相关部门	流程输入	流程输出
16	门店稽核流程	财务部	营运部、门店	门店库存报表、门店销售报表	门店稽核报告
17	年度经营计划管理流程	战略管理部	其他部门	战略规划	年度经营计划报告
18	目标与计划管理流程	战略管理部	其他部门	年度经营计划	目标及计划检讨结果
19	客诉处理流程	战略管理部	营运部、拓展部、商品管理部、商品企划部、财务部	客户/顾客投诉	处理结果
20	电商分销加盟渠道管理流程	电商事业部	财务部	渠道规划	加盟渠道评价报告
21	电商商品计划管理流程	电商事业部	商品管理部、商品企划部	电商商品规划	商品计划表
22	电商商品采购流程	电商事业部	商品管理部	商品计划表	采购入库单
23	电商商品包装流程	电商事业部	市场部、商品管理部	商品计划表、采购入库单	包装入库单
24	电商商品仓储及调货管理流程	电商事业部	商品管理部、战略管理部	采购入库单、调货需求单	仓库出货单

2. 足之屋2020年度员工激励体系规划

足之屋2020年度员工激励体系规划如表8－63所示。

表8－63 足之屋2020年度员工激励体系规划

员工类别	激励目的	核心内容
全体员工	建立公平、公正的员工薪酬体系	《年度薪酬管理制度》 《年度员工福利方案》
拓展经理（专员）	鼓励多拓展高质量的门店	《年度拓展经理（专员）激励方案》
直营门店店长及店员	鼓励员工长期服务，建立公平、合理的门店分配体系	《年度直营门店激励方案》
商品企划部开发人员	鼓励开发人员多出精品	《年度开发人员激励方案》
营运部大区、区域经理	促进销售目标达成	《年度营运部大区/区域经理激励方案》
管理干部	规范部门管理，促进公司年度经营目标达成	《年度管理干部绩效方案》 《管理干部股权激励方案》

The Annual Business Plan Formulation and Management | 第五节

销售型企业年度经营计划展示

信睿机电是国内某知名空调企业的区域代理商，主要通过不断开发经销商和商场、卖场等渠道，提升某知名空调在代理区域的市场份额。

一、信睿机电2020年度经营环境分析

限于篇幅，此处略去外部经营环境分析以及内部经营环境分析过程（见表8－64）。

表8－64　信睿机电2020年度优势、劣势及机会、威胁识别

优势（strength）	劣势（weakness）
S1：品牌优势，产品品质好，产品线丰富 S2：销售网络完善；经销商利益保障，队伍稳定，业务模式细分，定位准确 S3：公司资金实力雄厚；财务制度规范 S4：仓储条件好、仓储能力强 S5：员工队伍稳定，激励措施得当 S6：管理具有前瞻性，年度战略规划清晰，同时有绩效管理体系保障战略落地与执行 S7：公司管理制度/流程及组织健全，部门分工合理，人员配置齐全 S8：行业经验足，社会知名度高、信誉好	W1：整体促销活动次数少、式样单一，促销政策不连贯 W2：新品推广慢，中高端机型推广支持力度不够 W3：家用机区域发展也不平衡 W4：专卖店数量少；销售结构不合理，变频机比重低；1＋N没有落实 W5：售后网点少，服务质量差 W6：售后响应慢，配件供应不及时 W7：人员招聘不及时，人才储备不完善
机会（opportunities）	威胁（threats）
O1：家用技能补贴政策取消，造成家用机价格上升，带来商用机销售机会 O2：高档楼盘基数增大 O3：消费意识转变，中央空调家装比例增加 O4：专业技术要求高，其他产品替代性差 O5：价格不透明 O6：家装业务潜在需求大，抢占合资品牌分体机客户	T1：国家经济紧缩政策、物价上涨导致消费结构变化 T2：安维复杂，技术要求高 T3：竞争对手对渠道的掌控力强，竞争对手的渠道健全 T4：竞争对手数量较多，导致竞争加剧

二、信睿机电2020年度竞争策略及职能战略规划

1. 信睿机电2020年度竞争态势分析

信睿机电2020年度竞争态势分析如表8－65所示。

表8－65　信睿机电2020年度竞争态势分析

KSF排序	KSF	信睿得分	竞争对手得分	差额	竞争态势分析				竞争策略
					SW	WS	WW	SS	
1	渠道开发与管理	3.38	3.75	－0.37				√	领先策略
2	销售政策	4.25	4	0.25				√	领先策略
3	促销政策、策略及手段	3.25	4.13	－0.88		√			跟随策略
4	市场推广	2.13	3.88	－1.75		√			跟随策略
5	营销力培植	3	3	0				√	跟随策略
6	客户服务（售后）	2.38	3.5	－1.12		√			跟随策略
7	客户满意度管理	3.13	3.38	－0.25				√	维持策略
8	业务人员激励	4.38	3.63	0.75	√				领先策略

2. 信睿机电2020年度竞争策略规划

信睿机电2020年度竞争策略规划如表8－66所示。

表8－66　信睿机电2020年度竞争策略规划

竞争策略	关键领域	竞争策略实施计划	责任部门
领先策略	渠道开发与管理	（1）定期以镇为单位，重新梳理非代理品牌销售网点，对以上网点进行走访、沟通、备案 （2）1＋N推进，重新梳理所有网点，确定1＋N目标客户 （3）按镇进行规划推进 （4）对客户进行ABC分类管理 （5）网点升级计划 （6）专卖店建设 （7）建立部门定期跟踪机制，根据编制计划定期讨论修正 （8）制订网点走访计划，保持拜访率，梳理客户需求及时解决问题	渠道部、市场部
	销售政策	（1）对全年政策进行分段规划，并对政策的宣贯进行系统演练 （2）根据客户分类制定不同的推进计划，并针对变频机等中高端产品制定特殊政策 （3）销售政策中要针对不同客户做好品种规划，合理利用资源 （4）薄弱区域，资源投放力度要加大 （5）竞品信息的收集、整理、分析要系统化 （6）制定形式多样化的促销压货政策，保持客户吸引力 （7）保持销售政策的连贯性和持续性，坚持早打款、早得益的原则	渠道部、市场部

续表

竞争策略	关键领域	竞争策略实施计划	责任部门
领先策略	业务员激励	（1）加强员工思想了解，每季度进行沟通 （2）加强业务知识培训 （3）加强员工的中长期激励 （4）制订科学、合理的业务人员激励方案	人力资源部
跟随策略	促销政策	（1）按季度编制促销方案，并保证按计划执行 （2）建立和完善促销活动推进流程，保证物料配送的及时性、活动现场的布置及活动效果的专人跟踪考评	渠道部、市场部
	营销能力培植	（1）帮助重点客户建立进销存报表，进行数据分析，优化销售结构及库存结构 （2）整理产品卖点，通过集中培训或点对点培训的方式，提升客户的销售技巧 （3）充分发挥产品线长的优势，引导客户增加销售品种 （4）编制新产品培训方案并按计划推进 （5）协助工程项目报价、跟进	渠道部、市场部
	市场推广	（1）制订网点走访计划，保持拜访率，梳理客户需求及时解决问题 （2）引导客户做好品种规划，提升客户的盈利水平 （3）系统性地做好终端形象的提升工作，包括单页、样机、赠品、展台、门头等，并定期跟踪检查 （4）做好业务员的服务工作，如政策解释、新品推介、对账、应急问题处理等 （5）促销活动要有计划性、系统性、针对性，多做区域性的联动活动 （6）做好变频机、中高端机型的推广 （7）客情关系的维护，加强对客户的关怀 （8）定期职能部门沟通，解决客户问题并及时回复	渠道部、市场部
	客户服务（售后）	（1）建立应急机制，解决客户的特殊需求 （2）建立维修管理平台，分区域解决客户维修问题 （3）建立完善的售后网络，加快售后网点布局 （4）对现有网点定期进行培训（技术、流程） （5）提高售后人员的服务意识，建立投诉及奖惩机制	售后部
维持策略	客户满意度管理	坚持进行客户满意度调查机制，及时做好反馈和总结，为今后工作的改善提供依据	人力资源部、市场部

3. 信睿机电2020年度职能战略规划

信睿机电2020年度职能战略规划如表8－67所示。

表8－67 信睿机电2020年度职能战略规划

职能战略	职能战略实施计划
市场管理	(1) 系统地收集竞品信息，分析、讨论、找出应对方案 (2) 建立定期销售信息沟通机制 (3) 专人定期汇总分析竞品及自身销售数据 (4) 梳理区域整体终端形象，制订改善计划并实施 (5) 专人负责产品知识卖点提炼，定期编制导购资料培训计划并实施 (6) 根据季度规划分阶段组织讨论确定销售政策 (7) 根据全年规划结合实际情况，按季度编制促销活动计划并实施 (8) 专人组织并整合促销资源，保证促销计划推进 (9) 定期组织人员进行虚假工程、窜货、低价的查处 (10) 定期回访客户，进行满意度调查，总结弱项改进 (11) 定期组织销售、储运、售后协调问题 (12) 组织销售部门与客户沟通活动
财务管理	(1) 定期对公司所有业务人员财务知识、税务知识普及培训 (2) 按需求推进网点管理输出建设 (3) 加强与业务部门的沟通频率 (4) 按期提供月度销售分析数据，加强预算管理，进行预决算分析，并将差异分析提供给相关部门，明确岗位对接，加强与业务部门的沟通
采购管理	(1) 按月度制订符合业务部门需求的采购计划，尽量减小缺货率 (2) 对库存周转情况定期进行分析，以便优化库存结构 (3) 特殊机型的订货要跟催并及时告之业务
工程管理	(1) 加快工程批复速度，并及时通知到销售部门 (2) 定期对各区域登录工程跟踪情况进行反馈 (3) 工程资料的回收及时性 (4) 工程押金的及时清退
销售开单	(1) 认真审核销售开票通知单，提高开票准确率 (2) 及时跟踪无货的销售开票单，到货后及时通知销售部门
返利结算	(1) 协助经销商返利对账，对经销商提出的返利结算疑问，及时给予解答 (2) 在返利结算单中，注明结算奖励的计算公式，定期组织对业务人员的返利结算培训 (3) 帮助核心经销商核算返利率，分析原因
配件供应	(1) 做好缺件的登记、跟踪及到货通知 (2) 加大配件周转频率 (3) 每季度做合理的备件计划
技术支持	(1) 定期对新品产品知识及安维技术培训指导，增加特约维修网点 (2) 每年按需求增加特约维修网点

续表

职能战略	职能战略实施计划
储运服务	（1）建立客服回访后的跟踪、落实机制 （2）加强储运流程化作业 （3）建立应急措施 （4）自提客户应优先解决，并协助装车 （5）送货人员的产品型号培训 （6）加强装卸人员的规范作业 （7）培养承运商的合作意识
人力资源	（1）拓宽人员招聘渠道，加快业务人员招聘速度，建立人员储备机制 （2）提升员工综合素质，加大对业务人员产品知识、销售技巧、商务礼仪等专业培训 （3）加强企业文化建设，注重与员工经常性的思想交流，反馈合理化建议 （4）加强部门间的交流活动，员工活动组织形式多元化，加强公司信息交流平台建设 （5）持续关注核心员工，建立核心员工激励机制 （6）辅助业务部门落实季度绩效考核的改进工作 （7）按需求推进网点管理输出建设

三、信睿机电 2020 年度战略地图及平衡计分卡

1. 信睿机电 2020 年度战略地图

信睿机电 2020 年度战略地图如图 8－15 所示。

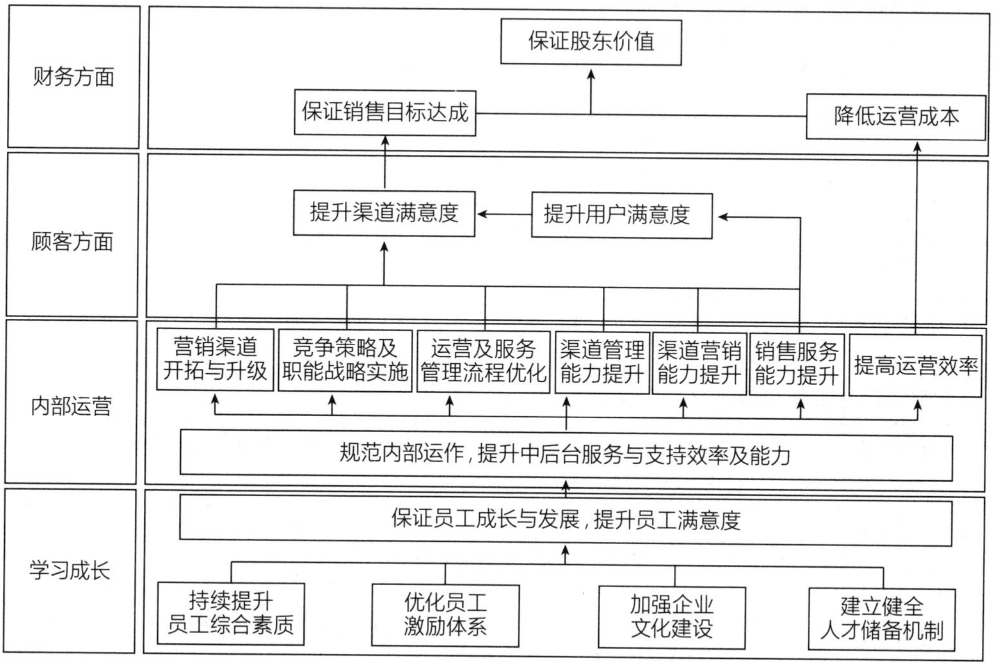

图 8－15　信睿机电 2020 年度战略地图

2. 信睿机电2020年度战略主题说明及平衡计分卡

信睿机电2020年度战略主题说明及平衡计分卡如表8－68至表8－70所示。

表8－68 信睿机电2020年度战略主题说明

战略主题	战略主题说明
保证股东价值	(1) 销售目标达成率100% (2) 合理控制应收账款 (3) 提升客户满意度：其中经销商满意度不得低于75分，直接用户满意度不得低于75分 (4) 内部业务流程及管理制度基本健全，有效执行率高于90% (5) 管理成熟度不得低于75分 (6) 员工满意度不得低于75分，核心员工流程率目标为0
保证销售目标达成	(1) 完成财年销售目标 (2) 保证变频机销售比例
降低运营成本/提高运营效率	(1) 降低采购运费、配送运费 (2) 降低采购资金使用成本 (3) 通过产品结构合理规划，最大化享受返利政策 (4) 通过工程机采购的合理规划，最大化享受返利政策 (5) 正确及时与厂方、经销商结算返利 (6) 年末及节点库存结构合理化 (7) 提高库存周转率，降低滞销机金额
提升渠道满意度	(1) 引导客户做好品种规划，提升客户的盈利水平 (2) 持续改善渠道满意度（服务标准健全、弱项改进、客诉受理、调整满意度调查办法、建立客户意见反馈机制） (3) 建立客户拜访机制，提升客户拜访频率及质量
提升用户满意度	持续改善用户满意度（服务标准健全、客诉受理）
营销渠道开拓与升级	(1) 继续推进专卖店建设 (2) 对于竞争对手及其他品牌销售渠道进行公关和开发 (3) 1＋N推进，按镇进行规划推进（新网点开发），重新梳理所有网点，确定1＋N目标客户
竞争策略实施及职能战略实施	在渠道开发与管理、销售政策、市场推广（客户认同）、促销、营销能力培植（经销商）5个核心因素上突破，特别是在渠道开发与渠道升级、销售政策、市场推广（客户认同）、业务人员激励这4个核心因素上做到明显领先
运营及服务管理流程优化	(1) 持续优化运营管理架构及管理流程，保证高效运营（库存周转、运营成本） (2) 持续优化客户服务标准及流程
渠道管理能力提升	按照职能部门分工，编制管理输出计划，并保证计划执行
渠道营销能力提升	(1) 为渠道提供经营解决方案（辅导客户建立进销存报表，进行数据分析，优化销售结构、销售质量及库存结构） (2) 提升客户的销售能力（整理产品卖点，通过集中或点对点培训等）

续表

战略主题	战略主题说明
销售服务能力提升	（1）对销售政策进行分段规划，并对政策的宣贯遵循先模拟演练再分别实施的原则 （2）建立健全客户服务标准（物流配送、安装维修、业务人员及促销员销售服务等） （3）特约维修网点的合理规划，并进行有计划的建设，提升售后服务能力
规范内部运作，提升中后台服务与支持效率及能力	（1）加强流程/制度的执行宣贯和执行监督工作，保证制度/流程的执行效果 （2）持续推进内部客户满意度制度，提升部门工作效率，降低配合难度 （3）推行公司业务流程/管理制度年度失效制度，每年对流程、制度执行状况进行评审，在新财年开始时发布新的版本
持续提升员工综合素质	（1）提升业务人员业务技能 （2）提升管理干部的管理技能和职业素养
优化员工激励体系	持续优化员工激励体系
加强企业文化建设	（1）加强公司文化建设，营造和谐的文化氛围 （2）有计划地推进内部文化建设，增加员工关怀活动，组织丰富多彩的员工活动 （3）维持良好的客情关系，增加重大节假日等客户关怀活动
建立健全人才储备机制	（1）加强员工招聘，并做好员工的使用规划，稳定员工队伍 （2）针对关键岗位和核心员工实施特别管理

表8－69　信睿机电2020年度战略主题强相关识别

战略主题	公司	市场	渠道	商超	运营	储运	售后	财务	人力资源
保证股东价值	√								
保证销售目标达成		√	√	√					
降低运营成本/提高运营效率					√			√	
提升渠道满意度		√	√	√					
提升用户满意度		√		√		√	√		
营销渠道开拓与升级		√	√	√					
竞争策略实施及职能战略实施		√	√	√					
运营及服务管理流程优化					√	√			√
渠道管理能力提升		√	√					√	
渠道营销能力提升		√	√	√					
销售服务能力提升		√	√			√	√		
规范内部运作，提升中后台服务与支持效率及能力					√	√	√	√	√

续表

战略主题	公司	市场	渠道	商超	运营	储运	售后	财务	人力资源
持续提升员工综合素质		√	√	√					√
优化员工激励体系									√
加强企业文化建设									√
建立健全人才储备机制									√

表8-70 信睿机电2020年度平衡计分卡

KPI	年度目标	责任主体								
		公司	市场	渠道	商超	运营	储运	售后	财务	人力资源
公司年度销售目标达成率	≥100%	√								
公司应收账款率	≤0.05%	√								
客户满意度（渠道）	≥75分	√								
客户满意度（用户）	≥75分	√								
管理成熟度	≥75分	√								
公司级流程、制度有效执行率	≥90%	√								
员工满意度	≥75分	√								
核心员工流失率	0	√								
销售目标达成率	≥100%		√	√	√					
毛利率（设备、材料）	≥20%									
应收账款计划回款达成率	≥90%			√	√				√	
直发占采购数量的比例	≥60%					√				
淡季工程机进货比例（按金额）	≥65%					√				
当月工程机货款未及时支付次数	≤3次					√				
冷年末库存金额	≤1500万元					√				
滞销品库存金额	≤200万元					√				
库存周转天数	≤65天					√				
经销商返利结算及时性	≥90%					√				
经销商返利结算准确性	100%					√				
客户投诉次数	≤2次/月			√		√	√	√		
客户投诉未及时处理次数	0次			√		√	√	√		
客户拜访计划达成率	≥90%			√	√					
新渠道开拓计划达成率	≥80%			√	√					
渠道升级计划达成率	≥80%			√	√					

续表

KPI	年度目标	责任主体								
		公司	市场	渠道	商超	运营	储运	售后	财务	人力资源
竞争策略计划达成率	≥85%		√	√	√	√	√	√		
终端形象建设计划达成率	≥90%		√							
违规销售查处次数	0次		√							
新品上市推广方案完成时间	2月20日		√							
促销活动计划达成次数	5次/月		√							
运营流程优化完成时间	3月31日					√				√
服务标准完成时间	3月31日		√				√	√		
销售培训次数	2次/月		√							
特约网点建设计划达成率	≥80%							√		
安维作业未按时完成次数	≤3次/月							√		
物流配送延迟次数	≤3次/月						√			
物流配送差错次数	≤3次/月						√			
各部门KPI达成率	≥80%									√
绩效体系实施有效性评价	≥85分									√
内部客户满意度	≥85分		√	√	√	√	√	√	√	√
仓储差错次数	≤3次/月						√			
配件库存金额	≤200万元							√		
培训计划达成率	≥80%									√
B层级、C层级员工适岗率	≥90%									√
员工激励体系发布时间	1月31日									√
文化建设计划达成率	≥80%									√
招聘计划达成率	≥95%									√
员工非正常离职人数	≤10人/年		√	√	√	√	√	√	√	√

参考文献

[1][美]弗雷德·R. 戴维. 战略管理(第10版)[M]. 李克宁,译. 北京:经济科学出版社,2006.

[2][美]迈克尔·波特. 竞争优势[M]. 北京:华夏出版社,2009.

[3][美]迈克尔·波特. 竞争战略[M]. 北京:华夏出版社,2009.

[4][美]彼得·德鲁克. 管理的实践[M]. 北京:机械工业出版社,2009.

[5][美]罗伯特·S. 卡普兰,戴维·P. 诺顿. 战略中心型组织[M]. 博意门咨询公司,译. 北京:中国人民大学出版社,2008.

[6][美]罗伯特·S. 卡普兰,戴维·P. 诺顿. 战略地图:化无形资产为有形成果[M]. 刘俊勇,孙薇,译. 广州:广东经济出版社,2005.

[7][美]罗伯特·S. 卡普兰,戴维·P. 诺顿. 组织协同:运用平衡计分卡创造企业合力[M]. 博意门咨询公司,译. 北京:商务印刷馆,2006.

[8][美]罗伯特·S. 卡普兰,戴维·P. 诺顿. 平衡计分卡:化战略为行动[M]. 刘俊勇,译. 广州:广东经济出版社,2004.

[9][加]罗伯特·G. 库珀. 新产品开发流程管理(第3版)[M]. 青铜器软件公司,译. 北京:电子工业出版社,2012.

[10][英]查尔斯·汉迪. 第二曲线:跨越"S型曲线"的第二次增长[M]. 苗青,译. 北京:机械工业出版社,2017.

[11]陈春花. 经营的本质 [M]. 北京:机械工业出版社,2013.

[12]水藏玺,等. 管理咨询35种经典工具[M]. 北京:中国经济出版社,2005.

[13]水藏玺. 绩效指标词典[M]. 北京:中国经济出版社,2005.

[14]水藏玺,等. 激励创造双赢:员工满意度8讲[M]. 北京:中国经济出版社,2007.

[15]水藏玺. 流程优化与再造:实践 实务 实例[M]. 北京:中国经济出版社,2011.

[16]水藏玺,等. 流程优化与再造[M]. 北京:中国经济出版社,2013.

[17]水藏玺. 互联网+时代业务流程再造[M]. 北京:中国经济出版社,2015.

[18]水藏玺．业务流程再造[M]．北京:中国经济出版社,2019.

[19]水藏玺,许艳红．管理成熟度评价理论与方法[M]．北京:中国经济出版社,2012.

[20]水藏玺．人力资源管理体系设计全程辅导[M]．北京:中国经济出版社,2008.

[21]水藏玺,等．胜任力模型开发与应用[M]．北京:中国经济出版社,2019.

[22]水藏玺,吴平新．年度经营计划管理实务[M]．北京:中国经济出版社,2015.

[23]水藏玺,吴平新．年度经营计划制订与管理(第 2 版)[M]．北京:中国经济出版社,2016.

[24]水藏玺,吴平新．年度经营计划制订与管理(第 3 版)[M]．北京:中国经济出版社,2018.

本书案例来源及专业支持

信睿咨询　　南粤商学　　CPIO协会

信睿咨询　信睿咨询由国内知名管理专家水藏玺先生、吴平新先生发起，以"持续提升客户经营业绩"为追求目标，始终坚持"以客为尊，以德为先"的经营理念。结合十多年理论研究与企业实践，信睿咨询率先开创性地提出了"SMART－EOS企业经营系统"理论，信睿咨询认为，企业的任何一项经营活动和管理行为都必须以提升企业市值为准绳。同时，在与客户合作模式方面，信睿咨询提出的"与客户结婚"和"咨询零收费"模式开创了国内咨询行业全新的商业模式。

南粤商学　南粤商学由国内知名管理专家水藏玺先生、张少勇先生等为核心发起人，联合近300位优秀企业家及企业高级管理者，以"信睿SMART－EOS企业经营系统"为理论基础，以"拓展管理视野"为使命，传播南粤（广州以南，珠江两岸）优秀企业管理经验，推动中国企业提升管理能力，怀揣"管理报国，利润报企，幸福报民"之理想，旨在帮助中国企业实现管理升级，为早日实现"中国梦"而努力。

CPIO协会　深圳首席流程创新官协会（chief process innovation officer，CPIO）由国内知名管理专家水藏玺先生、张少勇先生、王剑先生等发起，旨在帮助企业打造一批优秀的CPIO。

CPIO的工作职责覆盖首席信息官（chief information officer，CIO）、首席创新官（chief innovation officer，CIO）和首席流程官（chief process officer，CPO）的范畴，优秀的CPIO是企业经营系统升级的主要推动者和责任承担者。

目前，首席流程创新官协会在深圳、苏州、佛山、珠海等地设有分会。

水藏玺作品一览表

序号	书名	出版社	出版时间
1	吹口哨的黄牛：以薪酬留住人才	京华出版社	2003
2	金色降落伞：基于战略的组织设计	中国经济出版社	2004
3	睁开眼睛摸大象：岗位价值评估六步法	中国经济出版社	2004
4	管理咨询 35 种经典工具	中国经济出版社	2005
5	看好自己的文件夹：企业知识管理的精髓	中国经济出版社	2005
6	绩效指标词典	中国经济出版社	2005
7	培训促进成长	中国经济出版社	2005
8	拿多少，业绩说了算	京华出版社	2005
9	成功向左、失败向右：在企业的十字路口如何正确决策	中国经济出版社	2006
10	激励创造双赢：员工满意度管理 8 讲	中国经济出版社	2007
11	人力资源管理最重要的 5 个工具	广东经济出版社	2008
12	人力资源管理体系设计全程辅导（第 1 版）	中国经济出版社	2008
13	企业流程优化与再造实例解读（第 1 版）	中国经济出版社	2008
14	金牌班组长团队管理	广东经济出版社	2009
15	薪酬的真相	中华工商联出版社	2011
16	流程优化与再造：实践、实务、实例（第 2 版）	中国经济出版社	2011
17	管理成熟度评价理论与方法	中国经济出版社	2012
18	流程优化与再造（第 3 版）	中国经济出版社	2013
19	定工资的学问	立信会计出版社	2014
20	互联网时代业务流程再造（第 4 版）	中国经济出版社	2015
21	管理就是解决问题	中国纺织出版社	2015
22	年度经营计划管理实务（第 1 版）	中国经济出版社	2015
23	学管理 用管理 会管理	中国经济出版社	2016
24	人力资源就该这样做	广东经济出版社	2016
25	人力资源管理体系设计全程辅导（第 2 版）	中国纺织出版社	2016
26	互联网＋：电商采购·库存·物流管理实务	中国纺织出版社	2016
27	年度经营计划制订与管理（第 2 版）	中国经济出版社	2016
28	班组长基础管理培训教程	化学工业出版社	2016
29	互联网＋：中外电商发展路径图	中国纺织出版社	2017
30	石油与化工安全管理必读	化学工业出版社	2018
31	年度经营计划制订与管理（第 3 版）	中国经济出版社	2018
32	不懂解决问题，怎么做管理	中国纺织出版社	2019

续表

序号	书名	出版社	出版时间
33	高绩效工作法	中国纺织出版社	2019
34	业务流程再造（第五版）	中国经济出版社	2019
35	胜任力模型开发与应用	中国经济出版社	2019
36	不懂流程再造，怎么做管理	中国纺织出版社	2019
37	把自己打造成团队不可或缺的 A 级选手	中国经济出版社	2020
38	人力资源管理体系设计全程辅导（第 3 版）	中国经济出版社	2020
39	不懂员工激励，怎么做管理	中国纺织出版社	2020
40	不懂带领团队，怎么做管理	中国纺织出版社	2020
41	年度经营计划制订与管理（第 4 版）	中国经济出版社	2020